JLPT 실전 모의고사 N3

모의시험 문제집인 이 책 『JLPT(일본어능력시험) 실전 모의고사 N3』는 '언어는 살아있고 시대와 함께 변화하는 것'이라는 생각에 따라 편집, 출간되었습니다. 단어와 화제 내용은 시대에 따라 변화합니다. 따라서 모의시험 문제집도 그 변화에 맞춰 계속 갱신되어야 합니다. 우리 모두가 사용하고 있는 앱과 스마트폰, 컴퓨터도 때가 되면 변화에 맞춰 최신 버전과 기기로 교체해야 하는 것처럼 말이지요.

오래 전에 출판된 모의시험 문제집에 담긴 화제들은 지금의 화제와는 동떨어진 경우가 많습니다. 그 가운데 일부 단어는 이제 사용하는 사람이 거의 없기도 합니다. 따라서 이 문제집에는 이런 문제를 고려하여 최신 화제와 단어들을 많이 사용하여 N3 모의시험 문제를 구성했습니다.

책에는 JLPT 출제 경향을 분석하여 구성한 모의시험 문제 5회분이 수록되어 있습니다. 문제와 별도로 정답 및 해석을 첨부했으며, 수험생 분들이 어려워할 수 있는 문법 및 단어 해설도 작성하여 공부하기에 부족한 점을 해소해 줄 수 있습니다. JLPT는 제한된 시간 안에 문제를 빠르고 정확하게 풀어야 하는 시험입니다. 따라서 해당 등급에 맞는 기본 지식을 충분히 공부한 후에는 모의고사를 풀며 실전 감각을 익혀 둬야 합니다. 이 과정에서 틀린 문제들은 자신에게 부족한 부분인지, 빠르게 풀다 실수를 한 것인지를 따져 보고 보완해야 합니다. 기본 지식을 익힌 후, 시험 한두 달 전에 실전 문제를 풀 때 꼭 필요한 책입니다.

잘 알려진 NHK EASY NEWS는 초등학교 수준이라 평소에 시청하시는 독자 분들이 많을 텐데요, 이를 시청하시는 독자 분들이라면 뉴스에 등장하는 수많은 새 외래어에 관심을 가지셨을 겁니다. 저는 이 책을 사용하여 일본어를 배우는 분들이 10년, 20년 전의 회화 모델에 멈춰 있지 말고, 보다 자유롭게 일본어를 사용하실 수 있기를 기대합니다.

아울러 이 모의시험 문제집은 책을 통해 일본의 문화와 전통 관습, 생활 정보 등도 학습할 수 있도록 되어 있습니다. 어떻게 하면 일본어 학습을 조금이라도 더 흥미롭게 할 수 있을지를 고려하여 내용을 짰습니다. JLPT N3 시험 공부에 이 책이 많은 도움이 되기를 바라며, 모든 학생들이 합격 증서를 한 번에 받을 수 있기를 바랍니다.

시미즈 유미코
清水裕美子

JLPT 실전 모의고사 N3

N3

JLPT
실전 모의고사

제 1 회

언어지식(문자 · 어휘)
·
언어지식(문법) · 독해
·
청해

問題1 ＿＿＿＿のことばの読み方として最も良いものを１・２・３・４から一つえらびなさい。

1 冷蔵庫には、たくさん物を詰め込まないほうがいいらしい。

　　1　れいとうこ　　　　　　　2　ねいとうこ

　　3　れいそうこ　　　　　　　4　れいぞうこ

2 風呂上がりに冷えた牛乳を飲むと気持ちがいい。

　　1　さえた　　　2　ひえた　　　3　つめえた　　4　れいえた

3 マイナス気温で水道管が凍って水が出なくなった。

　　1　とおって　　　　　　　　2　こごえって

　　3　こおって　　　　　　　　4　ひえって

4 好きな物ばかり食べないで、栄養のバランスを考えて食べたほうがいい。

　　1　いんやん　　2　えいやん　　3　いんよう　　4　えいよう

5 包丁で野菜と肉を切ってください。

1 ほうちゃう 　　　　2 ほうちゅう

3 ほうちょう 　　　　4 ぼうちょう

6 最初に材料を準備してから、料理を始めます。

1 さいりゃう 　　　　2 さいりょう

3 ざいりゃう 　　　　4 ざいりょう

7 表面が焼けたら、裏返して焼きます。

1 うらかえして 　　　　2 うらがえして

3 りがえして 　　　　4 おもてがえして

8 調味料は最後に入れて、味を調整します。

1 ちゃうみりょ 　　　　2 ちゅみりょ

3 ちょみりょ 　　　　4 ちょうみりょう

問題2 ＿＿＿のことばを漢字で書くとき、最も良いものを1・2・3・4から一つえらびなさい。

9 台風が来るのであまどを閉めて、台風に備えた。

1 網戸　　　2 金戸　　　3 鋼戸　　　4 雨戸

10 日本ではじゃぐちをひねって、そのまま水を飲む習慣がある。

1 龍口　　　2 竜口　　　3 蛇口　　　4 辰口

11 カラスミは冷凍すれば、半年はほぞんできる。

1 維持　　　2 保存　　　3 保持　　　4 庫在

12 ここはいまで、１２畳の広さです。

1 居間　　　2 床間　　　3 寝室　　　4 浴室

13 この部屋はれいぼうが効いていて涼しくて気持ちがいい。

1 凍房　　　2 暖房　　　3 熱房　　　4 冷房

14 このベランダはひあたりがいいので、洗濯物がよく乾きます。

1 日照り　　　2 火照り　　　3 日当たり　　　4 火当たり

問題3 （　　　）に入れるのに最もよいものを、1・2・3・4から一つえらびなさい。

15 お茶を飲むから（　　　）を持ってきて。

1　グラス　　　2　カップ　　　3　茶碗　　　4　湯飲み

16 畳の部屋では布団を（　　　）寝ます。

1　敷いて　　　2　置いて　　　3　放置して　　　4　とめて

17 ニンニクは細かく（　　　）、いためます。

1　むいて　　　2　刻んで　　　3　切って　　　4　ちぎって

18 カレーに入れるジャガイモは（　　　）に切ります。

1　大きさ　　　　　　　2　大きく
3　大きめ　　　　　　　4　大きい

19 まず、お湯を（　　　）ください。それから野菜を入れます。

1　沸いて　　　2　沸かして　　　3　煮て　　　4　ゆでて

20 （　　　　）うちに召し上がってください。

　　1　冷めない　　2　冷えない　　3　熱くない　　4　暑くない

21 このラーメンは（　　　　）から、少しお湯を入れたい。

　　1　にがい　　　2　あまい　　　3　くさい　　　4　しおからい

22 連休の後は仕事が（　　　　）たいへんだ。

　　1　つまって　　2　ためて　　　3　たまって　　4　つもって

23 食事の後に歯を（　　　　）ほうがいいですよ。

　　1　けずった　　　　　　　　　　2　みがいた
　　3　こすった　　　　　　　　　　4　ふいた

24 携帯電話を操作していたら、コーヒーを床に（　　　　）しまった。

　　1　あふれて　　　　　　　　　　2　ためて
　　3　こぼして　　　　　　　　　　4　ぬらして

25 わたしは毎晩制服のスカートに（　　　　）をかけました。

　　1　クリーニング　　　　　　　　2　ドライヤー
　　3　タオル　　　　　　　　　　　4　アイロン

問題4 _____に意味が最も近いものを、1・2・3・4から一つえらびなさい。

26 雨で服が<u>びしょびしょ</u>になった。

　1　しけた　　　2　ぬれた　　　3　乾いた　　　4　干した

27 母に言われて部屋を<u>片づけた</u>。

　1　きれいにした　　　　　　　2　はいた

　3　まとめた　　　　　　　　　4　整理した

28 天気予報によると今晩は<u>冷える</u>らしい。

　1　冷たい　　　2　冷却する　　　3　冷凍する　　　4　寒くなる

29 授業が終わったら、プロジェクターの電源を<u>切って</u>おいてください。

　1　を消えて　　2　を消して　　3　が入れて　　4　を入って

30 残った食べ物はラップで<u>くるみます</u>。

　1　かさねます　　　　　　　　2　かぶせます

　3　包みます　　　　　　　　　4　包装します

問題5 つぎのことばの使い方として最もよいものを、1・2・3・4
から一つえらびなさい。

31 おんぶする

1 登山のときは重いリュックを<u>おんぶし</u>なければならない。

2 馬はわたしを<u>おんぶして</u>長い距離を走った。

3 猫が自分の子どもを口に<u>おんぶして</u>歩いていた。

4 ３歳の子どもを<u>おんぶして</u>歩くのは重くてたいへんだった。

32 だっこする

1 重い荷物を<u>だっこする</u>のはたいへんです。

2 すみませんが、この資料を<u>だっこする</u>のを手伝ってください。

3 小さい子どもはよくお母さんに<u>だっこして</u>と言うものだ。

4 若者は夢を<u>だっこす</u>べきだ。

33 あまやかす

1 最近、子どもを<u>あまやかす</u>親が多いです。

2 この料理は<u>あまやかして</u>、おいしいです。

3 <u>あまやかす</u>物をたくさん食べると太ります。

4 仕事がたくさん<u>あまやかして</u>います。

34 かわいがる

1 犬はかわいがるです。

2 祖母は猫をかわいがっています。

3 動物の赤ちゃんはみなかわいがります。

4 かわいがる子どもを見ていると気分がいいです。

35 たたむ

1 日本のたたむの部屋は美しい。

2 足をたたんで座ってください。

3 シャツをたたんでたんすに入れます。

4 その人は一日中そこにたたんでいた。

問題1　つぎの文の（　　　）に入れるのに最もよいものを、1・2・3・4から一つえらびなさい。

1 明日病院へ行くので（　　　）もらえますか。

1　休んで　　　2　休んだ　　　3　休まれて　　4　休ませて

2 夏休みに日本へ（　　　）と思います。

1　行きよう　　2　行け　　　　3　行こう　　　4　行かれよう

3 日本語の宿題を（　　　）。

1　忘れちゃった　　　　　　2　忘れといた
3　忘れられない　　　　　　4　忘れないと

4 説明書の（　　　）に作ってください。

1　から　　　2　ため　　　3　よう　　　4　ので

5 旅行する（　　　）にお金をためています。

1　から　　　2　ため　　　3　よう　　　4　ので

6 日本語が上手に話せる（　　　）に毎日練習しています。

1　から　　　　2　ため　　　　3　よう　　　　4　ので

7 パンダ（　　　）かわいい人が好きです。

1　らしい　　　2　そうな　　　3　みたいな　　4　ように

8 早く（　　　）料理が冷たくなるよ。

1　食べないと　　　　　　　2　食べちゃうと

3　食べじゃうと　　　　　　4　食べとくと

9 世界でいちばん多く（　　　）本は何だかわかりますか。

1　読んでいる　　　　　　　2　読まれている

3　読ませている　　　　　　4　読まされている

10 外に（　　　）としたら、雨が降っていた。

1　出ろう　　　2　出そう　　　3　出しよう　　4　出よう

11 かぜをひいて、ちょっと熱（　　　）。

1　みたい　　　2　気味　　　　3　っぽい　　　4　らしい

12 健康のために毎日（　　　）ようにしている。

　　1　散歩する　　2　散歩しよう　　3　散歩しろう　　4　散歩できる

13 あとで使うから、そのままそこに（　　　）。

　　1　いて　　　　2　あっといて　　3　置いといて　　4　置かれて

問題2 つぎの文の___★___に入る最もよいものを、1・2・3・4から
一つえらびなさい。

(問題例)

どれ ＿＿＿ ＿＿＿ ＿★＿ ＿＿＿ ですか。

1 の　　　2 あなた　　3 かばん　　4 が

(解答の仕方)

1. 正しい文はこうです。

どれ ＿＿＿ ＿＿＿ ＿★＿ ＿＿＿ ですか。 　　　　4が　2あなた　1の　3かばん

2. ___★___に入る番号を解答用紙にマークします。

(解答の用紙)　| (例) | ● ② ③ ④ |

---

14 この ＿＿＿ ＿＿＿ ★ ＿＿＿ います。

1 国で　　　 2 本は　　　 3 読まれて　　 4 多くの

15 病院 ＿＿＿ ＿＿＿ ★ ＿＿＿ ください。

1 休ませて　 2 へ　　　　 3 ので　　　 4 行く

16 夕べ ＿＿＿ ＿＿＿ ★ ＿＿＿ 忘れて来ちゃった。

1 を　　　　　　　　　　 2 宿題

3 書いたのに　　　　　　 4 家に

17 電気が ＿＿＿ ＿＿＿ ★ ＿＿＿ みたいだ。

1 いないから　　　　　　 2 いない

3 ついて　　　　　　　　 4 誰も

18 健康 ＿＿＿ ＿＿＿ ★ ＿＿＿ しています。

1 散歩する　 2 ように　　 3 毎日　　　 4 のために

問題3 つぎの文章を読んで、文章全体の内容を考えて、[19]から[23]に入る最もよいものを、1・2・3・4から一つえらびなさい。

世の中には、他人に対して厳しすぎる人がいます。厳しい母親、厳しい先生、厳しい上司などです。みなさんのまわりにもきっといる[19]。特に厳しい母親は、あちこちにいるようです。子どもに対して「勉強しなさい」、「いい学校に入りなさい」、「いい会社に入りなさい」と、いつも命令しています。[20]は、自分たちがかなえられなかった夢を子どもに託しているのだろうと言われていますが、子どもにとっては、迷惑なことでしょう。[21]そのように厳しすぎる母親の元で育った子どもたちは、学校の成績は[22]、問題が起きたときに解決する能力がないとも言われています。現在、社会で起きている多くの問題は、実は家庭にあるのかもしれません。[23-a]は教育を[23-b]だけに任せず自分も参加し、母親も子どものことばかり関心を持つのでなく、自分も仕事や楽しみを持てば、心の余裕も生まれて、いい家庭教育ができるのではないでしょうか。

[19]　1　ことかもしれません

　　　2　ことのようです

　　　3　ことそうです

　　　4　ことでしょう

20 1　これ

　　　2　それ

　　　3　あれ

　　　4　どれ

21 1　または

　　　2　また

　　　3　そこで

　　　4　それなのに

22 1　いいなら

　　　2　よかったら

　　　3　よくても

　　　4　よければ

23 1　a 父親 / b 母親
　　　　　ちちおや　　ははおや

　　　2　a 母親 / b 父親
　　　　　ははおや　　ちちおや

　　　3　a 父親 / b 子ども
　　　　　ちちおや　　こ

　　　4　a 母親 / b 子ども
　　　　　ははおや　　こ

問題4 つぎの（1）から（4）の文章を読んで、質問に答えなさい。答えは、1・2・3・4から最もよいものを一つえらびなさい。

（1）

　わたしは週末よく喫茶店で静かに読書を楽しんでいる。しかし、最近、マナーが悪い客や、店内の音楽の音量が気になる。子ども連れの客が子どもの世話をせず、スマホばかり見ている。子どもが店内を走り回っているのに、全然注意をしない。わたしが店員に文句を言っても、店員も注意をしない。ダメな大人がダメな子どもを作るのかもしれないと思った。

24 最近の喫茶店について、この文章を書いた人はどう考えているか。

1　喫茶店の音楽の音量はちょうどいい。
2　子ども連れの客のマナーがいい。
3　子どもが店内を走り回るのはいいことだ。
4　走り回る子どもを注意しない大人はダメな大人だ。

（2）

　スポーツというと、外に出るのがめんどうだというイメージがあるが、実はスポーツは外でやるものだけではない。家の中でも十分できるものがある。それはヨガだ。ヨガはヨガマットさえあれば、家の中で一人でもできる。朝起きてからやれば、目も覚めるし、体も温かくなる。夜寝る前にやれば、体が楽になる。今日から早速、試してみてはいかがだろう。

25 スポーツについて、この文章を書いた人はどう考えているか。

1　スポーツは外でやるものだ。

2　スポーツは外でやるものだけではない。

3　家の中で運動するのはめんどうだ。

4　夜寝る前にヨガをすると目が覚める。

（3）

　最近奈良県では、シカによる農作物の被害が増えているそうです。そこで奈良県では、はじめてシカを捕まえることを許可しました。奈良県のシカは、神の使いとして天然記念物に指定されていましたが、そのシカを捕まえてもいいという許可が出たのは、初めてだそうです。

26　このニュースについて、正しいものはどれか。

1　奈良県ではシカは農作物を食べてもいい。

2　奈良県ではシカは神の使いだから捕まえてもいい。

3　奈良県では農作物の被害が出ているため、シカを捕まえてもいいことになった。

4　奈良県ではシカが天然記念物に指定されているので、捕まえてはいけない。

（４）

　よく犬は人の気持ちがわかると言われていますが、わたしたち人間も長い間いっしょにいると、犬の気持ちがわかるようになってきます。犬は話せない代わりに、人間と目でコミュニケーションをとります。水が欲しい、エサが欲しい、散歩に行きたいなどを目だけで表現するのです。また、喜びは体全体で表現します。犬から学ぶことも多いと感じました。

27 犬について、正しいものはどれか。

1 犬は話ができないので、目で会話をする。

2 犬は話ができないので、コミュニケーションがとれない。

3 犬は喜びを目で表す。

4 犬も学ぶことが必要だ。

問題5 つぎの（1）と（2）の文章を読んで、質問に答えなさい。答えは、1・2・3・4から最もよいものを一つえらびなさい。

（1）

　「安物買いの銭失い」ということわざがある。それは「安い物を買ってもすぐ壊れるから、それはつまりお金を捨てることになる」という意味である。①日本では不景気の際にブランド品がよく売れるそうだ。それは「安物買いの銭失い」の意味をよく理解しているからだろう。母はわたしに子どもの頃から②そのことを教えてくれた。安物を買ってはいけない、すぐに壊れるからと。それでわたしは電気製品は特に高くてもいい物を買うようにしている。ブランド品の靴、カバンなどは10年以上も使っている。いい物を買えば長く使えるから、環境保護にもなるだろう。ことわざには、昔の人の生活の知恵が詰まっていると思う。

28 「安物買いの銭失い」について、この文章を書いた人はどう思っているか。

1　不景気の時には、ブランド品がよく売れる。

2　電気製品は安い物を買ったほうがいい。

3　ブランド品の靴、カバンなどは10年以上使えるから買ったほうがいい。

4　いい物を買えば長く使えるから、環境保護にもなる。

29 ① <u>日本では不景気の際にブランド品がよく売れるそうだとあるが</u>、どうしてか。

1 高くても品質がいい物は長く使えるから、結局は節約にもなる。
2 高い物を買って自慢したいから。
3 ブランド品は高いから。
4 安物は長く使えるから。

30 ② <u>そのこと</u>とは、何か。

1 安い物を買ってもすぐ壊れるから、それはつまりお金を捨てることになること。
2 日本では不景気の際にブランド品がよく売れること。
3 安物買いの銭失いをよく理解していること。
4 ことわざには、昔の人の生活の知恵が詰まっている。

（2）

　世間には、①よく転職する人がいる。外国では、②転職することはキャリアアップだと考えられているようだが、一年または一年以内ですぐ転職する人はどうだろうか。もし、それが一度や二度であれば、仲間や上司とうまくいかなかった、仕事の内容が合わなかったなどの理由もあるだろう。しかし、それが毎年となると、それはもう③本人に問題があるとしかいえない。そして、それを履歴書に書いて新しい仕事を探す場合、その履歴書を見た面接官はどう思うだろう。優秀な人だと思うだろうか。きっと「この人にはがまんが足りない」、または「仕事に対する責任感がない」と考えるのではなかろうか。今の時代、一つの会社で一生働き続ける人は少ないのかもしれないが、転職する場合には、よく考えてからにしたほうがいいだろう。

31　①よく転職する人を面接官はどう思うか。

1　キャリアアップのためだと考える。

2　優秀な人だと思う。

3　仕事に対して責任感がある人だと思う。

4　がまんが足りないと思う。

32 ②転職することについて、この文章を書いた人はどう考えている

か。

1 キャリアアップのために何回してもいい。

2 毎年転職するのはいいことだ。

3 一年または一年以内ですぐ転職するのがいい。

4 転職してもいいが、転職する前によく考えたほうがいい。

33 ③本人に問題があるとしかいえないとはどういうことか。

1 一年または一年以内ですぐ転職する人には問題がある。

2 一度や二度転職する人には問題がある。

3 毎年転職する人には問題がある。

4 一つの会社で一生働き続ける人には問題がある。

問題6 つぎの文章を読んで、質問に答えなさい。答えは、１・２・３・４から最もよいものを一つえらびなさい。

人を注意したり、叱ったりする場合に気をつけることは何だろうか。それは、注意すべき物事であって、①その人自身を傷つけるようなことを言ってはいけないことである。例えば、学生がテストで悪い点数を取った場合、注意するのはその問題が理解できなかったことで、その学生自身の性格が悪かったわけではない。それは会社でも同じことである。ある社員が仕事でミスを犯した場合、それは不注意によるもので、その社員の性格の問題ではないだろう。それを②ダメな教師や上司は、学生や社員の心を傷つけるようなことを言う。「おまえはダメな人間だ」とか、「おまえはバカだ」とか、「その性格を直したほうがいい」などである。そのようなことを言う教師や上司は、自分が完璧だと思っているのかもしれない。しかし、実際にはそうではないだろう。完璧な人間などはいない。みなさんも人を注意する場合には、注意するのは失敗した物事であって、その人自身を攻撃してはいけない。そのようなことをすれば、注意された人は一生、心に傷を負うかもしれない。また、③注意されたら、「やられたらやり返す。倍返しだ！」ではなく、冷静になることが必要だ。そんなことをしたら、ただのケンカになってしまう。注意するほうも、されるほうも冷静になる必要があるだろう。

34 ①その人自身を傷つけるようなことを言ってはいけないことである

とあるが、どうしてか。

1　自分が完璧だと思っているから。

2　完璧な人間などいないから。

3　注意された人は一生、心に傷を負うかもしれないから。

4　注意されたら、倍返しされるから。

35 ②ダメな教師や上司は、学生や社員の心を傷つけるようなことを言

うとあるが、どうしてか。

1　ダメな人間だから。

2　バカな人間だから。

3　性格を直したほうがいいから。

4　自分が完璧だと思っているから。

36 ③注意されたら、「やられたらやり返す。倍返しだ！」ではなく、

冷静になることが必要なのはどうしてか。

1　自分が完璧だと思っているから。

2　注意するのは失敗した物事であって、その人自身を攻撃しては
いけないから。

3　注意された人は一生、心に傷を負うかもしれないから。

4　ただのケンカになってしまうから。

37 この文章を書いた人は人を注意したり、叱ったりする場合に気をつけることは何だと言っているか。

1 物事に対して注意してもいいが、その人自身を攻撃してはいけない。

2 その人自身を攻撃してもいいが、物事に対して注意してはいけない。

3 人の心を傷つけるようなことを言ったほうがいい。

4 やられたらやり返す。倍返しをしたほうがいい。

問題7　右のページは、「学生課」のアルバイト案内である。つぎの文章を読んで、下の質問に答えなさい。答えは、1・2・3・4から最もよいものを一つえらびなさい。

留学生のチャンさんは、アルバイトをしたいと考えています。チャンさんは金曜日の夜と土日だけアルバイトができます。

38　チャンさんが、アルバイトできるのはどれか。

1　①か③

2　①か⑥

3　②か⑤

4　③か④

39　メールでアルバイトに応募する場合、書かなければならないことはどれか。

1　働ける時間、名前、住所、電話番号

2　職種、名前、住所、電話番号

3　職種、働ける時間、名前、住所、電話番号

4　職種、チャンさんが通っている大学の名前、氏名、住所、電話番号

学生課　アルバイト情報

職種	曜日・時間	資格	応募方法
①清掃員	一週間に 2 日以上	日本人、外国人	メールか電話
②コンビニ店員	一週間に 3 日以上（1 日 8 時間）	日本人、外国人	直接
③レストランスタッフ	月曜日から金曜日まで毎日	日本人	メールか電話
④お弁当屋スタッフ	一週間に 4 日以上	日本人、外国人	直接
⑤家庭教師	平日の夜	日本人	メールか電話
⑥スポーツセンタースタッフ	週末だけでも OK	日本人、外国人	メール

応募方法

アルバイトに応募する人は、各職種の応募方法を見てください。

詳しい情報は学生課に置いてあります。

メールで応募する場合は、①職種、②応募者氏名、③大学名、④住所と電話番号を書いて、送ってください。

033

問題1 ♪MP3 01

　問題1では、まず質問を聞いてください。それから話を聞いて、問題用紙の1から4の中から、最も良いものを一つえらんでください。

れい

1　5時

2　6時

3　6時半

4　7時

1ばん

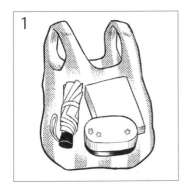
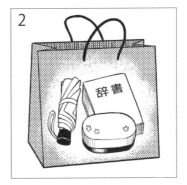

2ばん

1 アメリカ料理のレストラン
2 イタリア料理のレストラン
3 中華料理のレストラン
4 日本料理の店

3ばん

1 パソコンの店へ行く

2 紅葉を見に行く

3 レストランへ行く

4 学校へ行く

4ばん

1 財布

2 紫の花

3 ピンクの花

4 かばん

5ばん

1 友_{とも}だちに頼_{たの}む。

2 月曜日_{げつようび}に渡_{わた}す。

3 火曜日_{かようび}に渡_{わた}す。

4 宿題_{しゅくだい}をしなくてもいい。

6ばん

1 まちがえた部分_{ぶぶん}を直_{なお}す。

2 そのままこの書類_{しょるい}を送_{おく}る。

3 もう一度_{いちど}、課長_{かちょう}に書類_{しょるい}を見_みせる。

4 よく注意_{ちゅうい}する。

問題2

　問題2では、まず質問を聞いてください。そのあと、問題用紙を見てください。読む時間があります。それから話を聞いて、問題用紙の1から4の中から、最もよいものを一つえらんでください。

れい

1　女の人がパーティーに行かなかったから。

2　料理も飲み物もよかったから。

3　いろいろおもしろいイベントがあったから。

4　残業があったから。

1ばん

1 大勢の人がけがをした。

2 トラックの運転手が救急車で運ばれた。

3 オートバイの運転手が救急車で運ばれた。

4 みな、大丈夫だった。

2ばん

1 駅から歩いて 20 分の 1 部屋。

2 駅から歩いて 20 分の 2 部屋。

3 駅から近い 2 部屋。

4 駅から近い 1 部屋。

3ばん

1 気温が上がる。

2 暑くなる。

3 寒くなる。

4 変わらない。

4ばん

1 計算が違う。

2 おつりが違う。

3 色が違う。

4 量が違う。

5ばん

1 受付のコピー機

2 2階のコピー機

3 3階のコピー機

4 5階のコピー機

6ばん

1 朝昼晩の3回

2 朝晩の2回

3 毎日1回

4 熱が出たときだけ

<ruby>問<rt>もん</rt></ruby><ruby>題<rt>だい</rt></ruby>３

　<ruby>問<rt>もん</rt></ruby><ruby>題<rt>だい</rt></ruby>３では、<ruby>問<rt>もん</rt></ruby><ruby>題<rt>だい</rt></ruby><ruby>用<rt>よう</rt></ruby><ruby>紙<rt>し</rt></ruby>に<ruby>何<rt>なに</rt></ruby>もいんさつされていません。この<ruby>問<rt>もん</rt></ruby><ruby>題<rt>だい</rt></ruby>は、ぜんたいとしてどんなないようかを<ruby>聞<rt>き</rt></ruby>く<ruby>問<rt>もん</rt></ruby><ruby>題<rt>だい</rt></ruby>です。<ruby>話<rt>はなし</rt></ruby>の<ruby>前<rt>まえ</rt></ruby>に<ruby>質<rt>しつ</rt></ruby><ruby>問<rt>もん</rt></ruby>はありません。まず<ruby>話<rt>はなし</rt></ruby>を<ruby>聞<rt>き</rt></ruby>いてください。それから<ruby>質<rt>しつ</rt></ruby><ruby>問<rt>もん</rt></ruby>とせんたくしを<ruby>聞<rt>き</rt></ruby>いて、１から４の<ruby>中<rt>なか</rt></ruby>から、<ruby>最<rt>もっと</rt></ruby>もよいものを<ruby>一<rt>ひと</rt></ruby>つえらんでください。

―メモ―

問題4
もんだい

問題4では、えを見ながら質問を聞いてください。やじるし
もんだい　　　　　　　　み　　　　　しつもん　き
（→）の人は何と言いますか。1から3の中から、最もよい
ひと　なん　い　　　　　　　　　　　　　　　なか　　　もっと
ものを一つえらんでください。
ひと

れい

1 ばん

2 ばん

3ばん

4ばん

問題5

問題5では、問題用紙に何もいんさつされていません。まず文を聞いてください。それから、そのへんじを聞いて、1から3の中から、最もよいものを一つえらんでください。

―メモ―

N3

JLPT
실전 모의고사

제 2 회

언어지식(문자·어휘)
·
언어지식(문법)·독해
·
청해

問題1 ＿＿＿のことばの読み方として最も良いものを1・2・3・4から一つえらびなさい。

1 一般的に給料日は 25 日が多いようです。

   1　きゃうりゃうび　　　　　2　きょうりょうび

   3　きゅうりょうび　　　　　4　きゅうりょうひ

2 急いでいるので、速達で出します。

   1　そくたつ　　2　そくだつ　　3　すうたつ　　4　さいたつ

3 優待券は窓口でご購入ください。

   1　まとくち　　2　まどくち　　3　まどぐち　　4　またくち

4 銀行で口座を開いて、通帳を受け取ります。

   1　つちょう　　2　つうちょう　　3　ずじょう　　4　ずうじょう

5 公共料金とは、ガス、電気、水道、電話代などのことです。

   1　こきょうりょきん　　　　2　こうきゃうりゃきん

   3　こうきゅうりょきん　　　4　こうきょうりょうきん

6 車は指定された場所に駐車しましょう。

1　しゅうしゃ　2　じゅうしゃ　3　ちうしゃ　　4　ちゅうしゃ

7 あそこの交差点を右に曲がってまっすぐ行くと右側にあります。

1　こさてん　　2　こうさてん　3　ごうさてん　4　ごうさでん

8 外国で車を運転するには、国際運転免許証が必要です。

1　めんきゃしゃう　　　　　2　めんきゅしゅう

3　めんきょしょう　　　　　4　めんきょうしょう

問題2 _____のことばを漢字で書くとき、最も良いものを1・2・3・4から一つえらびなさい。

9 げつまつに実家へ帰る予定です。

    1 月底   2 月終   3 月末   4 月初

10 せんじつ、社長のお宅へ招かれてごちそうしてもらった。

    1 前日   2 先日   3 昨日   4 一昨日

11 新幹線のかいすうけんは、安くて便利だ。

    1 階数券   2 回数券   3 割引券   4 優待券

12 ゆうせんせきは、体の不自由な人が利用する席です。

    1 優占席   2 有線席   3 優待席   4 優先席

13 乗り越した場合は、運賃をせいさんしなければなりません。

    1 精算   2 清算   3 生産   4 凄惨

14 コンビニのATMでお金をおろします。

    1 引ろします   2 降ろします

    3 下ろします   4 卸します

問題3 （　　　）に入れるのに最もよいものを、1・2・3・4から一つえらびなさい。

15 バスで両親と一緒に（　　　）旅行に行きました。

1 遊び　　　2 近く　　　3 往復　　　4 日帰り

16 （　　　）ホテルはもう決めましたか。

1 住む　　　2 宿泊する　　　3 泊める　　　4 駐在する

17 台風の影響で、東京行きの（　　　）電車が運休になりました。

1 上り　　　2 登り　　　3 下り　　　4 内回り

18 帰りは友だちの車で帰るので、行きだけの（　　　）切符を買いました。

1 片足　　　2 片方　　　3 片手　　　4 片道

19 駅の（　　　）のところで会う約束をしました。

1 出入口　　　2 切符口　　　3 改札口　　　4 駅員口

20 奈良に行くには、京都で（　　　　）ください。

1　乗り過ごして　　　　　　　2　乗り遅れて

3　乗り換えて　　　　　　　　4　乗り越して

21 特急が（　　　　）するので、白線の後ろまでお下がりください。

1　経過　　　　2　通過　　　　3　加速　　　　4　不停車

22 荷物は座席ではなく、後ろの（　　　　）に入れてください。

1　トランク　　2　トラック　　3　倉庫　　　　4　ロッカー

23 ガソリンがもうすぐ（　　　　）そうだから、ガソリンスタンドに寄って行こう。

1　終わり　　　2　なくし　　　3　落ち　　　　4　切れ

24 この先は工事で道路が（　　　　）になっている。

1　突き当たり　2　踏切　　　　3　通行止め　　4　交差点

25 細かいお金がないので、（　　　　）してもらう。

1　払い戻し　　2　変換　　　　3　交換　　　　4　両替

問題4 _____ に意味が最も近いものを、1・2・3・4から一つえらびなさい。

26 道を渡るときは車に注意しましょう。

1 気がつき　　2 気をつけ　　3 気にし　　4 気になり

27 連休は道路が渋滞しやすいですから、早く出かけましょう。

1 すき　　　　2 混ぜ　　　3 混乱し　　4 込み

28 あそこにバス停がありますから、あそこでバスを待ちましょう。

1 バスの停留所　　　　　　2 バスの駅

3 バススタンド　　　　　　4 バスの駐車場

29 大雪でテーマパークはガラガラだった。

1 忙しかった　　　　　　2 うるさかった

3 人がいなかった　　　　4 大勢いた

30 電車でお年寄りを見かけたら、席をゆずります。

1 老人　　　2 若者　　　3 青少年　　4 中年

問題5　つぎのことばの使い方として最もよいものを、1・2・3・4から一つえらびなさい。

[31] 仕送り

1　重い荷物を仕送りするのはたいへんです。

2　友だちが遊びに来たので、帰りに駅まで仕送りした。

3　わたしは兄からの仕送りで生活している。

4　わたしは毎月両親に手紙を仕送りしている。

[32] 差出人名

1　この家の郵便受けには、差出人名が書いてありません。

2　小包を送る際には、差出人名を必ず書いてください。

3　犬の差出人名は誰ですか。

4　携帯電話の登録をするには、差出人名が必要です。

[33] パンクする

1　山に登るとき、パンクすることが必要です。

2　ビールをたくさん注いだので、パンクしてしまいました。

3　グラスが落ちて、パンクしました。

4　道路に釘が落ちていて、車のタイヤがパンクしてしまいました。

34 レンタカー

1 図書館で DVD の<u>レンタカー</u>は無料です。

2 自転車を<u>レンタカー</u>して観光しました。

3 北海道を旅行するとき、<u>レンタカー</u>は便利です。

4 結婚式に着ていく服がないので、友だちから<u>レンタカー</u>しました。

35 振り込み

1 わたしは家賃を銀行に<u>振り込み</u>しています。

2 ご飯に<u>振り込み</u>をかけて食べるとおいしいです。

3 地下鉄に乗るとき<u>振り込み</u>されると腹が立ちます。

4 警察が犯人の<u>振り込み</u>をしています。

問題1　つぎの文の（　　　）に入れるのに最もよいものを、1・2・
　　　　3・4から一つえらびなさい。

1　わたしはチョコレート（　　　）あれば幸せだ。

　　1　さえ　　　　2　しか　　　　3　こそ　　　　4　だけ

2　（　　　）ばかりいると、ストレスがたまる。

　　1　働く　　　　2　働かない　　　3　働いた　　　4　働いて

3　日本の茶道文化（　　　）研究したい。

　　1　に関する　　2　について　　3　によって　　4　による

4　わたしは（　　　）の料理が好きだ。

　　1　辛い　　　　2　辛み　　　　3　辛さ　　　　4　辛め

5　わたしが昨日会った（　　　）は、伯母だ。

　　1　こと　　　　2　の　　　　　3　のこと　　　4　もの

6 かぎをかける（　　　）忘れて出かけた。

1　のが　　　　2　のを　　　　3　ことが　　　4　ことを

7 食べ歩き禁止（　　　）、食べながら歩いてはいけないという意味
です。

1　という　　　2　というのは　3　といった　　4　ということ

8 留学（　　　）、3ヶ月だけの短期留学だ。

1　というより　2　というと　　3　といっても　4　といって

9 明日、彼にここに来る（　　　）伝えてください。

1　ほしい　　　2　ように　　　3　くれ　　　　4　ちょうだい

10 強盗に金を（　　　）と言われました。

1　出ろ　　　　2　出そう　　　3　出せ　　　　4　出よう

11 医者に酒を（　　　）と注意されました。

1　飲むな　　　2　飲め　　　　3　飲もう　　　4　飲む

12 先生に試験を受けて（　　　）ように勧められました。

1　みる　　　　2　みて　　　　3　みろう　　　4　みた

13 恋人と別れてから、彼の（　　　）がわかりました。

1　いいみ　　　2　いいめ　　　3　いさ　　　　4　よさ

問題2 つぎの文の＿＿★＿＿に入る最もよいものを、1・2・3・4から
一つえらびなさい。

(問題例)

どれ ＿＿＿ ＿＿＿ ★ ＿＿＿ ですか。

1 の　　　2 あなた　　　3 かばん　　　4 が

(解答の仕方)

1. 正しい文はこうです。

| どれ ＿＿＿ ＿＿＿ ★ ＿＿＿ ですか。 |
| 4が　2あなた　1の　3かばん |

2. ＿＿★＿＿に入る番号を解答用紙にマークします。

(解答の用紙)　| (例) | ● ② ③ ④ |

---

14 この ＿＿＿＿ ＿＿＿＿ ★ ＿＿＿＿ あります。

1　には　　　　　2　千円　　　　　3　財布の中　　　4　だけ

15 彼 ＿＿＿＿ ＿＿＿＿ ★ ＿＿＿＿ うそでした。

1　話せる　　　　　　　　　　2　が

3　というのは　　　　　　　4　3ヶ国語

16 彼女は ＿＿＿＿ ＿＿＿＿ ★ ＿＿＿＿ わからないようです。

1　心の痛み　　2　他人　　　3　が　　　　4　の

17 あなたは ＿＿＿＿ ＿＿＿＿ ★ ＿＿＿＿ 知っていますか。

1　大和　　　2　を　　　　3　という　　4　店

18 日本で ＿＿＿＿ ＿＿＿＿ ★ ＿＿＿＿ 有名です。

1　のものが　　2　お茶　　　3　静岡県　　4　といったら

問題3 つぎの文章を読んで、文章全体の内容を考えて、　19　から　23　に入る最もよいものを、1・2・3・4から一つえらびなさい。

　最近、SNSにアップロードするためにスマホで写真を撮ることが流行っています。店側も宣伝効果があるので、見た目を重視し、いろいろおもしろい商品も出ています。みんなで食事をする際も、　19　写真を撮ってから。写真を撮ったら、色や明るさなどを調整してから、SNSにアップロードします。ですから、先に食べてはいけません。わたしはおなかがすいていると、ついそのことを忘れてしまい、いい写真が撮れません。　20　、旅行に行ったとき、友だちは写真を撮ることに夢中で、写真がきれいに撮れる場所　21　を探していました。そして写真を撮り終わるとすぐ帰ると言うのです。わたしは友だちに、ここに来た目的は写真を撮ることではなくて、自分の目で見て、肌で感じることではないのかと聞きました。　22　友だちは、「写真を撮るのが目的だ。いい写真が撮れたらそれで満足だ」と言うのです。わたしは写真は、パンフレットでも絵はがきでも見られるので、やはり自分の目で見て、肌で雰囲気を楽しみたいと思いました。みなさんは　23-a　と　23-b　とどちらが大切だと思いますか。

19　1　まず　　　　　　　　　　2　あとで

　　　3　次^{つぎ}に　　　　　　　　　4　そして

20　1　このとき　　　　　　　　2　そのとき

　　　3　あのとき　　　　　　　　4　あるとき

21　1　ただ　　　　　　　　　　2　ばかり

　　　3　しか　　　　　　　　　　4　限^{かぎ}り

22　1　ところで　　　　　　　　2　そして

　　　3　すると　　　　　　　　　4　それから

23　1　a パンフレット / b 写真^{しゃしん}

　　　2　a 絵^えはがき / b 写真^{しゃしん}

　　　3　a パンフレット / b 絵^えはがき

　　　4　a 写真^{しゃしん} / b 現実^{げんじつ}

問題4 つぎの（1）から（4）の文章を読んで、質問に答えなさい。答えは、1・2・3・4から最もよいものを一つえらびなさい。

（1）

　クリスマスシーズンになると、あちこちでクリスマスツリーが飾られて、楽しい雰囲気になる。だが、みんなほんとうに楽しいのだろうか。恋愛中で恋人と一緒に見るクリスマスツリーはいい思い出になるだろう。家族や友だちと一緒に見るのも楽しいかもしれない。しかし、それが何かの理由で誰かが亡くなったり、失恋して一人になったりした場合には、つらい思い出になるかもしれない。そんなことを考えると同じクリスマスツリーでも、人によって見方が変わるのかもしれない。

24　クリスマスツリーについて、この文章を書いた人はどう考えているか。

1　みんなほんとうに楽しそうだ。

2　いい思い出になる。

3　つらい思い出になる。

4　同じクリスマスツリーでも、人によって感じ方が違う。

（２）

　環境保護というと、ショッピングバッグやマイ箸、マイカップなどを思い浮かべるかもしれない。また、リサイクルすることも環境保護につながる。いらなくなった物を売ることで、収入を得ることもできるし、まさに一石二鳥である。本などは古本屋で買えば、半額か半額以下で買える。環境保護といっても、いろいろあるが、まずは簡単なことから始めたらいいと思う。

25 環境保護について、この文章を書いた人はどう考えているか。

1　みんながショッピングバッグやマイ箸、マイカップなどを持ったほうがいい。

2　リサイクルを利用したほうがいい。

3　環境保護は一石二鳥である。

4　環境保護は簡単だ。

（３）

　今年の秋は京都の各地でイノシシが見かけられています。先週は、工事中の男性がイノシシにぶつかり、大ケガをしました。今週は市内の学校にも現れ、警察がイノシシを捕まえました。ケガ人はいませんでしたが、生徒たちは驚いていました。秋にはイノシシが食べ物をさがしに山を下りてくるようです。イノシシを見かけたら、すぐ警察に連絡してください。

26 このニュースについて、正しいものはどれか。

1 イノシシを見かけたら、捕まえましょう。

2 イノシシを見かけたら、警察に連絡します。

3 イノシシは学校が好きです。

4 イノシシはおいしい食べ物です。

（4）

犬もウツ病になるらしい。犬が外をボーと見ていたり、前足をなめてばかりいたら注意が必要だそうだ。犬は散歩に連れて行ったり、遊んでやったりしなければストレスがたまる。つまり、さびしがりやなのだ。だから犬を飼う前に、自分に犬を世話する時間が十分にあるかどうかを考えたほうがいい。かわいいという一時の感情で犬を飼い始めたら、犬も不幸になるだろう。

27 「犬のウツ病」について、正しいものはどれか。。

1 犬はストレスがたまるとウツ病になる。

2 人はさびしいとウツ病になる。

3 犬を飼う前に、犬を世話する時間が十分にあるかどうかを考えなければならない。

4 かわいいという一時の感情で犬を飼い始めたら、不幸になる。

問題5　つぎの（1）と（2）の文章を読んで、質問に答えなさい。答えは、1・2・3・4から最もよいものを一つえらびなさい。

（1）

　①街でよく見かける他人に迷惑な行為が、最近特に増えているように思われる。例えば、電車で乗り降りする場合、出入り口付近の人が降りなければ、中の人は降りられないし、電車に乗る人も乗れない。なぜ、他人のことを考えずに、②出入り口付近に立ってるのか理解できない。また、エスカレーターを降りる場所や階段で立ち話をしている人を見かける。何もそんなところで話をしなくても、もう少し離れた場所でできないのだろうか。ある朝は、超急いでいる時に歩道橋で階段の上り下りの運動をしているおじいさんに会った。階段の真ん中をゆっくり歩いているので、みんなが階段を上り下りできない。わたしは、「おじいさん、通してください」と何度も言ったのに、耳が悪いのか全然聞いてくれなかった。それで、仕方なくおじいさんの後ろをゆっくり歩くしかなかった。現代は忙しい社会だが、みんなが他人の立場で物事を考える習慣をつければ、③ストレスも少なくなるのではなかろうか。

제
2
회

28 ①街でよく見かける他人に迷惑な行為について、この文章を書いた
人はどう思っているか。

1　最近は特に多いようだ。
2　最近は少なくなっているようだ。
3　昔も今も変わらない。
4　別に何も思わない。

29 ②出入り口付近に立ってるとあるが、どうして立っているのか。

1　中の人が降りられないから。
2　電車に乗る人が乗れないようにするため。
3　理解できないから。
4　他人のことを考えていないから。

30 この文章では、③ストレスも少なくなるとはどのようなことだと言っているか。

1　みんなが自分の立場で物事を考える習慣をつけるようにしたらいい。
2　みんなが他人の立場で物事を考える習慣をつけるようにしたらいい。
3　おじいさんの後ろをゆっくり歩くのがいい。
4　耳が悪いので、全然聞かないほうがいい。

（2）

　歩きスマホについて、罰金を課すかどうかで世間ではいろいろ討論されている。①歩きスマホをしている人たちは、何とも思わないようで、②罰金はいき過ぎだと感じているようだ。しかし、実際のアンケート調査によると、半数以上の人たちは罰金を課すことに賛成している。もしそれが、車を運転している人や自転車に乗っている人がスマホをしながら運転していたらどうだろうか。きっと誰もが危険だと思うことだろう。それなのにどうして歩行者がスマホをしながら歩くのは、危険ではないと言えるのだろう。歩きスマホによって、交通事故が起きるかもしれないし、階段から落ちることもあるかもしれない。何事も起きてからでは遅すぎるのだ。日本の諺に③「泥縄」というものがあるが、何かが起きてから方法を考えるのでは間に合わない。事故が起きる前に、何とかしたほうがいいだろう。

31　①歩きスマホをしている人たちについて、この文章を書いた人はどう考えているか。

1　罰金を課したほうがいい。

2　罰金はいき過ぎだ。

3　何とも思わない。

4　事故が起きる前に、方法を考えたほうがいい。

32 ②罰金はいき過ぎだについて、一般の人はどう考えているか。

1　何とも思わない。

2　罰金はよくない方法だと考えている。

3　罰金はいい方法だと考えている。

4　車を運転している人や自転車に乗っている人には罰金を課す。

第2回

33 ③「泥縄」とはどういうことか。

1　交通事故が起きること

2　階段から落ちること

3　何かが起きてから方法を考えること

4　事故が起きる前に、何か方法を考えること

問題6　つぎの文章を読んで、質問に答えなさい。答えは、1・2・3・4から最もよいものを一つえらびなさい。

　外国語を効率的に勉強するには、どうしたらいいのだろうか。ネットで調べると、いろいろな方法が出てくる。まず、よく言われているのは大量に聞くことである。①赤ちゃんは一年間話ができないが、全然理解していないわけではない。赤ちゃんは一年間、ことばをインプットしているのだ。そして生まれてから一年後からは、何か話すようになる。それは「パパ」、「ママ」という簡単な言葉かもしれないが、何も話せない状態からは大きな進歩である。何を言っているのかわからないこともよくある。だが、赤ちゃんはあきらめずに話し続ける。それが②話すことが上手になるコツなのかもしれない。大人は恥ずかしいという感情を持っているが、赤ちゃんにはない。大人は文字を見てことばを勉強するが、赤ちゃんは文字を見て話すわけではない。わたしたちが外国語を勉強する場合には最初に文字を勉強し、次に会話を勉強する。③赤ちゃんとはことばの勉強方法が違うのである。もし、外国人のように話したかったら、文字からではなく、聞くことから勉強したほうがいいのではなかろうか。

34　①赤ちゃんは一年間話ができないが、全然理解していないわけではないとあるが、どうしてか。

1　大量に聞いているから。

2　一年間、ことばをインプットしているから。

3　何か話すようになるから。

4　何も話せない状態からは大きな進歩だから。

35 ②話すことが上手になるコツなのかもしれないとあるが、どうして
か。

 1　何を言っているのかわからないから。

 2　赤ちゃんはあきらめずに話し続けるから。

 3　恥ずかしいという感情を持っているから。

 4　文字を見てことばを勉強するから。

36 ③赤ちゃんとはことばの勉強方法が違うのであるとあるが、どうし
てか。

 1　文字を見てことばを勉強するから。

 2　最初に文字を勉強し、次に会話を勉強するから。

 3　赤ちゃんは文字を見て話すわけではないから。

 4　外国人のように話すから。

37 この文章を書いた人は、外国語を効率的に勉強するにはどうしたら
いいと言っているか。

 1　ネットで調べたほうがいい。

 2　大量に話したほうがいい。

 3　大量に聞いたほうがいい。

 4　恥ずかしいという感情を持ったほうがいい。

問題7 右のページは、ドライヤーの紹介である。つぎの文章を読んで、下の質問に答えなさい。答えは、1・2・3・4から最もよいものを一つえらびなさい。

留学生の林さんはドライヤーを買おうと考えています。林さんの予算は2万円以下で、マイナスイオンとスチーム機能がついているものが欲しいです。林さんの国の電圧は110vですが、100vの商品でも使用することができます。

38 林さんが買える商品はどれか。

1 ①か③

2 ①か⑥

3 ②か⑤

4 ③か④

39 ネットで購入する場合、記入しなければならないことはどれか。

1 商品番号、名前、住所、電話番号

2 名前、性別、職業、住所、電話番号

3 名前、年齢、職業、住所、電話番号

4 名前、性別、職業、大学の名前、住所、電話番号

商品比較　**商品規格**

商品番号	価格	機能	電圧
① R102	15000円	マイナスイオン	110v
② RA35	20000円	マイナスイオン、スチーム	100v
③ RA38	23000円	マイナスイオン、スチーム、美顔	200v
④ RF68	18000円	マイナスイオン、美顔	200v
⑤ RM72	16000円	マイナスイオン、保湿	110v
⑥ RC18	17500円	マイナスイオン、カール機能	100v

購入方法

商品を購入する場合は、会員登録を行ってください。

詳しいことは、会員登録ページをご覧ください。

会員登録の際には、①氏名 ②性別 ③職業 ④勤務先 ⑤住所と電話番号をご記入ください。

제
2
회

問題 1 ♪MP3 02

　問題1では、まず質問を聞いてください。それから話を聞いて、問題用紙の1から4の中から、最も良いものを一つえらんでください。

れい

1　5時

2　6時

3　6時半

4　7時

1ばん

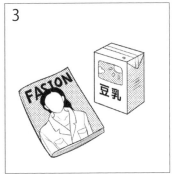

2ばん

1 アイスティー1つとホットコーヒー1つとハンバーグセット1
つとビーフステーキ1つ。

2 アイスティー1つとホットコーヒー1つとハンバーグセット2
つ。

3 ホットコーヒー1つとアイスコーヒー1つとハンバーグセット
1つとビーフステーキ1つ。

4 ホットコーヒー2つとハンバーグセット1つとビーフステーキ
1つ。

3ばん

1 お弁当の注文をする。

2 お弁当を会議室に運ぶ。

3 会議用の資料をコピーする。

4 会議用の資料を会議室に運ぶ。

4ばん

1 ネットで授業変更の操作をする。

2 事務室に来る。

3 担当教師にサインをもらう。

4 用紙をプリントアウトする。

5ばん

1　シャンプーをしてもらう。

2　ブラッシングをしてもらう。

3　腕と肩のマッサージをしてもらう。

4　あれをしてもらう。

6ばん

1　トイレに行く。

2　身体測定

3　視力検査

4　レントゲン

もんだい
問題2

　問題2では、まず質問を聞いてください。そのあと、問題用紙を見てください。読む時間があります。それから話を聞いて、問題用紙の1から4の中から、最もよいものを一つえらんでください。

れい

1　女の人がパーティーに行かなかったから。

2　料理も飲み物もよかったから。

3　いろいろおもしろいイベントがあったから。

4　残業があったから。

1ばん

1　夕べお酒を飲んだから。

2　何か悪い物を食べたから。

3　便秘。

4　水をたくさん飲まないから。

2ばん

1　色が好きじゃないから。

2　デザインが気に入らないから。

3　サイズが合わないから。

4　歩きにくいから。

3ばん

1 自分がミスをしたから。

2 お客が注文をまちがえたのに、店員のせいにしたから。

3 今の若者は使えないと言ったから。

4 大声でみんなに聞こえるように言ったから。

4ばん

1 彼氏

2 自分

3 友だち

4 ケーキの食べ放題

5ばん

1 写真コンテストに入選したこと。

2 賞金がもらえること。

3 尊敬しているカメラマンに会えること。

4 尊敬しているカメラマンに作品が選ばれたこと。

6ばん

1 家だとリラックスしてしまうから。

2 パソコンでゲームをするから。

3 彼女と一緒にいたいから。

4 いろいろ食べて太るから。

もんだい
問題3

　問題3では、問題用紙に何もいんさつされていません。この問題は、ぜんたいとしてどんなないようかを聞く問題です。話の前に質問はありません。まず話を聞いてください。それから質問とせんたくしを聞いて、1から4の中から、最もよいものを一つえらんでください。

――メモ――

問題4
もんだい

問題4では、えを見ながら質問を聞いてください。やじるし
（→）の人は何と言いますか。1から3の中から、最もよい
ものを一つえらんでください。

れい

1ばん

2ばん

3 ばん

4 ばん

問題 5
もん だい

　問題 5 では、問題用紙に何もいんさつされていません。まず
文を聞いてください。それから、そのへんじを聞いて、1 から
3 の中から、最もよいものを一つえらんでください。

―メモ―

N3

JLPT
실전 모의고사

제 3 회

언어지식(문자 · 어휘)
·
언어지식(문법) · 독해
·
청해

問題1　_____のことばの読み方として最も良いものを1・2・3・4から一つえらびなさい。

1 いつがご<u>都合</u>がよろしいでしょうか。

　　1　すごう　　　2　ずごう　　　3　つごう　　　4　づごう

2 お二人はいつから<u>交際</u>を始められたんですか。

　　1　こうさい　　2　ごうさい　　3　こくさい　　4　ごくさい

3 わたしと彼はけんかをしても、すぐ<u>仲直り</u>します。

　　1　なかなおり　　　　　　　2　ながなおり
　　3　ちゅうちょくり　　　　　4　ちゅうなおり

4 <u>相手</u>の気持ちを考えることが大切です。

　　1　そうしゅ　　2　そうて　　　3　あいて　　　4　あいで

5 日本語能力試験の<u>申し込み</u>はいつまでですか。

　　1　もうしせいみ　　　　　　2　しんしこみ
　　3　もうしごみ　　　　　　　4　もうしこみ

6 一般的(いっぱんてき)に日本人女性(にほんじんじょせい)は<u>化粧</u>が上手(じょうず)である。

   1　けしゃう　　2　けしゅう　　3　かしょう　　4　けしょう

7 わたしは<u>特売品</u>を見(み)つけるのが好(す)きです。

   1　とくまいひん　　　　　　　2　とくはいひん

   3　とくばいひん　　　　　　　4　とくばいびん

8 各地(かくち)でインフルエンザが<u>流行</u>しているので気(き)をつけよう。

   1　りゃうこう　　　　　　　　2　りょうこう

   3　りゅうこう　　　　　　　　4　りゅうかう

제 3 회

問題2　＿＿＿のことばを漢字で書くとき、最も良いものを1・2・3・4から一つえらびなさい。

9　旅行に行くときは<u>きがえ</u>を何着か準備します。

1　着替え　　　2　着変え　　　3　着買え　　　4　着換え

10　この色はわたしには<u>はで</u>すぎます。

1　葉手　　　2　羽手　　　3　波手　　　4　派手

11　<u>じみ</u>な色の服ばかり着ていると、元気がなさそうに見えますよ。

1　慈味　　　2　地味　　　3　自味　　　4　時味

12　あまり大声で話すと、他の客に<u>めいわく</u>です。

1　迷惑　　　2　面倒　　　3　誘惑　　　4　困惑

13　この店ではドリンク類が飲み<u>ほうだい</u>です。

1　邦題　　　2　法大　　　3　放題　　　4　方大

14　食費を<u>せつやく</u>するために、自分でお弁当を作っています。

1　節制　　　2　倹約　　　3　省略　　　4　節約

問題3 （　　　）に入れるのに最もよいものを、1・2・3・4から一つえらびなさい。

15 あの男性モデルは背が高くて、たくましいので女性に（　　　）。

1　もてる　　　2 もたれる　　　3　うらやましい　　4　気に入る

16 女性はよく（　　　）を剃って形を整えます。

1　まぶた　　　2　まつげ　　　3　まゆげ　　　4　ひげ

17 （　　　）で髪を乾かすのはめんどうです。

1　ドラえもん　　　　　　2　ドライヤー

3　アイロン　　　　　　　4　ブラシ

18 この店は料理もおいしいし、（　　　）もいいのでよく来ます。

1　情緒　　　2　気持ち　　　3　気分　　　4　雰囲気

19 人気の店はいつでも（　　　）ができる。

1　並ぶ　　　2　行列　　　3　配列　　　4　大勢

제
3
회

20 この店はご飯も味噌汁も（　　　）自由です。

   1　おかわり　　2　おなじみ　　3　おにぎり　　4　おそば

21 優待券があるので、食事代は（　　　）になりました。

   1　まだ　　　　2　有料　　　　3　ただ　　　　4　だた

22 ウイスキーを（　　　）で飲みます。

   1　水入り　　　2　お湯入り　　3　氷入り　　　4　水割り

23 ワインの（　　　）にチーズが合います。

   1　おつまみ　　2　おかず　　　3　そうざい　　4　スナック

24 みんなでお酒を飲んで（　　　）いて、楽しそうです。

   1　こぼして　　　　　　　　2　盛り上がって

   3　あふれて　　　　　　　　4　はいて

25 食事が済んだので、（　　　）をお願いします。

   1　おつり　　　2　レジ　　　　3　割り勘　　　4　お勘定

問題4 ＿＿＿＿に意味が最も近いものを、1・2・3・4から一つえらびなさい。

26 今日はわたしがおごります。

1 お金を払います　　　　2 お金をもらいます

3 お金をあげます　　　　4 お金をくれます

27 アイドルがドラマの撮影をしているので、さわがしいです。

1 にぎやかです　　　　　2 しずかです

3 人気があります　　　　4 そうぞうしいです

28 ゴキブリはみんなからいやがられています。

1 嫌い　　　2 嫌われて　　　3 ふられて　　　4 好かれて

29 彼はいつもゲームに夢中になると、食事も忘れます。

1 あこがれる　　　　　　2 好きになる

3 熱中する　　　　　　　4 気になる

30 出かけるしたくはできましたか。

1 計画　　　2 行き先　　　3 選択　　　4 準備

問題5　つぎのことばの使い方として最もよいものを、1・2・3・4
から一つえらびなさい。

31 付き合う

1　一つ買ったら、一つサービスとして付き合います。

2　あの二人はもう5年間も付き合っているそうです。

3　Aセットには、ドリンクとデザートが付き合います。

4　この犬はわたしの後ろを付き合います。

32 あこがれる

1　姉はアイドルにあこがれて、いつもテレビばかり見ています。

2　バスが来るのをずっとあこがれています。

3　きれいな星空をあこがれて、北海道まで来ました。

4　スポーツカーをあこがれて、いつも写真を撮っています。

33 はめる

1　わたしは夜寝るときも靴下をはめています。

2　オートバイに乗るときは、ヘルメットをはめましょう。

3　面接のときには、ネクタイをはめたほうがいいです。

4　マイナス10℃の世界では、手袋をはめないと凍傷になります。

34 似合う

1 来週の土曜日は似合いません。

2 その帽子、よく似合っていますよ。

3 この靴のサイズはちょうど似合います。

4 今の仕事はわたしに似合っています。

35 気に入る

1 わたしは明日の試験が気に入ります。

2 そこに子犬がいることに気に入りました。

3 わたしは一目見て、このセーターが気に入りました。

4 彼は占いで凶が出たことをずっと気に入っています。

問題1　つぎの文の（　　　）に入れるのに最もよいものを、1・2・3・4から一つえらびなさい。

1　彼はいくら寒（　　　）半袖の服を着ています。

　　1　ても　　　　2　でも　　　　3　くても　　　4　たら

2　明日はテストなのに彼は勉強（　　　）遊んでいる。

　　1　ずに　　　　2　せずに　　　3　しずに　　　4　なくて

3　彼女は50歳（　　　）若く見える。

　　1　として　　　2　について　　3　にしては　　4　にしても

4　彼は日本代表（　　　）オリンピックに出場する。

　　1　として　　　2　とする　　　3　としたら　　4　にして

5　天気予報によると今日は雨が降る（　　　）だ。

　　1　つもり　　　2　はず　　　　3　べき　　　　4　もの

6 子どものころは外でよく遊んだ（　　　）。

1　ものだ　　　2　ものだった　　3　ことだ　　　4　ことだった

7 疲れていたのでベッドに横になった（　　　）寝てしまった。

1　ついでに　　2　たびに　　　3　とたん　　　4　しだい

8 トイレに入っている（　　　）地震が起きた。

1　あいだ　　　2　際　　　　　3　うちに　　　4　最中に

9 あの女優は肌がきれいだから、素顔の（　　　）も十分美しい。

1　とおり　　　2　どおり　　　3　まま　　　　4　ままで

10 彼とは去年の 11 月に会った（　　　）で、連絡がありません。

1　ぱなし　　　2　まま　　　　3　きり　　　　4　とおり

11 この机は重いので、誰かに運ぶのを手伝って（　　　）。

1　がっている　　　　　　　　2　もらいたい
3　たい　　　　　　　　　　　4　欲しがる

12 彼(かれ)は都合(つごう)が悪(わる)いとすぐ（　　　）ふりをする。

1 寝(ね)る　　　2 眠(ねむ)る　　　3 寝(ね)た　　　4 寝(ね)ない

13 田中(たなか)さんはわたしの誕生日(たんじょうび)にケーキを作(つく)って（　　　）。

1 もらった　　2 くれた　　　3 あげた　　　4 やった

問題2　つぎの文の＿★＿に入る最もよいものを、1・2・3・4から
一つえらびなさい。

(問題例)

どれ ＿＿＿ ＿＿＿ ＿★＿ ＿＿＿ ですか。

1　の　　　2　あなた　　　3　かばん　　　4　が

(解答の仕方)

1. 正しい文はこうです。

どれ ＿＿＿ ＿＿＿ ＿★＿ ＿＿＿ ですか。
4が　2あなた　1の　3かばん

2. ＿★＿に入る番号を解答用紙にマークします。

(解答の用紙)　| (例) | ● ② ③ ④ |

---

14 この ＿＿＿ ＿＿＿ ★ ＿＿＿ わからない。

1 考（かんが）えても 　2 は 　　　　3 問題（もんだい） 　　　4 いくら

15 ＿＿＿ ＿＿＿ ★ ＿＿＿ 目的（もくてき）は何（なん）だろう。

1 犯人（はんにん）だ 　2 もし 　　　3 としたら 　4 彼（かれ）が

16 ＿＿＿ ＿＿＿ ★ ＿＿＿ つもりでした。

1 わたしは 　　　　　　　　2 行（い）かない
3 講演会（こうえんかい）には 　　　　　4 もともと

17 わたしは ＿＿＿ ＿＿＿ ★ ＿＿＿ 必（かなら）ず行（い）きます。

1 日本（にほん）へ 　　　　　　　2 たびに
3 ラーメン屋（や）に 　　　　　　4 行（い）く

18 父（ちち）はよく ＿＿＿ ＿＿＿ ★ ＿＿＿ 出（で）てくる。

1 トイレの 　2 まま 　　　3 はいた 　　　4 スリッパを

問題3　つぎの文章を読んで、文章全体の内容を考えて、[19]から
[23]に入る最もよいものを、1・2・3・4から一つえらび
なさい。

제3회

日本では、少子高齢化が深刻な問題[19]。そのため、働く人が少なくなり、あるホテルでは、スタッフをロボットにしました。ホテルの受付や掃除、ルームサービスなどは、すべてロボットの仕事です。ロボットは外国語も上手に話せるし、働く時間が長くても文句も言わないし、給料もいりません。[20]、このホテルの社長は、このロボットスタッフのいるホテル増やす[21]そうです。現在このホテルは大人気で、部屋を予約するのはとても難しいです。もし機会が[22]、わたしも泊まって、ロボットのサービスを受けてみたいです。みなさんはロボットスタッフのいるホテルに泊まってみたいですか。[23-a]と[23-b]とどちらがいいか、比べてみるのもおもしろいかもしれませんね。

19 1 になりました。

2 になっています。

3 にしました。

4 にしています。

20 1 そして

2 それから

3 そこで

4 それに

21 1 ことになる

2 ことになった

3 ことにする

4 ことにした

22 1 あったら

2 ありたら

3 あると

4 ありますと

23 1 a 外国人スタッフのサービス / b 日本人スタッフのサービス

2 a 外国人スタッフのサービス / b ロボットスタッフのサービス

3 a 人間スタッフのサービス / b 外国人スタッフのサービス

4 a 人間スタッフのサービス / b ロボットスタッフのサービス

問題4　つぎの（1）から（4）の文章を読んで、質問に答えなさい。
　　　　答えは、1・2・3・4から最もよいものを一つえらびなさい。

（1）

　最近、忙しい人のために宅配ロッカーというものが設置されるようになりました。これまでの宅配は、家にいなくて荷物が受け取れない場合は、電話をしてから再配達を依頼するのが面倒でしたが、この宅配ロッカーは、自分の好きな時間に取りに行くことができます。この宅配ロッカーは、24時間営業のコインランドリーや自転車置き場にあるので、たいへん便利だと好評です。宅配ロッカーの設置により、宅配会社は配達しなくてもいいので、経費節約にもなり、利用者にとっても便利なサービスなので、まさにwin-winの結果とも言えるでしょう。

24　宅配ロッカーについて、この文章を書いた人はどう考えているか。

1　受け取るのが面倒である。

2　電話をしてから取りに行くのが面倒である。

3　好きな時間に取りに行けるので便利である。

4　自転車置き場にあるので便利である。

（2）

　ここ数年、全国各地で無人バスの運転が始まっています。これまで乗客が少なく、路線がなくなった地方で、無人バスの運転が始まったそうです。無人バスはコンピューターによってコントロールされていて、人間がいると自動で停車します。また、バスには監視カメラもついているので、何か起きたときは、すぐ対応することも可能です。これからは、このようなバスがどんどん増えていくかもしれません。

25 無人バスについて、この文章を書いた人はどう考えているか。

1　無人バスはコンピューターによってコントロールされていて便利だ。

2　無人バスは人間がいると自動で停車するのがいい。

3　無人バスは監視カメラもついているので、何か起きたときは対応できる。

4　無人バスはこれから増えていく。

（3）

　新年を迎え、全国各地で「だるま市」が始まりました。「だるま」は日本人が願い事をするときによく使う赤くて丸い紙でできた人形です。選挙のときや入学試験のときなどによく見かけられます。一般的には、最初に左目を黒く塗りながら、願い事を唱えます。そして、その願い事がかなったときに右目を黒く塗ります。両目が黒くなった「だるま」はお寺に持って行き、焼いてもらいます。

　だるまを焼く日は、だいたい1月15日で、これを「どんど焼き」と言います。みんなで餅などを焼いて食べると、一年中健康でいられると信じられています。

26　このニュースについて、正しいものはどれか。

　1　だるまの目は、最初に右目を黒く塗る。
　2　だるまの目は、最初に左目を黒く塗る。
　3　だるまを焼いて食べるお餅はおいしい。
　4　日本では、だるまを焼いて食べる習慣がある。

（4）

　今後は、採血しなくても髪の毛を検査すれば、病気がわかるようになるそうです。現在、髪の毛のデータを集めて、病気かどうかを知ることができるようにする研究が進められています。まず、健康な人と病気の人の髪を集めて、データ化し、髪の毛の成分を調べるそうです。このデータによって、一年間の体の変化についても知ることができるので、これからの研究の成果が期待されています。

27　「髪の毛のデータ」について、正しいものはどれか。。

　　1　髪の毛を調べれば、病気がわかるようになる。

　　2　髪の毛のデータによって、これからの体の変化がわかる。

　　3　健康な人の髪の毛を病気の人にあげると元気になる。

　　4　研究の成果によって、何の病気かわかるようになった。

問題5 つぎの（1）と（2）の文章を読んで、質問に答えなさい。答えは、1・2・3・4から最もよいものを一つえらびなさい。

（1）

　世間では、①誤解されたダイエットの方法が、多いように思われる。例えば、肉は太るから食べてはいけないとか、運動の後はカロリーが吸収されやすいから何も食べないほうがいいとか、水だけたくさん飲めばいいなどである。水をたくさん飲むことは悪いことではないが、水だけ飲んでいても②栄養失調になってしまう。また、かえって水太りしてしまうかもしれない。細い足に憧れる女性が多いが、実は細い足は筋肉不足の恐れがある。それというのも、老化現象の一つとして、「筋肉の減少」があるからである。高齢者をよく見ると、みな足が細いことに気づくだろう。あれは老化現象の一つである。筋肉を維持するには、肉を食べることが最適であると言われている。もちろん、大腸ガンになるほど食べる必要はないが、筋肉を維持できる程度の適度な肉を食べる必要がある。また、運動の後に何も食べないと、筋肉が減少するそうである。運動の後にいちばんいいことはたんぱく質を摂ることだそうだ。③ダイエットというと痩せることばかり考えているようだが、ただ細いだけでなく、適度な筋肉がついた健康な体を考えることのほうがもっと大切だろう。

28 ①誤解されたダイエットの方法について、この文章を書いた人はどう思っているか。

1　肉は太るから食べてはいけない。

2　運動の後はカロリーが吸収されやすいから何も食べないほうがいい。

3　水だけたくさん飲めばいい。

4　「筋肉の減少」は老化現象の一つである。

29 ②栄養失調になってしまうとあるが、どうしてか。

1　水をたくさん飲むから。

2　水だけ飲んで、他の物を食べないから。

3　適度な肉を食べるから。

4　運動の後に何も食べないから。

30 ③ダイエットというと痩せることばかり考えているようだとあるが、この文章を書いた人は何が大切だと言っているのか。

1　痩せていれば、痩せているほど美しい。

2　足は細ければ細いほどいい。

3　たんぱく質を摂ることが大切だ。

4　筋肉がついた健康な体が大切だ。

（２）

　電車や地下鉄、バスの中などで大声で話したり、①化粧をしたりしている人をよく見かける。みなさんはどう思うのだろうか。動く車内で、化粧をする女性の技術には、驚くべきものがある。彼女たちのテクニックに見入ってしまうこともたびたびだ。だから、化粧をしている人たちは、②大声で話す人たちよりは、人に迷惑をかけていないのではないかと思う。一方、車内で大声で話す人たちは他の人たちに大いに迷惑をかけているのに、まったく自覚がないことが多い。直接注意するのは難しいので、何かいい方法はないだろうかといつも考えている。このようなマナーは、子どもが小さいころから親が教えるべきなのかもしれないが、今の親たちは自分たちのマナーがなっていないから、③どんどんマナーが悪い人が増えていくのだろうと思う。

---

31 車内で①化粧をしたりしている人について、この文章を書いた人はどう考えているか。

1　その技術はすばらしいと思っている。

2　大声で話す人たちより迷惑である。

3　まったく自覚がないのはひどいと思っている。

4　直接注意するのは難しいと思っている。

32 ②大声で話す人たちについて、この文章を書いた人はどう考えているか。

1　声が大きくてすばらしいと思っている。

2　車内で化粧をする人たちより迷惑である。

3　大声で話す人たちも化粧をする人も同じくらい迷惑である。

4　親たちは自分たちのマナーがなっていないから、子どもたちは大声で話すと思っている。

제3회

33 ③どうして作者は③どんどんマナーが悪い人が増えていくのだろうと思うのか。

1　他の人たちに大いに迷惑をかけているのに、まったく自覚がないから。

2　直接注意するのは難しいが、他にいい方法が見つからないから。

3　子どもが小さいころから親がマナーをきちんと教えないから。

4　今の親たちは自分たちのマナーがいいから。

問題6 つぎの文章を読んで、質問に答えなさい。答えは、1・2・3・4から最もよいものを一つえらびなさい。

　今、甘酒がブームになっています。①甘酒の売り上げがここ6年間で5倍にも成長したそうです。その理由として挙げられるのが、健康志向です。甘酒には、ビタミンB1、ビタミンB2、ビタミンB6、食物繊維や各種アミノ酸、そして大量のブドウ糖が含まれているので、②飲む点滴とも呼ばれていて、甘酒を飲むだけで多くの効果が期待できるそうです。甘酒は古くは「日本書記」という本にも記録があり、平安時代には貴族たちが夏に冷やして飲み、江戸時代には一般的に飲まれるようになったそうです。現在では甘酒は、しょうが味、バナナ味、豆乳、抹茶、ココア、エスプレッソ、竹炭など、いろいろな味が楽しめます。また、粉末タイプのものは、トーストにかけたり、味噌汁に入れたりすることもできるので、人気があります。ダイエット、美容効果などがあると言われている甘酒は、③これからも人気が続きそうです。みなさんも新しい感覚の甘酒を一度試してみてはいかがでしょうか。今までとは違う新鮮な味が楽しめますよ。

34 ①甘酒の売り上げがここ6年間で5倍にも成長したとあるが、どうしてか。

1　ブームになるから。

2　体にいい飲み物だから。

3　「日本書記」という本にも記録があるから。

4　平安時代には貴族たちが飲んでいたから。

35 ②<u>飲む点滴</u>とあるが、どうしてか。

1　甘酒には、多くのビタミンや大量のブドウ糖が含まれているから。

2　甘酒を飲むだけで効果が期待できるから。

3　平安時代から飲まれているから。

4　江戸時代に一般的に飲まれるようになったから。

36 ③<u>これからも人気が続きそうです</u>とあるが、どうしてか。

1　いろいろな味が楽しめるから。

2　粉末タイプのものは人気があるから。

3　ダイエット、美容効果などがあると言われているから。

4　新しい感覚の甘酒だから。

37 この文章を書いた人は、甘酒を楽しむにはどうしたらいいと言っているか。

1　新しい感覚の甘酒を一度試してみたほうがいい。

2　新鮮な甘酒のほうがいい。

3　今までとは違う新鮮な味がいい。

4　熱い甘酒と冷たい甘酒の両方を飲んだほうがいい。

問題7 右のページは、ランチセットのメニューです。つぎの文章を読んで、下の質問に答えなさい。答えは、1・2・3・4から最もよいものを一つえらびなさい。

　鈴木さんはこの店でランチを食べようと考えています。2人の予算はそれぞれ1000円以内です。鈴木さんはシーフードのアレルギーがあるので、海鮮類が入った料理は食べられません。鈴木さんの友だちの田中さんは小麦粉アレルギーがあります。

38 鈴木さんが食べられるメニューはどれか。

1　①か③

2　①か⑥

3　②か⑤

4　③か④

39 田中さんが食べられるメニューはどれか。

1　①か③

2　②か④

3　②か⑤

4　④か⑤

料理 りょうり	値段 ねだん	材料 ざいりょう
①天丼 てんどん	1000円 せんえん	えび、野菜、小麦粉 やさい　こむぎこ
②うな丼 どん	1500円 せんごひゃくえん	うなぎ、米 こめ
③かつ丼 どん	800円 はっぴゃくえん	豚肉、小麦粉 ぶたにく　こむぎこ
④親子丼 おやこどん	700円 ななひゃくえん	鶏肉、玉子 とりにく　たまご
⑤海鮮丼 かいせんどん	1000円 せんえん	海鮮、米 かいせん　こめ
⑥天ぷらうどん てん	900円 きゅうひゃくえん	えび、野菜、小麦粉 やさい　こむぎこ

※注意
ちゅうい

　うどんのダシには、カツオだしを使用しています。海鮮類のアレルギー
しよう　　　　　　　　　　かいせんるい
がある方は、ご注意ください。
かた　　ちゅうい

問題 1 ♪ MP3 03

　問題1では、まず質問を聞いてください。それから話を聞いて、問題用紙の1から4の中から、最も良いものを一つえらんでください。

れい

1　5時

2　6時

3　6時半

4　7時

1ばん

2ばん

1 　駅前の居酒屋

2 　駅前通りのイタリアンレストラン

3 　韓国料理屋

4 　駅西口のロシア料理

3ばん

1 A 先生（せんせい）の授業（じゅぎょう）

2 B 先生（せんせい）の授業（じゅぎょう）

3 C 先生（せんせい）の授業（じゅぎょう）

4 D 先生（せんせい）の授業（じゅぎょう）

4ばん

1 黒（くろ）

2 シルバー

3 赤（あか）

4 白（しろ）

5ばん

1 レストラン

2 映画館
<ruby>えい<rt></rt>が<rt></rt>かん</ruby>

3 コンサート

4 家
<ruby>いえ</ruby>

6ばん

1 九州
<ruby>きゅうしゅう</ruby>

2 東北地方
<ruby>とうほく ち ほう</ruby>

3 北海道
<ruby>ほっかいどう</ruby>

4 四国
<ruby>し こく</ruby>

問題2

問題2では、まず質問を聞いてください。そのあと、問題用紙を見てください。読む時間があります。それから話を聞いて、問題用紙の1から4の中から、最もよいものを一つえらんでください。

れい

1 女の人がパーティーに行かなかったから。

2 料理も飲み物もよかったから。

3 いろいろおもしろいイベントがあったから。

4 残業があったから。

1ばん

1 電車が混んでいたから。

2 足を踏まれたから。

3 スマホをしている人が出口に立っていて動かなかったから。

4 電車を降りる時、誰かが背中を押したから。

2ばん

1 七味唐辛子を入れる。

2 七味唐辛子と葱を入れる。

3 七味唐辛子と葱と大蒜を入れる

4 胡椒を入れる。

3ばん

1 往復切符で、子ども用の切符を買ってしまった。

2 片道切符で、子ども用の切符を買ってしまった。

3 往復切符で、大人用の切符を買ってしまった。

4 片復切符で、大人用の切符を買ってしまった

4ばん

1 お腹が痛いから。

2 犬の具合が悪いため。

3 犬が家中で糞をして臭いから。

4 家を掃除するため。

5ばん

1 階段で転んだから。

2 木の枝が折れたから。

3 階段に木の枝があったから。

4 つかんだ木の枝が折れて刺さったから。

6ばん

1 うがいをする。

2 手を洗う。

3 よく笑う。

4 バカになる。

問題3

　問題3では、問題用紙に何もいんさつされていません。この問題は、ぜんたいとしてどんなないようかを聞く問題です。話の前に質問はありません。まず話を聞いてください。それから質問とせんたくしを聞いて、1から4の中から、最もよいものを一つえらんでください。

―メモ―

問題4
もんだい

問題4では、えを見ながら質問を聞いてください。やじるし
もんだい　　　　　　　み　　　　　しつもん　き
（→）の人は何と言いますか。　1から3の中から、最もよい
　　　ひと　なん　い　　　　　　　　　　　　　　なか　　　　もっと
ものを一つえらんでください。
　　　ひと

れい

1 ばん

2 ばん

3 ばん

4 ばん

<ruby>問<rt>もん</rt></ruby><ruby>題<rt>だい</rt></ruby>5

　<ruby>問<rt>もん</rt></ruby><ruby>題<rt>だい</rt></ruby>5では、<ruby>問<rt>もん</rt></ruby><ruby>題<rt>だい</rt></ruby><ruby>用<rt>よう</rt></ruby><ruby>紙<rt>し</rt></ruby>に<ruby>何<rt>なに</rt></ruby>もいんさつされていません。まず<ruby>文<rt>ぶん</rt></ruby>を<ruby>聞<rt>き</rt></ruby>いてください。それから、そのへんじを<ruby>聞<rt>き</rt></ruby>いて、1から3の<ruby>中<rt>なか</rt></ruby>から、<ruby>最<rt>もっと</rt></ruby>もよいものを<ruby>一<rt>ひと</rt></ruby>つえらんでください。

―メモ―

N3

JLPT
실전 모의고사
제 4 회

언어지식(문자 · 어휘)
·
언어지식(문법) · 독해
·
청해

問題1 _____のことばの読み方として最も良いものを１・２・３・４
から一つえらびなさい。

1 わたしは毎朝バスで<u>通学</u>しています。

　　1　すうかく　　2　ずうがく　　3　つうかく　　4　つうがく

2 今日はパーティーに<u>出席</u>するので、おしゃれをしました。

　　1　しゃっせき　　　　　　　　2　しゅっせき

　　3　しゅせき　　　　　　　　　4　しょっせき

3 すみませんが、長さを測るので<u>定規</u>を貸してもらえませんか。

　　1　ていき　　　2　ていぎ　　　3　しょうぎ　　4　じょうぎ

4 わたしは去年この学校を<u>卒業</u>しました。

　　1　そつきゃう　　　　　　　　2　そつきょう

　　3　そづきょう　　　　　　　　4　そつぎょう

5 <u>授業料</u>が高いので、みんな大学院へ行きたがりません。

　　1　じょぎょうりょう　　　　　2　じゅぎょうりょう

　　3　じゃぎょうりょう　　　　　4　しゅぎょうりょう

6 留学したいですが、学費が高いのでしばらく働いてお金を貯めます。

1　りょうがく　　　　　　2　りゅうかく

3　りゅうがく　　　　　　4　りゃうかく

7 今週中にレポートを提出します。

1　ていしょつ　　　　　　2　ていしゅつ

3　ていしゃつ　　　　　　4　でいしゅつ

8 アルバイトの面接に行くので、履歴書を書かなければなりません。

1　りれきしょ　　　　　　2　りえきしょ

3　りらきしょ　　　　　　4　りらいしょ

問題2　＿＿＿のことばを漢字で書くとき、最も良いものを 1・2・3・4から一つえらびなさい。

9 何を勉強するにも、<u>しょしんしゃ</u>コースは人気があるものだ。

　　1　写真者　　　2　始心者　　　3　初心者　　　4　初診者

10 彼は携帯電話が好きで、<u>しんせいひん</u>が出るとすぐ買いに行く。

　　1　新産品　　　2　新製品　　　3　新生品　　　4　真性品

11 先週注文した<u>しなもの</u>が一週間たっても、まだ届かない。

　　1　物品　　　　2　品物　　　　3　支那物　　　4　科物

12 ロボットホテルの<u>じゅうぎょういん</u>はみなロボットで、各国の言語ができる。

　　1　従業員　　　2　業務員　　　3　就業員　　　4　十業員

13 会議がつまらないので、つい<u>いねむり</u>してしまった。

　　1　意寝り　　　2　移寝り　　　3　居寝り　　　4　居眠り

14 大雪のために交通手段がないので、S教授は授業を<u>きゅうこう</u>にした。

　　1　急行　　　　2　休講　　　　3　休校　　　　4　休耕

問題3　（　　　）に入れるのに最もよいものを、1・2・3・4から一つえらびなさい。

15　2000円（　　　）4で8000円でございます。

　1　足す　　　　2　引く　　　　3　掛ける　　　4　割る

16　先生は以前授業を休んだので、夏休みに（　　　）をするそうです。

　1　補習　　　　2　補講　　　　3　補授業　　　　4　補修

17　彼はあまり授業に来ないし、勉強もしないので（　　　）を落としました。

　1　単位　　　　2　学位　　　　3　学年　　　　4　留年

18　（　　　）の授業はより深く勉強できるし、先輩とも仲良くなれるので重要です。

　1　セミ　　　　2　ゼミ　　　　3　セミナー　　　4　ゼミナー

19 大学では将来の仕事に関係するものを（　　　）したほうがいいです。

  1　専門   2　先攻   3　選考   4　専攻

20 義務教育は中学校までですが、大部分の学生が高校へ（　　　）します。

  1　進路   2　進学   3　昇学   4　上学

21 試験のときは緊張して（　　　）方法を間違えないようにしましょう。

  1　記入   2　記帳   3　記録   4　紀要

22 作文で間違えた部分を（　　　）から、もう一度出してください。

  1　書き終わって   2　書き始めて
  3　書き直して   4　書きおいて

23 作文を書くときは、直接原稿用紙に書かないで（　　　）してから清書します。

  1　上書き   2　下書き   3　青書き   4　練習書き

24 パソコンはソフトを（　　　）しなければ、すぐには使用^{しよう}できません。

   1　インスタール　　　　　　2　インステール

   3　インストール　　　　　　4　インストゥール

25 マウスで画面^{がめん}を（　　　）します。

   1　クラック　　　　　　　　2　クロック

   3　クリック　　　　　　　　4　クルック

제
4
회

問題4 ＿＿＿に意味が最も近いものを、１・２・３・４から一つえらびなさい。

26 テストを書き終えたら、間違いがないかどうかチェックしてください。

1 校正　　　　2 検査　　　　3 黙認　　　　4 確認

27 銀行の用事はもう済ませました。

1 終わりました　　　　　　　2 終了しました
3 払いました　　　　　　　　4 出かけました

28 仕事をさぼって、パチンコをしていました。

1 つとめて　　2 たまって　　3 なまけて　　4 やめて

29 工場の仕事はきついですから、やめたいです。

1 楽　　　　2 つらい　　　3 からい　　　4 楽しい

30 よく考えた結果、日本へ留学することにしました。

1 結局　　　　2 結末　　　　3 結論　　　　4 後

問題5 つぎのことばの使い方として最もよいものを、1・2・3・4から一つえらびなさい。

31 添付する

1 メールに資料を添付しました。

2 天ぷら定食にうどんを添付しました。

3 先ほどの発言に添付させてください。

4 この商品を買うと、もう一つ添付しますよ。

32 入力する

1 人は重い物を持ち上げるとき入力する。

2 わたしは試験勉強に入力した。

3 すみませんが、このデータを入力してください。

4 母親は息子に入力しがちである。

33 やり取り

1 彼女とけんかして、やり取りをした。

2 このスポーツのやり取りがわかりません。

3 日本文化の行事のやり取りは難しいです。

4 日本の会社とは、主にメールでやり取りしている。

34 つなぐ

1 ここは電波が弱いので、ネットがつながらない。
2 犬をつないで店に入らないでください。
3 他店の商品を店内につないで飲食することは禁止されています。
4 洗濯物はベランダにつないであります。

35 さわる

1 椅子にさわってお待ちください。
2 危ないですから、鹿にさわらないほうがいいですよ。
3 わたしはコーヒーを自分でさわるのが好きです。
4 空港で荷物検査のときにカメラでさわっています。

問題1　つぎの文の（　　　）に入れるのに最もよいものを、1・2・3・4から一つえらびなさい。

1　わたし（　　　）これは大切なプロジェクトです。

　　1　にとって　　2　に対して　　3　によって　　4　によると

2　努力した（　　　）試験の結果はあまりよくなかった。

　　1　ために　　　2　ので　　　　3　くせに　　　4　わりに

3　このような貴重な物（　　　）お預かりできかねます。

　　1　なんか　　2　など　　　　3　なんて　　　　4　や

4　日本語学科の学生（　　　）、こんな簡単な翻訳もできない。

　　1　のに　　　　2　として　　　3　のくせに　　4　にとって

5　あの人が秘密を漏らした（　　　）、入札に失敗した。

　　1　せいで　　2　ために　　　3　おかげで　　4　ので

6 主任に（　　　　）会議に出席することになった。

1　かわる　　　2　かわった　　　3　かわりに　　　4　かわって

7 寒ければ寒い（　　　　）、鍋料理はおいしい。

1　くらい　　　2　程度　　　3　約　　　4　ほど

8 いなくなったのはこれ（　　　　）犬です。

1　だいたい　　　2　たいてい　　　3　くらいの　　　4　ちょうど

9 悪天候の中、わざわざ行く（　　　　）。

1　ことだ　　　2　ことはない　　　3　ことか　　　4　こと

10 大雪で高速道路が3日間（　　　　）ということだ。

1　封鎖する　　　2　封鎖される　　　3　封鎖された　　　4　封鎖した

11 歯の治療をしているので、少し（　　　　）食べられない。

1　しか　　　2　だけ　　　3　でも　　　4　ただ

12 期末試験はいつだった（　　　　）。

1　でしたか　　　　　　　　　2　っけ

3　ましたか　　　　　　　　　4　ということですか

13 ねえ、ねえ、知ってた？Aさん、整形していた（　　　　）。

1　んです　　　2　のです　　　3　んだもん　　　4　んだって

問題2　つぎの文の＿★＿に入る最もよいものを、1・2・3・4から
一つえらびなさい。

（問題例）

どれ ＿＿＿ ＿＿＿ ＿★＿ ＿＿＿ ですか。

1　の　　　2　あなた　　　3　かばん　　　4　が

（解答の仕方）

1. 正しい文はこうです。

どれ ＿＿＿ ＿＿＿ ＿★＿ ＿＿＿ ですか。
4が　2あなた　1の　3かばん

2. ＿★＿に入る番号を解答用紙にマークします。

（解答の用紙）　| （例） | ● ② ③ ④ |

---

14 大好きな彼女が作った料理だから ＿＿＿ ＿＿＿ ★＿＿

＿＿＿ と言った。

1　くせに　　　　　　　　2　ほんとうは

3　まずい　　　　　　　　4　おいしい

15 ＿＿＿ ＿＿＿ ★＿＿ ＿＿＿ 留学できた。

1　してくれた　　　　　　2　資金援助を

3　おかげで　　　　　　　4　両親が

16 連絡が ＿＿＿ ＿＿＿ ★＿＿ ＿＿＿ 。

1　どんなに　　　　　　　2　ことか

3　なかったので　　　　　4　心配した

17 現在成功している人は、失敗しても ＿＿＿ ＿＿＿ ★＿＿

＿＿＿ 成功したのだ。

1　その結果　　2　ので、　　3　挑戦した　　4　何度も

18 この本の作者、＿＿＿ ＿＿＿ ★＿＿ ＿＿＿ 。

1　である　　2　つまり　　3　人気作家　　4　母は

問題3　つぎの文章を読んで、文章全体の内容を考えて、 19 から
23 に入る最もよいものを、1・2・3・4から一つえらび
なさい。

　ここ数年、LCC、 19 格安航空が増え、日本へ行く観光客が増え
ています。新幹線で東京と大阪を往復すると、三万円くらいかかり
ますが、それと同じ費用で台湾や韓国、香港などへ行ける 20 。最
近は弾丸ツアーと言って、その日のうちに往復する、短期ツアーも
21 そうです。格安航空は、セールのときは非常に安くなり、片道
5000円くらいのときもあります。 22 、格安航空はいいことばか
りではありません。 23-a や 23-b が朝早かったり、夜遅かったり
します。また、台風や大雪などで飛行機が飛ばない場合には、他の
便に乗ることができません。それらのリスクをよく考えてから買っ
たほうがいいでしょう。

19　1　と呼ぶ

　　2　という

　　3　と言った

　　4　いわゆる

20
1 ことにしました

2 ことになりました

3 ようにしました

4 ようになりました

21
1 はやる

2 はやっている

3 はやっていた

4 はやった

22
1 そして

2 それから

3 しかし

4 さて

23
1 a 出発時間 / b 出発時間

2 a 到着時間 / b 到着時間

3 a 出発時間 / b 到着時間

4 a 到着時間 / b 出発時間

問題4　つぎの（1）から（4）の文章を読んで、質問に答えなさい。答えは、1・2・3・4から最もよいものを一つえらびなさい。

（1）

　最近、地球温暖化の影響で、夏は暑く、冬は寒くなっていますが、今年は記録的な寒さとなり、全国各地で大雪の被害が出ています。これまで、関東地方で大雪が降ることはあまりありませんでした。それで関東地方の人たちは、雪にあまり慣れていません。雪が積もると、交通にすぐ影響が出て、電車やバスが止まったりします。また、事故も増えます。先日は電車が大雪のために15時間も止まっていました。今後、このような時に備えて、政府や企業、個人などで、何か対策を考えたほうがいいでしょう。

24　大雪の被害について、この文章を書いた人はどう考えているか。

1　地球温暖化の影響で、夏が暑いから、冬は寒くなっている。
2　関東地方はあまり雪が降らないから、大丈夫である。
3　関東地方はあまり雪が降らないが、大雪が降るとすぐ問題が起こる。
4　大雪が降ると電車が15時間止まるから、何か方法を考えたほうがいい。

（２）

　日本では、健康のために山に登る人が増えているそうです。これまでは、退職した中高年者の登山が多かったそうですが、今では「山ガール」という言葉が生まれるほど、若い女性の間でも登山が人気となっています。登山愛好者の雑誌では、おしゃれな登山用の服も紹介されていて、新しいファッションにもなっています。山登りは新鮮な空気も楽しめるし、運動にもなるので、美容にも効果があるようです。ただ、山にはハチを始め、ヘビやイノシシ、クマなど危険な面もあるので、やはり十分な注意が必要でしょう。

25 登山について、この文章を書いた人はどう考えているか。

1　若い女性の間でも登山が人気となっているのはいいことである。

2　おしゃれな登山用の服はかわいい。

3　美容に効果がある。

4　登山は危ないこともあるので、気をつけたほうがいい。

（3）

　日本では高齢化社会を迎え、高齢者が増え続けていますが、最近高齢者によるマージャンが人気を集めています。その理由は認知症の予防になったり、中風のリハビリにもなったりするということです。みんなといっしょにいると楽しい、指をよく動かす、予測する、計算するという動作が脳にいい効果があるそうです。また、これまでのマージャンと違い、飲酒、タバコ、金銭のやりとりが禁止されているところもあるので、誰でも参加しやすくなったというのも人気の一つになっているようです。

26 このニュースについて、正しいものはどれか。

1　日本でマージャンは人気がある。

2　最近マージャンは高齢者の間で人気がある。

3　マージャンでは飲酒、タバコ、金銭のやりとりがよくある。

4　マージャンは誰でも参加できる。

（4）

　東京都庁は外部にも開放されていて、無料で誰でも見学できます。見学時間は朝9時30分から夜の23時までです。展望室は、北展望室と南展望室があって、第一本庁舎の1階から展望室専用エレベーターで45階の展望室に行けます。各展望室にはカフェがあり、地上202mの高さから東京のまちを一望できます。また、第一本庁舎の32階と第二庁舎の4階には職員用の食堂もありますが、一般の人も利用することができます。職員用食堂なので、外の食堂より安く食事ができます。

| 27 | 「東京都庁」について、正しいものはどれか。

　　1　東京都庁は、東京都民だけ見学できます。
　　2　東京都庁の見学にはお金を払う必要がありません。
　　3　東京都庁の食堂は、職員だけが利用できます。
　　4　東京都庁の展望室は32階にあります。

問題5　つぎの（1）と（2）の文章を読んで、質問に答えなさい。答えは、1・2・3・4から最もよいものを一つえらびなさい。

（1）

　各地で①インフルエンザが流行しているため、②マスクをしている人を多く見かけるようになりました。インフルエンザは、普通の風邪と違い急激に３９度くらいの高熱が出て、激しい咳や喉の痛み、頭痛に加え関節痛、筋肉痛、倦怠感といった全身的な症状が特徴です。一方、普通の風邪の熱はそれほど高くなく３７度くらいで、鼻水、咳、くしゃみ、喉の痛みなどの症状が多いそうです。

　インフルエンザの原因は、インフルエンザウイルスで、風邪の原因は様々なウイルスや細菌などです。外から帰ったら、手洗い、うがいをすることはもちろんですが、バランスのとれた栄養や十分な睡眠時間をとることも重要です。③このように病気にならないように予防することが大切でしょう。インフルエンザと普通の風邪は違うものですが、風邪だと思っていたものがインフルエンザだったということもあるようです。どちらにしても他人にうつるものなので、咳が出る場合はマスクを、そしてうつりたくない人もマスクをしているので、マスクをしている人が多いのです。

28 ①<u>インフルエンザ</u>について、この文章を書いた人はどう思っている

か。

1 インフルエンザと普通の風邪は同じ症状である。

2 インフルエンザは鼻水、咳、くしゃみ、喉の痛みなどの症状が
多い。

3 インフルエンザになると、体中が痛くなる。

4 インフルエンザの原因は、様々なウイルスや細菌などである。

29 ②<u>マスクをしている人を多く見かけるようになりました</u>とあるが、

どうしてか。

1 みんなインフルエンザになったから。

2 みな風邪をひいているから。

3 悪い空気を吸わないようにするため。

4 インフルエンザと風邪を予防するため。

30 ③<u>このように病気にならないように予防することが大切でしょう</u>

とあるが、この文章を書いた人は何が大切だと言っているのか。

1 バランスのとれた栄養や十分な睡眠時間をとったほうがいい。

2 外から帰ったら、手洗い、うがいをするといい。

3 マスクをすれば安全である。

4 病院に行ったほうがいい。

（2）

　みなさんは神社やお寺に行って、①おみくじを引いた経験があることだろう。大吉が出たら、誰でもうれしいはずだ。しかし、凶が出ることもある。あるお寺では、凶の出る確率が３０％ だそうだ。一般的に占いもそうだが、人はいいことは信じて、悪いことは信じたくないものである。ここのおみくじは、②凶を出すことで人々に注意を喚起しているのかもしれない。なぜなら、大吉が出たら今年はいい年だと安心してしまって、あまり努力しないかもしれないし、病気や事故にも気をつけないかもしれないからだ。逆に凶が出た場合は、今年は悪い年だから気をつけよう、もっと努力しようと考えるかもしれない。わたしはおみくじで凶が出た場合、「今が最悪なら、これからもっといいことがあるはずだ」と前向きに考えることにしている。大吉が出たら、「今が最高なら、ここから運が悪くならないように気をつけよう」と考える。③結局は大吉が出ても凶が出ても、気をつけることが大切なのだと思う。

31　①おみくじについて、この文章を書いた人はどう考えているか。

1　おみくじを引くのは楽しい。

2　大吉が出たら、うれしい。

3　凶が出たら、悲しい。

4　一般的に人はいいことは信じて、悪いことは信じたくないものである。

32 ②凶を出すことで人々に注意を喚起しているのかもしれないについて、この文章を書いた人はどう考えているか。

1 大吉が出たら、今年はいい年だと安心する。

2 大吉が出たら、今年はいい年だから何でもする。

3 凶が出たら、今年は悪い年だから注意する。

4 凶が出たら、今年は悪い年だから何もしない。

33 どうして作者は③結局は大吉が出ても凶が出ても、気をつけることが大切なのだと思うのか。

1 おみくじは、注意を喚起しているものだと思うから。

2 おみくじは未来を予言しているものだと信じているから。

3 おみくじはすべて信じたほうがいい。

4 おみくじに書いてあることは事実であるから。

問題6　つぎの文章を読んで、質問に答えなさい。答えは、１・２・３・４から最もよいものを一つえらびなさい。

　①日本へ来た観光客が驚くものの一つに、日本人のお酒のマナーがあるという。日本人は世界的にも礼儀正しいというイメージがあるのに、お酒を飲むと人格が変わる人もいるからだ。日本人は退社すると、家に直接帰らずに居酒屋に行く、大学生はコンパに行くなど、お酒を飲む機会が多い。そして、②終電には大勢の酔っ払いが乗ってくる。これは治安のよさも関係しているのかもしれない。③他の国で夜遅くまでそんなにお酒を飲んだら、危険な目に遭うかもしれないからだ。では、日本人はなぜそんなにお酒が好きなのだろうか。みんな好きで楽しく飲んでいるのだろうかと疑問に思うこともある。冬には気温が零下になる寒い国々では、寒さをしのぐために一杯飲んでから家に帰るのではないかと思うが、日本はそんなに寒いわけではない。また、暑いときに冷たいビールを飲むのも気持ちがいいだろう。機会があれば、世界中の人々にお酒に関するアンケート調査を行ってみたい。好きなお酒の種類、お酒を飲む理由などがわかっておもしろいだろう。

[34] ①日本へ来た観光客が驚くものの一つに、日本人のお酒のマナーがあるというとあるが、どうしてか。

１　日本人は世界的にも礼儀正しいというイメージがあるから。

２　お酒を飲むと人格が変わる人がいるから。

３　日本人は退社すると、家に直接帰らずに居酒屋に行くから。

４　大学生はコンパに行くから。

35 ②終電には大勢の酔っ払いが乗ってくるとあるが、どうしてか。

1 日本人は退社すると、家に直接帰らずに居酒屋に行ってお酒を飲むから。

2 大学生はコンパに行ってお酒を飲むから。

3 お酒を飲む機会が多いから。

4 日本は夜遅く帰っても安全な国だから。

36 ③他の国で夜遅くまでそんなにお酒を飲んだら、危険な目に遭うかもしれないとあるが、どうしてか。

1 治安が悪い国もあるから。

2 みんな好きで楽しく飲んでいるから。

3 冬には気温が零下になるから。

4 暑いときに冷たいビールを飲むと気持ちがいいから。

37 この文章を書いた人は、好きなお酒の種類、お酒を飲む理由を知るにはどうしたらいいと言っているか。

1 会社員に聞いてみたらいい。

2 大学生に聞いてみたらいい。

3 酔っ払いに聞いてみたらいい。

4 いろいろな国の人に聞いてみたらいい。

問題7 右のページは、「学生課」のアルバイト案内である。つぎの文章を読んで、下の質問に答えなさい。答えは、1・2・3・4から最もよいものを一つえらびなさい。

佐藤さんと中田さんは旅行に行こうと考えています。予算は５万円以内です。佐藤さんは乗り物酔いしやすいので、バスや船は苦手です。中田さんは足が悪いので、長時間歩いたり、自転車に乗ったりすることができません。

---

38 佐藤さんが参加できる団体旅行はどれか。

1　①か②

2　③か④

3　④か⑤

4　⑤か⑥

---

39 中田さんが参加できる団体旅行はどれか。

1　①か②

2　③か④

3　④か⑤

4　⑤か⑥

旅行コース	費用	内容
①九州温泉旅行	50000 円	バスで温泉めぐり
②四国でうどん作り体験	48000 円	豪華客船の旅
③出雲大社へ行こう	65000 円	豪華列車の旅
④雪祭り見学ツアー	52000 円	飛行機で北海道旅行
⑤富士山で初日の出	35000 円	富士山登山
⑥瀬戸内しまなみ海道ツアー	40000 円	自転車旅行

※注意

天候により、中止になる場合がございますので、どうぞご了承ください。

問題 1 ♪ MP3 04

　問題 1 では、まず質問を聞いてください。それから話を聞いて、問題用紙の 1 から 4 の中から、最も良いものを一つえらんでください。

れい

1　5時

2　6時

3　6時半

4　7時

1ばん

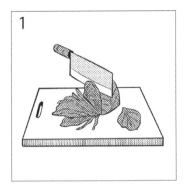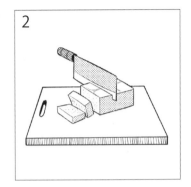

2ばん

1 　男の人が着替える。

2 　男の人が準備運動をする。

3 　女の人が使い方を説明する。

4 　運動を始める。

3ばん

1 シャンプーの前^{まえ}にお湯^ゆだけで洗^{あら}う。

2 ブラッシングする。

3 シャンプーを直接^{ちょくせつ}つけて洗^{あら}う。

4 頭皮^{とうひ}をマッサージするように洗^{あら}う。

4ばん

1 ハム

2 カニの缶詰^{かんづめ}

3 海老煎餅^{えびせんべい}セット

4 お蕎麦^{そば}

5ばん

1 映画館で見る。

2 喫茶店に行く。

3 レストランで食事する。

4 買い物に行く。

6ばん

1 学生証を申請する。

2 成績表を申請する。

3 証明写真を撮る。

4 教授に推薦状をお願いする。

問題2

　問題2では、まず質問を聞いてください。そのあと、問題用紙を見てください。読む時間があります。それから話を聞いて、問題用紙の1から4の中から、最もよいものを一つえらんでください。

れい

1　女の人がパーティーに行かなかったから。

2　料理も飲み物もよかったから。

3　いろいろおもしろいイベントがあったから。

4　残業があったから。

1ばん

1 男の人が女の人のチョコレートを食べたから。

2 男の人が女の人のチョコレートを捨てたから。

3 チョコレートの賞味期限が切れていたから。

4 賞味期限が切れたチョコレートをプレゼントしたから。

2ばん

1 行きたかったコンサートチケットが手にはいったから。

2 憧れの人にデートに誘われたから。

3 宝くじに当たったから。

4 体重が減ったから。

3ばん

1 猫が高いところに登って下りられないから。

2 猫が何かを捕まえているから。

3 猫がおもちゃで遊んでいるから。

4 猫が変なところに入って、出られなくて困っているから。

4ばん

1 イヤリング

2 指輪

3 カギ

4 ネックレス

5ばん

1 味が悪い。

2 値段が高い。

3 スタッフの対応が悪い。

4 掃除を早くから始める。

6ばん

1 船

2 新幹線

3 車

4 自転車

もんだい
問題3

　問題3では、問題用紙に何もいんさつされていません。この問題は、ぜんたいとしてどんなないようかを聞く問題です。話の前に質問はありません。まず話を聞いてください。それから質問とせんたくしを聞いて、1から4の中から、最もよいものを一つえらんでください。

―メモ―

問題4
もん だい

問題4では、えを見ながら質問を聞いてください。やじるし
（→）の人は何と言いますか。1から3の中から、最もよい
ものを一つえらんでください。

れい

1 ばん

2 ばん

3 ばん

제
4
회

4 ばん

もんだい
問題 5

　問題 5 では、問題用紙に何もいんさつされていません。まず文を聞いてください。それから、そのへんじを聞いて、1 から 3 の中から、最もよいものを一つえらんでください。

―メモ―

N3

JLPT
실전 모의고사

제 5 회

언어지식(문자 • 어휘)
•
언어지식(문법) • 독해
•
청해

問題1 ＿＿＿＿のことばの読み方として最も良いものを 1・2・3・4 から一つえらびなさい。

1 日本では、長男の嫁はいろいろしなければならないのでたいへんです。

1 ちゃうなん 2 ちゅうなん 3 ちょうなん 4 ちょなん

2 会社では、同僚といい関係を築いたほうが仕事がやりやすいです。

1 とりょう　 2 とうりょう 3 どりょう　 4 どうりょう

3 出身は東京なので、地方のことがよくわかりません。

1 しょっしん 2 しょしん
3 しゅっしん 4 しゃっしん

4 あの人は正直だから、考えていることがすぐにわかります。

1 しゃしき 2 しゃうじき
3 しゅうじき 4 しょうじき

5 積極的で明るい人は人気があります。

1　せっきょくてき　　　　　2　せっきゅくてき

3　せっきゃくてき　　　　　4　せきょくてき

6 純粋な蜂蜜は寒いと固まるそうです。

1　じゃんすい　2　じゅんすい　3　じょんすい　4　じょうすい

7 母は白内障になったので、手術を受けることになりました。

1　じゅじゅつ　　　　　　　2　しゅじゅつ

3　しゃじゅつ　　　　　　　4　しょじゅつ

8 インフルエンザにかかったので、注射を打ってもらいました。

1　ちゃうしゃ　　　　　　　2　ちょうしゃ

3　ちゅうしゃ　　　　　　　4　ちゅしゃ

問題2　＿＿＿＿のことばを漢字で書くとき、最も良いものを１・２・３・４から一つえらびなさい。

9 閉鎖になった工場は誰もいないので<u>きみがわるい</u>です。

　　１　君が悪い　　２　黄身が悪い　　３　黄味が悪い　　４　気味が悪い

10 冬休みに毎日食べてばかりいたせいで、<u>体重</u>が増えました。

　　１　たいしゅう　２　だいしゅう　３　たいじゅう　４　たいじょう

11 風邪をひいたみたいで、<u>頭痛</u>がします。

　　１　すつう　　　２　ずつう　　　　３　づつう　　　　４　すすう

12 虫歯が痛いので、<u>歯医者</u>に行くつもりです。

　　１　しいしゃ　２　はいしや　　３　はいしゃ　　４　はいし

13 最近の携帯電話は３年使うと<u>調子</u>が悪くなります。

　　１　ちょうし　２　ちゅうし　　３　ちゃうし　　４　ちょし

14 新幹線の車内では、喫煙はご<u>遠慮</u>ください。

　　１　えんりゃ　２　えんりゅ　　３　えんりょ　　４　えんりょう

問題3 （　　　）に入れるのに最もよいものを、1・2・3・4から一つえらびなさい。

15 お正月には（　　　）が集まって、お爺さんやお婆さんたちと食事します。

1　親族　　　　2　親友　　　　3　両親　　　　4　親孝行

16 日本では一般の会社員を（　　　）と呼びます。

1　フラリーマン　　　　　　2　ビジネスマン

3　サラリーマン　　　　　　4　キャリアウーマン

17 あの人は髪も服装も乱れていて（　　　）です。

1　おしゃれ　　　　　　　　2　センスがいい

3　礼儀正しい　　　　　　　4　だらしない

18 列に並ばない（　　　）人はどこにでもいます。

1　すずしい　　　　　　　　2　ずずしい

3　すうすうしい　　　　　　4　ずうずうしい

19 彼は（　　　）なので、明日試験なのに全然勉強しません。

   1　おとなしい　2　のんき　　3　まじめ　　4　せっかち

20 鼻のアレルギーで（　　　）が止まりません。

   1　せき　　　　2　あくび　　3　くしゃみ　4　おなら

21 日本では食事中に（　　　）をするのは失礼な行為です。

   1　げっぷ　　　　　　　　　2　しゃっくり
   3　せき　　　　　　　　　　4　まばたき

22 酔っ払いが電車で（　　　）寝ています。

   1　足がしびれて　　　　　　2　いびきをかいて
   3　ため息をついて　　　　　4　肩がこって

23 うちの犬は毎日雨で散歩に行けないので、（　　　）がたまっているようです。

   1　ストレート　　　　　　　2　プレッシャー
   3　圧力　　　　　　　　　　4　ストレス

24 （　　　）くて、目にも悪いので太陽を直接見てはいけません。

　　1　めまいし　　2　まふし　　　3　まぶし　　　4　明る

25 冷蔵庫に入れるのを忘れてしまったので、食べ物が（　　　）しまいました。

　　1　こわれて　　2　くさって　　3　くずれて　　4　つぶれて

問題4　　＿＿＿＿に意味が最も近いものを、１・２・３・４から一つえらびなさい。

26　スーパーでたまたま同級生に会いました。

　　1　偶然に　　　2　いない　　　3　ついて　　　4　誰も

27　今晩はだんだん寒くなるでしょう。

　　1　いないから　2　いない　　　3　次第に　　　4　誰も

28　床がきれいにふいてあって、光っています。

　　1　かぴかぴです　　　　　　　2　ぴかぴかです

　　3　キラキラです　　　　　　　4　ギラギラです

29　道路が渋滞しているので車が進むのは遅いです。

　　1　のろのろ　　2　のそのそ　　3　のっしのっし　　4　むくむく

30　日本語を話すのがペラペラになりたいです。

　　1　高く　　　　2　向上　　　　3　上手に　　　4　下手に

問題5　つぎのことばの使い方として最もよいものを、1・2・3・4から一つえらびなさい。

31 どきどき

1　明日は面接試験なのでどきどきしています。

2　どきどきデパートの食料品売り場へ買い物に行きます。

3　台風で雨がどきどき降っているので、外へ出ないほうがいいですよ。

4　外で風がどきどきふいているので寒そうです。

32 さまざま（な）

1　さまざまなうちに、コーヒーを飲んだほうがいいですよ。

2　悲しくて、さまざま泣いていました。

3　このスーパーでは、さまざまなドレッシングを売っていますよ。

4　外は風が強くて、雪も降っていてさまざまとしています。

33 きちんと

1　あの人はいつも時間を守らないできちんとしています。

2　掃除をしなくて家の中がきちんとしていて気分が悪いです。

3　天気予報はいつもきちんとするから、毎朝見ています。

4　食事はきちんと定時にとったほうが体にいいです。

34 やっと

1 やっとペットが死んでしまったので、悲しいです。

2 苦労して、やっと頂上まで登れたので、みんな喜びました。

3 大事に育てていたのに、やっと植物が枯れてしまいました。

4 いつもけんかばかりしていましたが、やっと二人は別れてしまいました。

35 いっぺんに

1 辺りいっぺんに花が咲いていて、とてもきれいです。

2 そのいっぺんに物を置くと邪魔になります。

3 空いっぺんに星が出ている光景は忘れられません。

4 いっぺんに、そんなにたくさんは覚えられません。

問題1　つぎの文の（　　　）に入れるのに最もよいものを、1・2・3・4から一つえらびなさい。

1　ここのたこ焼きは、たこが大きい（　　　）、味もいいのでおすすめだ。

　　1　ばかり　　　2　ばかりか　　3　ばかりで　　4　ところ

2　このビュッフェは日本料理（　　　）、中華料理も味わえる。

　　1　はもちろん　2　に対して　　3　にとって　　4　ばかり

3　パンはご飯（　　　）カロリーが高いそうだ。

　　1　に関して　　2　について　　3　に対して　　4　に比べて

4　食べ（　　　）のパンは冷蔵庫に入れたほうがいい。

　　1　上げ　　　　2　切れ　　　　3　たて　　　　4　かけ

5　炊き（　　　）のご飯は味も香りもいいから、食欲も増す。

　　1　たて　　　　2　かけ　　　　3　やすい　　　4　にくい

6　明日は運動会だから晴れる（　　　）いいなあ。

　　1　と　　　　　　2　ば　　　　　　3　たら　　　　4　なら

7　えっ、わたしの好きなアイドルが来ていたの？（　　　）よかった。

　　1　行くなら　　2　行くと　　　3　行けば　　　4　行ったら

8　今晩から明日に（　　　）、各地で雪が積もるでしょう。

　　1　まで　　　　2　かけて　　　3　いたるまで　4　着くまで

9　たとえ大雪（　　　）、会社は休みにならないのが日本だ。

　　1　ても　　　　2　っても　　　3　くても　　　4　でも

10　辺り一面雪で、まるで雪国にいる（　　　）。

　　1　そうだ　　　2　らしい　　　3　ようだ　　　4　とおりだ

11　今日はとても楽しかった。（　　　）明日の試験の準備は大丈夫？

　　1　ところで　　2　ところ　　　3　ところが　　4　そして

12 今週の日曜日は引っ越しです。（　　　）日曜日の食事会には出席

できません。

1　だから　　　2　そこで　　　3　そして　　　4　それから

13 明日は大切な会議があるから、出席しない（　　　）。

1　わけだ　　　　　　　　　2　わけではない

3　わけがない　　　　　　　4　わけにはいかない

問題2　つぎの文の＿★＿に入る最もよいものを、1・2・3・4から
一つえらびなさい。

（問題例）

どれ ＿＿＿ ＿＿＿ ＿★＿ ＿＿＿ ですか。

1　の　　　2　あなた　　　3　かばん　　　4　が

（解答の仕方）

1. 正しい文はこうです。

どれ ＿＿＿ ＿＿＿ ＿★＿ ＿＿＿ ですか。
4が　2あなた　1の　3かばん

2. ＿★＿に入る番号を解答用紙にマークします。

（解答の用紙）　| （例）| ● ② ③ ④ |

---

14 北部 _____ _____ ★ _____ が降るでしょう。

1 南部　　　　2 大雨　　　　3 から　　　　4 にかけて

15 何か _____ _____ ★ _____ 。

1 かけて　　　　　　　2 忘れてしまった
3 話し　　　　　　　　4 内容を

16 _____ _____ ★ _____ 。

1 重要だ　　　2 最後の　　　3 仕事は　　　4 仕上げが

17 _____ _____ ★ _____ 。

1 とした　　　　　　　2 出かけよう
3 雷雨になった　　　　4 ところ

18 授業が _____ _____ ★ _____ がまんできないので教室を出た。

1 つまらない　　　　　2 わけ
3 トイレか　　　　　　4 ではなくて

問題3　つぎの文章を読んで、文章全体の内容を考えて、 [19] から
　　　　 [23] に入る最もよいものを、1・2・3・4から一つえらび
　　　　なさい。

　日本では最近に限らず、昔から「年上の女房は、金のわらじを履いてでも探せ」 [19] 諺があるように、姉さん女房が歓迎されて [20] 。ある調査によると、男性の8割が年齢を気にしない、姉さん女房を受け入れられると答えた [21] 。その理由として男性は女性が年上の場合、「一生懸命がんばらなくてもいいので楽」、「経済的に余裕があるのでいい」、「人生の先輩なので、いろいろ相談できる」などが挙げられました。女性は男性が年下の場合、「人生経験が長いので、アドバイスしてあげられる」、「自分が主導権を握れる」、「甘えてくるのでかわいい」などが挙げられました。最後に注意する点については、男性は、「若い子をほめないようにする」、「無理をさせないようにする」、「いつもきれいだとたくさんほめる」でした。女性は、「年下だからといって軽んじるようなことを言わない」、「収入のことは言わない」でした。出会いのチャンスがない、縁がないという人は、恋愛対象の条件から「年齢」を外してみるのもいいかもしれません。 [22] 、出会いのチャンスはさらに広がることでしょう。 [23-a] や [23-b] も結婚条件として重要かもしれませんが、それより重要なことは気持ちの問題でしょう。

19　　1　と呼ぶ

　　　　2　という

　　　　3　と言った

　　　　4　いわゆる

20　　1　いるようです

　　　　2　いることです

　　　　3　いそうです

　　　　4　いたらしいです

21　　1　らしいです

　　　　2　そうです

　　　　3　ようです

　　　　4　みたいです

22　　1　そして

　　　　2　それから

　　　　3　そうすれは

　　　　4　そこで

23 1 a 人生経験 / b 主導権

2 a チャンス / b 縁

3 a 男性が年上 / b 女性が年下

4 a 年齢 / b 収入

問題4 つぎの（1）から（4）の文章を読んで、質問に答えなさい。答えは、1・2・3・4から最もよいものを一つえらびなさい。

（1）

拝啓

まだまだ寒い日続いておりますが、お変わりございませんか。

この度、新居へ移りましたのでお知らせいたします。

A駅から徒歩で10分ほどです。近くには桜のきれいな公園もあります。お花見も兼ねて、近所へお越しの際にはぜひお立ち寄りください。

まずは御連絡まで。

新住所　　　東京都新宿区本町1丁目2番3号

電話番号　03－1234－5678

敬具

一月三十日

24 このハガキについて、正しいものはどれか。

1 桜がきれいだから遊びに来て欲しいという内容

2 元気かどうかを確かめる内容

3 引っ越しのお知らせ

4 駅から近い家だというお知らせ

（２）

　ある雑誌で、お金持ちと貧乏の違いに関する記事を読んだ。その雑誌によると、お金持ちは自分に投資するための時間とお金に惜しまないとのことだ。他人より優れた能力をつけるには、それなりの時間とお金が必要だという。それがピアノであっても、書道であっても同じである。健康のために運動に費やす時間やスポーツジムに通う時間は無駄な時間ではない。貧乏人はその違いが理解できないらしい。使うべき時間とお金、それを理解する能力の差がお金持ちと貧乏人の差なのかもしれない。

25 時間とお金について、この文章を書いた人はどう考えているか。

1　お金持ちは自分のために時間とお金を使う。

2　他人より優れた能力をつけるには、時間とお金が必要だ。

3　運動やスポーツジムに通う時間は無駄である。

4　使うべき時間とお金を理解する能力が、お金持ちと貧乏人は違う。

（3）

　ある研究によると、蚊にも記憶力があることがわかった。蚊でも死にそうになった経験は覚えていて、叩いた人を覚えているらしい。それは匂いによるもので、刺されるのを防ぐ人とそうでない人を学習することもできるそうである。だから蚊が止まっているのを見かけたら、叩いたほうがいいそうだ。そうすれば蚊はその人の匂いを覚えていて、再び刺しに来ることはないらしい。

26　この文章について、正しいものはどれか。

　1　蚊は音で人を覚えている。

　2　蚊は匂いで人を覚えている。

　3　蚊は経験で人を覚えている。

　4　蚊は動作で人を覚えている。

（4）

　日本では気軽に登れる山が多いため、中高年者の間で登山がブームとなっている。しかし、近年、クマやイノシシなどの出没に加え、火山噴火などの災害も増えているため、十分な注意が必要である。まず、無理のない登山計画を立て、登山計画書を最寄りの警察署又は交番などに提出すること。次に装備品などの確実な点検と非常時に備えた予備の食料や燃料、携帯電話を携行すること。最後に登山の前に必ず気象状況を確認し、必要に応じて予定変更することが大切である。

27 この文章について、正しいものはどれか。。

1　クマやイノシシなどが出るから登山しないほうがいい。

2　火山噴火などの災害が増えているから登山しないほうがいい。

3　無理のない登山計画を立て、警察署又は交番、駐在所に提出したほうがいい。

4　登山計画はよく予定を変更したほうがいい。

問題5 つぎの（1）と（2）の文章を読んで、質問に答えなさい。答えは、1・2・3・4から最もよいものを一つえらびなさい。

（1）

　①大都会でカラスが多いのは日本ぐらいであろう。ゴミ置場には、犬や猫防止のためではなくて、カラス防止のためにゴミにネットがかけられている。また、カラスはハンガーで巣を作ることでも知られている。カラフルなハンガーで作られた②カラスの巣はまるで芸術作品のようだ。毎年3月になるとカラスが巣を作り始める。そこで、1カラスが止まりそうな場所に針金を設置する。2エサとなる食べ物を置かない。3カラスが食べ物を隠す場所になる植木鉢などを置かない。4洗濯物を外に干しっぱなしにせず、すぐに取り込む。5使わない時は室内にハンガーを置いておく。など③注意しなければならない。もし、電柱などで巣を発見した場合は電線に接触して、停電の原因にもなるので電力会社に連絡したほうがいい。そのように困ったカラスでも、国で保護されているので勝手に殺したり、捕まえたりしてはいけない。カラスはとても頭がいい鳥なので、なんとか人々と仲良く暮らしていく方法を考えたほうがいいだろう。

28 ①<u>大都会でカラスが多い</u>について、この文章を書いた人はどう思っているか。

1　カラスは犬と猫と同じくらいかわいい。

2　カラスがこんなに多い大都会はめずらしい。

3　カラス防止のためにネットをかけたほうがいい。

4　カラスは巣を作るからハンガーをあげたほうがいい。

29 ②<u>カラスの巣はまるで芸術作品のようだ</u>とあるが、どうしてか。

1　きれいな色のハンガーで作った巣だから。

2　ゴミのネットで作った巣だから。

3　いろいろな種類のハンガーを使っているから。

4　カラスは芸術家だから。

30 ③<u>注意しなければならない</u>とあるが、この文章を書いた人は何が大切だと言っているのか。

1　使わないハンガーは外に置いておいたほうがいい。

2　使わないハンガーは家の中に置いておいたほうがいい。

3　電柱などで巣を発見した場合は、写真を撮ったほうがいい。

4　電柱などで巣を発見した場合は、市役所に連絡したほうがいい。

（2）

　①日本では昔から雨に関することばが多い。例えば、春降る雨は「春雨」、そして5月に降る雨は「五月雨」、6月に降る雨は「梅雨」、7月や8月などの夏の午後に降る雨は「夕立」である。秋は「秋雨」、秋から冬にかけては「時雨」、冬は「氷雨」がある。そして、雨の降る量によって、「小雨」、「大雨」、「豪雨」などの読み方もある。さらに雷が鳴りながら降る雨は「雷雨」である。このようにいろいろな雨に関することばがあるのは、実は雨を嫌うのではなくて、雨と共生しようという②日本人の考えなのかもしれない。また、これらのことばを使うことで、季節感を感じることもできる。このように雨に関することばが多いのも、③日本文化の特徴なのかもしれない。日本に来たら、おしゃれなレイングッズを買ってみるのもおもしろいだろう。

31 ①日本では昔から雨に関することばが多いについて、この文章を書いた人はどう考えているか。

1　雨に関することばが多くてたいへんだ。

2　雨に関することばが多いから、雨は嫌いだ。

3　雨を嫌いになるのではなくて、一緒に暮らすことを考えている。

4　雨に関することばが多いのは、しかたがない。

32 ②日本人の考えなのかもしれないについて、この文章を書いた人は
どう考えているか。

1 雨に関することばから、季節がわかる。

2 雨は日本の文化である。

3 雨に関することばを覚えたほうがいい。

4 おしゃれなレイングッズが楽しめていい。

33 どうして作者は③日本文化の特徴なのかもしれないと思うのか。

1 雨を楽しもうという気持ちがあるから。

2 雨の日もおしゃれを忘れないから。

3 日本人は雨が好きだから。

4 雨に関することばが多いから。

問題6　つぎの文章を読んで、質問に答えなさい。答えは、1・2・3・4から最もよいものを一つえらびなさい。

　長野県山ノ内町にある地獄谷野猿公苑の「スノーモンキー」は大人気で、今では①世界各国からこの「スノーモンキー」を見に観光客が訪れています。もともとはアメリカで1970年に『LIFE』誌に温泉に入るサルが紹介されたのが始まりで、世界的に有名になりました。なぜこのように人気が出たかというと、先進国で野生のサルがいるのは日本だけで、非常に珍しいそうです。サルは一般的に暖かい国に生息しているため、温泉に入ることもなく、②このような光景が楽しめるのは世界でも日本だけのようです。ここのニホンザルは、世界でいちばん北に住んでいるサルで、温泉に入って気持ちよさそうな表情を見ているだけでも、癒されるのかもしれません。③外国人観光客は熱心に1時間ほども写真を撮っていることもよくあります。ところで、サルを観察するときには、1なるべく離れて見る。2目をじっと見つめない。3手を出したり、さわらない。4食べ物を見せない、与えない。などの注意事項があります。みなさんもサルを観察する際には、十分に気をつけましょう。

34 ①世界各国からこの「スノーモンキー」を見に観光客が訪れています とあるが、どうしてか。

1 「スノーモンキー」は大人気だから。

2 アメリカで 1970 年に『LIFE』誌に紹介されたから。

3 先進国で野生のサルがいるのは日本だけで、非常に珍しいか ら。

4 世界的に有名だから。

35 ②このような光景とは何か。

1 サルは一般的に暖かい国に生息していること。

2 サルは一般的に暖かい国に生息しているため、温泉に入らない こと。

3 温泉に入るサル。

4 世界でいちばん北に住んでいるサル。

36 ③外国人観光客は熱心に 1 時間ほども写真を撮っていることもよく ありますとあるが、どうしてか。

1 温泉に入って気持ちよさそうな表情を見ているとおもしろいか ら。

2 サルを研究したいから。

3 世界的に有名なサルだから。

4 サルを観察に来たから。

37 この文章を書いた人は、サルを観察するときにはどうしたほうがいいと言っているか。

1　なるべく近くで見たほうがいい。

2　サルの目をよく見たほうがいい。

3　サルと握手したほうがいい。

4　サルにはあまり近づかないほうがいい。

問題7　右のページは、「学生課」のアルバイト案内である。つぎの文章を読んで、下の質問に答えなさい。答えは、1・2・3・4から最もよいものを一つえらびなさい。

　張さんと林さんは部屋を借りようと考えています。予算は75000円以下です。張さんは自転車に乗れないので、駅から10分以内で歩ける距離がいいです。林さんは料理が好きなので、キッチンがある家に住みたいです。

38　張さんの条件に合う部屋はどれか。

　　1　①か②

　　2　③か④

　　3　④か⑤

　　4　⑤か⑥

39　林さんの条件に合う部屋はどれか。

　　1　①か②か③

　　2　④か⑤か⑥

　　3　①か②か④

　　4　③か④か⑥

家	家賃	間取り	交通
①	70000円	十畳ワンルーム、シャワー、トイレ、キッチン、ベランダあり	駅から歩いて3分
②	65000円	六畳と四畳半、シャワー、トイレ、キッチンあり	駅から歩いて10分
③	80000円	十二畳ワンルーム、シャワー、トイレ、キッチン、ベランダあり	駅の上
④	58000円	八畳ワンルーム、シャワー、トイレ、キッチンあり	駅からバスで10分
⑤	20000円	四畳半、シャワー、トイレ共同、キッチンなし	駅から歩いて20分
⑥	45000円	六畳、シャワー、トイレあり、キッチンなし	駅から自転車で10分

※注意

契約の際には、家賃の他に、敷金、礼金、仲介料、管理費もお支払いください。

<ruby>問<rt>もん</rt></ruby><ruby>題<rt>だい</rt></ruby> 1 ♪ MP3 05

<ruby>問<rt>もん</rt></ruby><ruby>題<rt>だい</rt></ruby>1では、まず<ruby>質<rt>しつ</rt></ruby><ruby>問<rt>もん</rt></ruby>を<ruby>聞<rt>き</rt></ruby>いてください。それから<ruby>話<rt>はなし</rt></ruby>を<ruby>聞<rt>き</rt></ruby>いて、<ruby>問<rt>もん</rt></ruby><ruby>題<rt>だい</rt></ruby><ruby>用<rt>よう</rt></ruby><ruby>紙<rt>し</rt></ruby>の1から4の<ruby>中<rt>なか</rt></ruby>から、<ruby>最<rt>もっと</rt></ruby>も<ruby>良<rt>よ</rt></ruby>いものを一つえらんでください。

れい

1　5<ruby>時<rt>じ</rt></ruby>

2　6<ruby>時<rt>じ</rt></ruby>

3　6<ruby>時<rt>じ</rt></ruby><ruby>半<rt>はん</rt></ruby>

4　7<ruby>時<rt>じ</rt></ruby>

1ばん

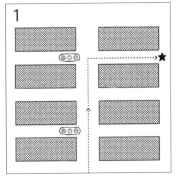
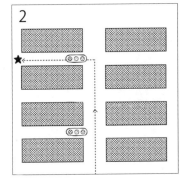
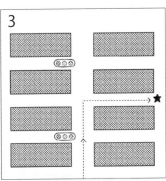
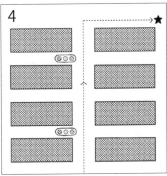

2ばん

1 恋愛映画

2 アクション映画

3 アニメ

4 歴史映画

3ばん

1 山の風景

2 海の風景

3 果物の写真

4 動物の写真

4ばん

1 合格守り

2 合格鉛筆

3 キーホルダー

4 絵馬

5ばん

1 フルーツケーキ

2 チーズケーキ

3 紅茶^{こうちゃ}ケーキ

4 チョコレートケーキ

6ばん

1 ホットカフェラテ

2 アイスカフェラテ

3 ジュース

4 アイスモカ

もんだい
問題2

　問題2では、まず質問を聞いてください。そのあと、問題用紙を見てください。読む時間があります。それから話を聞いて、問題用紙の1から4の中から、最もよいものを一つえらんでください。

れい

1　女の人がパーティーに行かなかったから。

2　料理も飲み物もよかったから。

3　いろいろおもしろいイベントがあったから。

4　残業があったから。

1ばん

1 紙が詰まっているから。

2 インクがないから。

3 ファックスボタンになっているから。

4 紙がないから。

2ばん

1 彼氏が他の女性と歩いていたから。

2 ずっと彼氏に会えないから。

3 味のしなくなったガムを食べ続けているから。

4 合コンに参加したことがないから。

3ばん

1 ダイエットしているから。

2 お目当ての人がいるから。

3 疲れているから。

4 ストレスがあるから。

4ばん

1 時間

2 場所

3 日にち

4 メッセージ

5ばん

1　ランチセット

2　麺類
   <ruby>麺類<rt>めんるい</rt></ruby>

3　丼物
   <ruby>丼物<rt>どんもの</rt></ruby>

4　サンドイッチ

6ばん

1　コピーの<ruby>上<rt>うえ</rt></ruby>と<ruby>下<rt>した</rt></ruby>が<ruby>逆<rt>ぎゃく</rt></ruby>になっていたこと

2　コピーの<ruby>枚数<rt>まいすう</rt></ruby>

3　ホッチキスの<ruby>位置<rt>いち</rt></ruby>

4　<ruby>疲<rt>つか</rt></ruby>れすぎていること

問題3

　問題3では、問題用紙に何もいんさつされていません。この問題は、ぜんたいとしてどんなないようかを聞く問題です。話の前に質問はありません。まず話を聞いてください。それから質問とせんたくしを聞いて、1から4の中から、最もよいものを一つえらんでください。

―メモ―

<ruby>問題<rt>もん だい</rt></ruby>4

　<ruby>問題<rt>もんだい</rt></ruby>4では、えを<ruby>見<rt>み</rt></ruby>ながら<ruby>質問<rt>しつもん</rt></ruby>を<ruby>聞<rt>き</rt></ruby>いてください。やじるし（→）の<ruby>人<rt>ひと</rt></ruby>は<ruby>何<rt>なん</rt></ruby>と<ruby>言<rt>い</rt></ruby>いますか。1から3の<ruby>中<rt>なか</rt></ruby>から、<ruby>最<rt>もっと</rt></ruby>もよいものを<ruby>一<rt>ひと</rt></ruby>つえらんでください。

れい

1 ばん

2 ばん

3 ばん

4 ばん

<ruby>問<rt>もん</rt></ruby><ruby>題<rt>だい</rt></ruby> 5

　問題 5 では、問題用紙に何もいんさつされていません。まず文を聞いてください。それから、そのへんじを聞いて、1から3の中から、最もよいものを一つえらんでください。

―メモ―

N3

言語知識（文字・語彙）
言語知識（文法）・読解　解答用紙

言語知識（文法）・読解

問題 1

	①	②	③	④
1	①	②	③	④
2	①	②	③	④
3	①	②	③	④
4	①	②	③	④
5	①	②	③	④
6	①	②	③	④
7	①	②	③	④
8	①	②	③	④
9	①	②	③	④
10	①	②	③	④
11	①	②	③	④
12	①	②	③	④
13	①	②	③	④

問題 2

	①	②	③	④
14	①	②	③	④
15	①	②	③	④
16	①	②	③	④
17	①	②	③	④
18	①	②	③	④

問題 3

	①	②	③	④
19	①	②	③	④
20	①	②	③	④
21	①	②	③	④
22	①	②	③	④
23	①	②	③	④

問題 4

	①	②	③	④
26	①	②	③	④
27	①	②	③	④
28	①	②	③	④
29	①	②	③	④
30	①	②	③	④

問題 5

	①	②	③	④
31	①	②	③	④
32	①	②	③	④
33	①	②	③	④
34	①	②	③	④
35	①	②	③	④

言語知識（文字・語彙）

問題 1

	①	②	③	④
1	①	②	③	④
2	①	②	③	④
3	①	②	③	④
4	①	②	③	④
5	①	②	③	④
6	①	②	③	④
7	①	②	③	④
8	①	②	③	④

問題 2

	①	②	③	④
9	①	②	③	④
10	①	②	③	④
11	①	②	③	④
12	①	②	③	④
13	①	②	③	④
14	①	②	③	④

問題 3

	①	②	③	④
15	①	②	③	④
16	①	②	③	④
17	①	②	③	④
18	①	②	③	④
19	①	②	③	④
20	①	②	③	④
21	①	②	③	④
22	①	②	③	④
23	①	②	③	④
24	①	②	③	④
25	①	②	③	④

N3
言語知識（文法）・読解　聴解

言語知識（文法）・読解

問題 4

	①	②	③	④
24	①	②	③	④
25	①	②	③	④
26	①	②	③	④
27	①	②	③	④

問題 5

	①	②	③	④
28	①	②	③	④
29	①	②	③	④
30	①	②	③	④
31	①	②	③	④
32	①	②	③	④
33	①	②	③	④

問題 6

	①	②	③	④
34	①	②	③	④
35	①	②	③	④
36	①	②	③	④
37	①	②	③	④

問題 5

	①	②	③	④
38	①	②	③	④
39	①	②	③	④

聴解

問題 1

	①	②	③	④
1	①	②	③	④
2	①	②	③	④
3	①	②	③	④
4	①	②	③	④
5	①	②	③	④
6	①	②	③	④

問題 2

	①	②	③	④
1	①	②	③	④
2	①	②	③	④
3	①	②	③	④
4	①	②	③	④
5	①	②	③	④
6	①	②	③	④

問題 3

	①	②	③	④
1	①	②	③	④
2	①	②	③	④
3	①	②	③	④

問題 4

	①	②	③
1	①	②	③
2	①	②	③
3	①	②	③
4	①	②	③

問題 5

	①	②	③
1	①	②	③
2	①	②	③
3	①	②	③
4	①	②	③
5	①	②	③
6	①	②	③
7	①	②	③
8	①	②	③
9	①	②	③

言語知識（文字・語彙）

言語知識（文法）・読解

問題 1

	①	②	③	④
1	①	②	③	④
2	①	②	③	④
3	①	②	③	④
4	①	②	③	④
5	①	②	③	④
6	①	②	③	④
7	①	②	③	④
8	①	②	③	④
9	①	②	③	④
10	①	②	③	④
11	①	②	③	④
12	①	②	③	④
13	①	②	③	④

問題 2

	①	②	③	④
14	①	②	③	④
15	①	②	③	④
16	①	②	③	④
17	①	②	③	④
18	①	②	③	④

問題 3

	①	②	③	④
19	①	②	③	④
20	①	②	③	④
21	①	②	③	④
22	①	②	③	④
23	①	②	③	④

問題 4

	①	②	③	④
26	①	②	③	④
27	①	②	③	④
28	①	②	③	④
29	①	②	③	④
30	①	②	③	④

問題 5

	①	②	③	④
31	①	②	③	④
32	①	②	③	④
33	①	②	③	④
34	①	②	③	④
35	①	②	③	④

言語知識（文字・語彙）

問題 1

	①	②	③	④
1	①	②	③	④
2	①	②	③	④
3	①	②	③	④
4	①	②	③	④
5	①	②	③	④
6	①	②	③	④
7	①	②	③	④
8	①	②	③	④

問題 2

	①	②	③	④
9	①	②	③	④
10	①	②	③	④
11	①	②	③	④
12	①	②	③	④
13	①	②	③	④
14	①	②	③	④

問題 3

	①	②	③	④
15	①	②	③	④
16	①	②	③	④
17	①	②	③	④
18	①	②	③	④
19	①	②	③	④
20	①	②	③	④
21	①	②	③	④
22	①	②	③	④
23	①	②	③	④
24	①	②	③	④
25	①	②	③	④

N3

言語知識（文法）・読解　聴解　解答用紙

言語知識（文法）・読解

問題4

	①	②	③	④
24	①	②	③	④
25	①	②	③	④
26	①	②	③	④
27	①	②	③	④

問題5

	①	②	③	④
28	①	②	③	④
29	①	②	③	④
30	①	②	③	④
31	①	②	③	④
32	①	②	③	④
33	①	②	③	④

問題6

	①	②	③	④
34	①	②	③	④
35	①	②	③	④
36	①	②	③	④
37	①	②	③	④

問題5

	①	②	③	④
38	①	②	③	④
39	①	②	③	④

聴解

問題1

	①	②	③	④
1	①	②	③	④
2	①	②	③	④
3	①	②	③	④
4	①	②	③	④
5	①	②	③	④
6	①	②	③	④

問題2

	①	②	③	④
1	①	②	③	④
2	①	②	③	④
3	①	②	③	④
4	①	②	③	④
5	①	②	③	④
6	①	②	③	④

問題3

	①	②	③	④
1	①	②	③	④
2	①	②	③	④
3	①	②	③	④

問題4

	①	②	③
1	①	②	③
2	①	②	③
3	①	②	③
4	①	②	③

問題5

	①	②	③
1	①	②	③
2	①	②	③
3	①	②	③
4	①	②	③
5	①	②	③
6	①	②	③
7	①	②	③
8	①	②	③
9	①	②	③

言語知識（文字・語彙）

問題 1

番号	1	2	3	4
1	①	②	③	④
2	①	②	③	④
3	①	②	③	④
4	①	②	③	④
5	①	②	③	④
6	①	②	③	④
7	①	②	③	④
8	①	②	③	④

問題 2

番号	1	2	3	4
9	①	②	③	④
10	①	②	③	④
11	①	②	③	④
12	①	②	③	④
13	①	②	③	④
14	①	②	③	④

問題 3

番号	1	2	3	4
15	①	②	③	④
16	①	②	③	④
17	①	②	③	④
18	①	②	③	④
19	①	②	③	④
20	①	②	③	④
21	①	②	③	④
22	①	②	③	④
23	①	②	③	④
24	①	②	③	④
25	①	②	③	④

問題 4

番号	1	2	3	4
26	①	②	③	④
27	①	②	③	④
28	①	②	③	④
29	①	②	③	④
30	①	②	③	④

問題 5

番号	1	2	3	4
31	①	②	③	④
32	①	②	③	④
33	①	②	③	④
34	①	②	③	④
35	①	②	③	④

言語知識（文法）・読解

問題 1

番号	1	2	3	4
1	①	②	③	④
2	①	②	③	④
3	①	②	③	④
4	①	②	③	④
5	①	②	③	④
6	①	②	③	④
7	①	②	③	④
8	①	②	③	④
9	①	②	③	④
10	①	②	③	④
11	①	②	③	④
12	①	②	③	④
13	①	②	③	④

問題 2

番号	1	2	3	4
14	①	②	③	④
15	①	②	③	④
16	①	②	③	④
17	①	②	③	④
18	①	②	③	④

問題 3

番号	1	2	3	4
19	①	②	③	④
20	①	②	③	④
21	①	②	③	④
22	①	②	③	④
23	①	②	③	④

N3

言語知識（文法）・読解　聴解

言語知識（文法）・読解

問題4

24	①	②	③	④
25	①	②	③	④
26	①	②	③	④
27	①	②	③	④

問題5

28	①	②	③	④
29	①	②	③	④
30	①	②	③	④
31	①	②	③	④
32	①	②	③	④
33	①	②	③	④

問題6

34	①	②	③	④
35	①	②	③	④
36	①	②	③	④
37	①	②	③	④

問題5

38	①	②	③	④
39	①	②	③	④

聴解

問題1

1	①	②	③	④
2	①	②	③	④
3	①	②	③	④
4	①	②	③	④
5	①	②	③	④
6	①	②	③	④

問題2

1	①	②	③	④
2	①	②	③	④
3	①	②	③	④
4	①	②	③	④
5	①	②	③	④
6	①	②	③	④

問題3

1	①	②	③	④
2	①	②	③	④
3	①	②	③	④

問題4

1	①	②	③
2	①	②	③
3	①	②	③
4	①	②	③

問題5

1	①	②	③
2	①	②	③
3	①	②	③
4	①	②	③
5	①	②	③
6	①	②	③
7	①	②	③
8	①	②	③
9	①	②	③

N3

言語知識（文字・語彙）

問題 1

	①	②	③	④
1	①	②	③	④
2	①	②	③	④
3	①	②	③	④
4	①	②	③	④
5	①	②	③	④
6	①	②	③	④
7	①	②	③	④
8	①	②	③	④

問題 2

	①	②	③	④
9	①	②	③	④
10	①	②	③	④
11	①	②	③	④
12	①	②	③	④
13	①	②	③	④
14	①	②	③	④

問題 3

	①	②	③	④
15	①	②	③	④
16	①	②	③	④
17	①	②	③	④
18	①	②	③	④
19	①	②	③	④
20	①	②	③	④
21	①	②	③	④
22	①	②	③	④
23	①	②	③	④
24	①	②	③	④
25	①	②	③	④

問題 4

	①	②	③	④
26	①	②	③	④
27	①	②	③	④
28	①	②	③	④
29	①	②	③	④
30	①	②	③	④

問題 5

	①	②	③	④
31	①	②	③	④
32	①	②	③	④
33	①	②	③	④
34	①	②	③	④
35	①	②	③	④

言語知識（文法）・読解　解答用紙

問題 1

	①	②	③	④
1	①	②	③	④
2	①	②	③	④
3	①	②	③	④
4	①	②	③	④
5	①	②	③	④
6	①	②	③	④
7	①	②	③	④
8	①	②	③	④
9	①	②	③	④
10	①	②	③	④
11	①	②	③	④
12	①	②	③	④
13	①	②	③	④

問題 2

	①	②	③	④
14	①	②	③	④
15	①	②	③	④
16	①	②	③	④
17	①	②	③	④
18	①	②	③	④

問題 3

	①	②	③	④
19	①	②	③	④
20	①	②	③	④
21	①	②	③	④
22	①	②	③	④
23	①	②	③	④

N3

言語知識（文法）・読解　聴解　

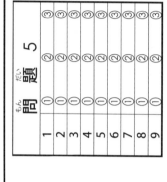

聴解

もんだい　問題 1
1	①	②	③	④
2	①	②	③	④
3	①	②	③	④
4	①	②	③	④
5	①	②	③	④
6	①	②	③	④

もんだい　問題 2
1	①	②	③	④
2	①	②	③	④
3	①	②	③	④
4	①	②	③	④
5	①	②	③	④
6	①	②	③	④

もんだい　問題 3
1	①	②	③	④
2	①	②	③	④
3	①	②	③	④

もんだい　問題 4
1	①	②	③
2	①	②	③
3	①	②	③
4	①	②	③

もんだい　問題 5
1	①	②	③
2	①	②	③
3	①	②	③
4	①	②	③
5	①	②	③
6	①	②	③
7	①	②	③
8	①	②	③
9	①	②	③

問題 4
24	①	②	③	④
25	①	②	③	④
26	①	②	③	④
27	①	②	③	④

問題 5
28	①	②	③	④
29	①	②	③	④
30	①	②	③	④
31	①	②	③	④
32	①	②	③	④
33	①	②	③	④

問題 6
34	①	②	③	④
35	①	②	③	④
36	①	②	③	④
37	①	②	③	④

問題 5
38	①	②	③	④
39	①	②	③	④

言語知識（文法）・読解　解答用紙
言語知識（文法）・読解

問題 1

	①	②	③	④
1	①	②	③	④
2	①	②	③	④
3	①	②	③	④
4	①	②	③	④
5	①	②	③	④
6	①	②	③	④
7	①	②	③	④
8	①	②	③	④
9	①	②	③	④
10	①	②	③	④
11	①	②	③	④
12	①	②	③	④
13	①	②	③	④

問題 2

	①	②	③	④
14	①	②	③	④
15	①	②	③	④
16	①	②	③	④
17	①	②	③	④
18	①	②	③	④

問題 3

	①	②	③	④
19	①	②	③	④
20	①	②	③	④
21	①	②	③	④
22	①	②	③	④
23	①	②	③	④

問題 4

	①	②	③	④
26	①	②	③	④
27	①	②	③	④
28	①	②	③	④
29	①	②	③	④
30	①	②	③	④

問題 5

	①	②	③	④
31	①	②	③	④
32	①	②	③	④
33	①	②	③	④
34	①	②	③	④
35	①	②	③	④

言語知識（文字・語彙）

問題 1

	①	②	③	④
1	①	②	③	④
2	①	②	③	④
3	①	②	③	④
4	①	②	③	④
5	①	②	③	④
6	①	②	③	④
7	①	②	③	④
8	①	②	③	④

問題 2

	①	②	③	④
9	①	②	③	④
10	①	②	③	④
11	①	②	③	④
12	①	②	③	④
13	①	②	③	④
14	①	②	③	④

問題 3

	①	②	③	④
15	①	②	③	④
16	①	②	③	④
17	①	②	③	④
18	①	②	③	④
19	①	②	③	④
20	①	②	③	④
21	①	②	③	④
22	①	②	③	④
23	①	②	③	④
24	①	②	③	④
25	①	②	③	④

N3

言語知識（文法）・読解　聴解

問題 4

もん問	だい題 4			
24	①	②	③	④
25	①	②	③	④
26	①	②	③	④
27	①	②	③	④

問題 5

28	①	②	③	④
29	①	②	③	④
30	①	②	③	④
31	①	②	③	④
32	①	②	③	④
33	①	②	③	④

問題 6

34	①	②	③	④
35	①	②	③	④
36	①	②	③	④
37	①	②	③	④

問題 5

38	①	②	③	④
39	①	②	③	④

問題 1

もん問	だい題 1			
1	①	②	③	④
2	①	②	③	④
3	①	②	③	④
4	①	②	③	④
5	①	②	③	④
6	①	②	③	④

問題 2

もん問	だい題 2			
1	①	②	③	④
2	①	②	③	④
3	①	②	③	④
4	①	②	③	④
5	①	②	③	④
6	①	②	③	④

問題 3

もん問	だい題 3			
1	①	②	③	④
2	①	②	③	④
3	①	②	③	④

問題 4

もん問	だい題 4		
1	①	②	③
2	①	②	③
3	①	②	③
4	①	②	③

問題 5

もん問	だい題 5		
1	①	②	③
2	①	②	③
3	①	②	③
4	①	②	③
5	①	②	③
6	①	②	③
7	①	②	③
8	①	②	③
9	①	②	③

JLPT
실전
모의고사
N3

JLPT 실전 모의고사 N3

용어 정리

い형용사 = 형용사

な형용사 = 형용동사

N3

JLPT
실전 모의고사

제 1 회

언어지식(문자·어휘)
·
언어지식(문법)·독해
·
청해

언어지식
(문자 · 어휘)

문제 1
1 (4)
2 (2)
3 (3)
4 (4)
5 (3)
6 (4)
7 (2)
8 (4)

문제 2
9 (4)
10 (3)
11 (2)
12 (1)
13 (4)
14 (3)

문제 3
15 (4)
16 (1)
17 (2)
18 (3)
19 (2)
20 (1)
21 (4)
22 (3)
23 (2)
24 (3)
25 (4)

문제 4
26 (2)
27 (1)
28 (4)
29 (2)
30 (3)

문제 5
31 (4)
32 (3)
33 (1)
34 (2)
35 (3)

언어지식
(문법) · 독해

문제 1
1 (4)
2 (3)
3 (1)
4 (3)
5 (2)
6 (3)
7 (3)
8 (1)
9 (2)
10 (4)
11 (3)
12 (1)
13 (3)

문제 2
14 (1)
15 (3)
16 (3)
17 (4)
18 (1)

문제 3
19 (4)
20 (2)
21 (2)
22 (3)
23 (1)

문제 4
24 (4)
25 (2)
26 (3)
27 (1)

문제 5
28 (4)
29 (1)
30 (1)
31 (4)
32 (4)
33 (3)

문제 6
34 (3)
35 (4)
36 (4)
37 (1)

문제 7
38 (2)
39 (4)

청해

문제 1
1 (4)
2 (4)
3 (2)
4 (4)
5 (3)
6 (1)

문제 2
1 (3)
2 (2)
3 (3)
4 (1)
5 (4)
6 (4)

문제 3
1 (3)
2 (1)
3 (2)

문제 4
1 (3)
2 (3)
3 (2)
4 (1)

문제 5
1 (3)
2 (3)
3 (1)
4 (2)
5 (1)
6 (3)
7 (1)
8 (3)
9 (2)

문제 1　＿＿＿의 단어를 읽는 방법으로 가장 알맞은 것을 1, 2, 3, 4 중에서 하나 고르세요.

1 정답：4

냉장고에는 물건을 많이 채워 넣지 않는 게 좋을 것 같다.

（해설）冷凍庫 냉동고 | 詰め込む 채워 넣다 | 〜ないほうがいい: 〜하지 않는 편이 낫다

2 정답：2

목욕 후에 시원한 우유를 마시면 기분이 좋다.

（해설）冴える 맑고 깨끗하다, 선명하다 | 冷える 차가워지다, 쌀쌀하다

3 정답：3

마이너스 기온으로 인해 수도관이 얼어서 물이 나오지 않게 되었다.

（해설）凍える (손, 발 따위가) 추위로 시리다, 얼다 | 凍る 얼다

4 정답：4

좋아하는 것만 먹지 말고, 영양의 균형을 생각해서 먹는 편이 좋다.

（해설）〜ばかり: 〜만 | 〜ないで: 〜하지 말고, 〜하지 않고 | 〜たほうがいい: 〜하는 편이 좋다

5 정답：3

부엌칼로 야채와 고기를 잘라 주세요.

（해설）包丁 부엌칼

6 정답：4

처음에 재료를 준비하고 나서 요리를 시작합니다.

（해설）材料 재료 | 〜てから: 〜하고 나서

7 정답：2

표면(겉)이 구워지면, 뒤집어서 굽습니다.

（해설）焼ける 타다, 구워지다 | 裏返す 뒤집다 | 焼く 굽다

8 정답：4

조미료는 마지막에 넣고 맛을 조정합니다.

（해설）調整 조정

문제 2 ____의 단어를 한자로 쓸 때, 가장 알맞은 것을 1, 2, 3, 4 중에서 하나 고르세요.

9 정답 : 4

태풍이 오기 때문에 덧문을 닫고 태풍에 대비했다.

해설 雨戸 (폭풍우를 막기 위한) 덧문 | 備える 대비하다, 갖추다

10 정답 : 3

일본에서는 수도꼭지를 틀어 그대로 물을 마시는 습관이 있다.

해설 捻る 돌리다, 비틀다 | そのまま 그대로

11 정답 : 2

카라스미는 냉동하면 반년은 보존할 수 있다.

해설 からすみ 숭어, 방어, 삼치 등의 알집을 소금에 절여 말린 식품

12 정답 : 1

여기는 거실이고 12조 되는 넓이입니다.

해설 畳 다다미방 크기의 단위. 다다미 2조가 약 1평(広さ) 넓이

13 정답 : 4

이 방은 냉방이 잘 되어 시원해서 기분이 좋다.

해설 暖房 난방 | 効く 듣다, 효과가 있다 | 涼しい 시원하다

14 정답 : 3

이 베란다는 볕이 잘 들어서 빨래가 잘 마릅니다.

해설 日照り 가뭄 | 日当たり 볕이 잘 들 | 乾く 마르다

문제 3 ( )에 들어갈 가장 알맞은 것을 1, 2, 3, 4 중에서 하나 고르세요.

15 정답 : 4

차를 마실 테니까 (찻잔)을 가져 와.

해설 グラス 유리컵 | カップ (손잡이가 달린) 컵 | 茶碗 찻종, 밥공기 | 湯飲み 찻잔

16 정답 : 1

다다미방에서는 이불을 (깔고) 잡니다.

해설 布団 이불 | 敷く 깔다 | 置く 두다, 놓다

17 정답: 2

마늘은 잘게 (썰어서) 볶습니다.

해설 ｱﾞ向く 벗기다, 까다 | 刻む 잘게 썰다, 조각하다 | 千切る 잘게 찢다

18 정답: 3

카레에 들어갈 감자는 (큼직하게) 자릅니다.

해설 ～めに: 약간 ～하게

예 大きめに 보통보다 조금 크게 | 長めに 약간 길게 | 早めに 평소보다 조금 더 일찍

19 정답: 2

먼저 뜨거운 물을 (끓여) 주세요. 그리고 야채를 넣습니다.

해설 沸く 끓다 | 沸かす 끓이다 | 煮る 삶다 | ゆでる 데치다

20 정답: 1

(식지 않는) 동안에 드세요(=식기 전에 드세요).

해설 冷める 식다 | ～ないうちに: ～하기 전에 | 冷える 차가워지다, 냉담해지다

21 정답: 4

이 라면은 (짜기) 때문에 뜨거운 물을 좀 넣고 싶다.

해설 苦い 쓰다 | 甘い 달다 | 臭い (고약한) 냄새가 나다 | 塩辛い 짜다

22 정답: 3

연휴 뒤에는 일이 (쌓여서) 힘들다.

해설 詰まる (숨, 코, 대답 등이) 막히다

'쌓다'의 뜻을 가진 동사

貯める	저축하다, (숙제나 일 등을) 쌓아 두다, 미뤄 두다
溜める	미뤄 두다, 쌓아 두다
溜まる	(빚, 쓰레기 등이) 쌓이다, (돈, 재산 등이) 늘다, (일, 숙제 등이) 밀리다
積もる	(눈, 빚, 원한 등이) 쌓이다

23 정답: 2

식사 후에 이를 (닦는) 게 좋습니다.

해설 ～たほうがいい: ～하는 편이 좋다 | 削る (연필, 예산 등을) 깎다 | 磨く (이, 구두 등을) 닦다 | こする 문지르다, 비비다 | 拭く (걸레, 눈물 등으로) 닦다

24 정답:3

휴대전화를 조작하다가 커피를 바닥에 (쏟아) 버렸다.

해설 操作 조작 | 床 마루, 바닥 | 溢れる 넘치다 | 貯める 저축하다 | 溢す 엎지르다 | 濡らす 적시다

25 정답:4

저는 매일 밤 제복 스커트에 (다림질)을 했습니다.

해설 制服 제복 | クリーニング 클리닝, 세탁 | ドライヤー 드라이어 | アイロンをかける 다리미질하다

문제 4 _____에 의미가 가장 가까운 것을 1, 2, 3, 4 중에서 하나 고르세요.

26 정답:2

비를 맞아 옷이 흠뻑 젖었다.

해설 湿気る 습기가 차다 | 濡れる 젖다 | 乾く 마르다 | 干す 말리다

27 정답:1

어머니가 말해서 방을 치웠다.

해설 ~に言われる: ~에게 말함을 당하다(=가 말하다) | 片付ける 치우다, 정리정돈하다 | 掃く 쓸다 | まとめる 통합(정리)하다 | 整理する 정리하다

片付ける, 纏める, 整理する 우리말로 모두 '정리하다'라는 뜻이 있으나 각각 뉘앙스가 다르다.

片付ける: 필요 없는 물건을 버리거나 다른 데로 옮겨서 깨끗이 청소한다는 뉘앙스
예 散らかった部屋を片付ける(어질러진 방을 치우다)
纏める: 뿔뿔이 되어 있는 것을 하나로 통합해서 한 데 모은다는 뉘앙스
예 たくさんのファイルを一つのフォルダに纏めておく(많은 파일을 하나의 폴더에 정리해 두다)

整理する: 질서를 바로 잡거나 불필요한 것을 없애는 데 중점이 있으며, 특정한 순서나 구조로 정리하거나 알기 쉽게 한다는 뉘앙스
예 机の引き出しの中を整理する(책상 서랍 속을 정리하다)

28 정답:4

일기예보에 의하면 오늘 밤은 쌀쌀할 것 같다.

해설 冷たい 차다, 냉정하다 | 冷却する 냉각하다 | 冷凍する 냉동하다

29 정답:2

수업이 끝나면 프로젝터의 전원을 꺼 두세요.

해설 電源 전원 | 消える 꺼지다 | 消す 끄다

30 정답:3

남은 음식은 랩으로 쌉니다.

해설 重ねる 겹치다 | 被せる 덮어씌우다 | 包む 싸다 | くるむ (감)싸다 | 包装する 포장하다

문제 5 다음 단어의 사용법으로 가장 알맞은 것을 1, 2, 3, 4 중에서 하나 고르세요.

31 정답:4 업다

1 등산을 할 때는 무거운 배낭을 업지 않으면 안 된다. [おんぶし→せおわ(짊어지지)]

2 말은 나를 업고 먼 거리를 달렸다. [おんぶして→のせて(태우고)]

3 고양이가 자신의 새끼를 입에 업고 걷고 있었다. [おんぶして→くわえて(물고)]

4 3살짜리 아이를 업고 걷는 것은 무거워서 힘들었다.

해설 背負う 짊어지다 | 乗せる 태우다 | くわえる (입에) 물다 | 登山 등산 | 距離 거리 |
リュック 배낭(リュックサック의 준말)

32 정답:3 안다

1 무거운 짐을 안아 주는 것은 힘듭니다. [だっこする→もつ(드는)]

2 미안하지만 이 자료를 안아 주는 것을 거들어 주세요. [だっこする→もつ(드는)]

3 어린 아이는 자주 엄마한테 안아 달라고 하는 법이다.

4 젊은이는 꿈을 안아야 한다. [だっこする→もつ(가져야)]

해설 持つ 들다, 가지다 | 荷物 짐 | 資料 자료 | 手伝う 거들다

33 정답:1 응석을 받아 주다

1 최근에 아이의 응석을 받아 주는 부모가 많습니다.

2 이 요리는 응석을 받아 줘서 맛있습니다. [あまやかす→あまくて(달고)]

3 응석을 받아 주는 것을 많이 먹으면 살찝니다. [あまやかす→あまい(단)]

4 일이 많이 응석을 받고 있습니다. [あまやかして→あまって(남아)]

해설 甘い 달다 | 余る 남다 | 太る 살찌다

34 정답:2 귀여워하다

1 개는 <u>귀여워한다</u>입니다. [かわいがるです→かわいいです(귀엽습니다)]

2 할머니는 고양이를 <u>귀여워하고</u> 있습니다.

3 동물의 새끼는 모두 <u>귀여워합니다</u>. [かわいがります→かわいいです(귀엽습니다)]

4 <u>귀여워하는</u> 아이를 보고 있으면 기분이 좋습니다. [かわいがる→かわいい(귀여운)]

> 해설 可愛い 귀엽다 | 祖母 할머니 | 猫 고양이
>
> 형용사/형용동사 어간+がる: ~어/아하다
>
> 예 こわい(무섭다) → こわがる(무서워하다) | いやだ(싫다) → いやがる(싫어하다)

35 정답:3 개다

1 일본의 <u>개다</u>의 방은 아름답다. [たたむ→たたみ(다다미)]

2 다리를 <u>개고</u> 앉아 주세요. [たたんで→くんで(꼬고)]

3 셔츠를 <u>개서</u> 장롱에 넣습니다.

4 그 사람은 하루 종일 거기에 <u>개고</u> 있었다. [たたんで→たって(서)]

> 해설 たたみ 다다미 | 足を組む 책상다리하다, 다리를 꼬다 | 立つ 서다 | たんす 옷장, 장롱 | 一日中 하루 종일

문제 1 다음 문장의 ( )에 들어갈 가장 알맞은 것을 1, 2, 3, 4 중에서 하나 고르세요.

1 정답:4

내일 병원에 가니까 (쉬게 해) 주실 수 있습니까?

> 해설 もらえる 받을 수 있다

2 정답:3

여름 방학에 일본에 (가려고) 합니다.

> 해설 ~(よ)う+と思う: ~하려고 생각하다

3 정답:1

일본어 숙제를 (잊어버렸다).

> 해설 ~ちゃった: ~てしまった(~해 버렸다)의 축약형

4 정답:3

설명서(처럼) 만들어 주세요.

> 해설 명사+のように: ~처럼, ~와 같이

5 정답:2

여행하기 (위해) 돈을 모으고 있습니다.

해설 명사+の/동사 기본형+ために: ～하기 위해(서)

6 정답:3

일본어를 능숙하게 말할 수 (있도록) 매일 연습하고 있습니다.

해설 가능동사+ように: <목적> ～할 수 있도록

7 정답:3

판다 (같은) 귀여운 사람을 좋아합니다.

해설 ～みたいだ: ～같다, ～처럼 보인다 | ～みたいな: ～같은

8 정답:1

빨리 (먹지 않으면) 요리가 식어.

해설 보통체 종지형+と: ～하면 | ～ないと: ～하지 않으면 | ～くなる: ～해지다, ～하게 되다

9 정답:2

세계에서 가장 많이 (읽히고 있는) 책은 무엇인지 아십니까?

해설 読まれる 읽히다(読む의 수동형) | 読まれている 읽히고 있다

10 정답:4

밖에 (나가려고) 했더니 비가 내리고 있었다.

해설 ～(よ)う+とする: <동작이 행해지기 바로 직전의 상태> ～하려고 하다

11 답:3

감기에 걸려 약간 열(이 있는 것 같다).

해설 ～っぽい: ～한 경향이 있다, ～답다, ～스럽다

12 답:1

건강을 위해 매일 (산책하)도록 노력하고 있다.

해설 ～ ようにしている: <의도적인 노력> ～하도록 하고 있다

13 정답:3

나중에 사용할 테니까 그대로 거기에 (놓아 둬).

해설 置いといて 놓아 둬(置いておいて(놓아 둬)의 축약형)

문제 2 　 다음 문장의 ★에 들어갈 가장 알맞은 것을 1, 2, 3, 4 중에서 하나 고르세요.

例:

정답: 1

> 원문　どれ が あなた の かばん ですか。
> 　　　　　　　　　　★

어느 것이 당신의 가방입니까?

올바른 순서는 4213입니다. ★의 자리에 들어갈 내용은 1이므로 정답은 1입니다.

---

14 정답: 1(2413)

> 원문　この 本は 多くの 国で 読まれて います。
> 　　　　　　　　★

이 책은 많은 나라에서 읽히고 있습니다.

---

15 정답: 3(2431)

> 원문　病院 へ 行く ので 休ませて ください。
> 　　　　　　　★

병원에 가니까 쉬게 해 주세요.

---

16 정답: 3(2134)

> 원문　夕べ 宿題 を 書いたのに 家に 忘れて 来ちゃった。
> 　　　　　　　　　　★

저녁에 숙제를 했는데도 집에 잊고 와 버렸다.

---

17 정답: 4(3142)

> 원문　電気が ついて いないから 誰も いない みたいだ。
> 　　　　　　　　　　★

전기불이 켜져 있지 않으니까 아무도 없는 것 같다.

---

18 정답: 1(4312)

> 원문　健康 のために 毎日 散歩する ように しています。
> 　　　　　　　　　　★

건강을 위해 매일 산책하도록 하고 있습니다.

문제 3 다음 글을 읽고 문장 전체의 내용을 생각해서, <u>19</u> ~ <u>23</u> 에 들어갈 가장 적당한 것을 1, 2, 3, 4 중에서 하나 고르세요.

세상에는 다른 사람에 대해 지나치게 엄한 사람이 있습니다. 엄한 어머니, 엄한 선생님, 엄한 상사 등입니다. 여러분들의 주위에도 틀림없이 있을 (<u>19</u> : 것입니다). 특히 엄한 어머니는 여기저기 있는 것 같습니다. 아이에게 <공부해라>, <좋은 학교에 들어가라>, <좋은 회사에 들어가라>라고 늘 명령합니다. (<u>20</u> : 그것)은 자신들이 이루지 못했던 꿈을 아이에게 부탁하고 있는 것이라고 (일반적으로 모두들) 말합니다만, 아이들에게 있어서는 괴로운 일일 겁니다. (<u>21</u> : 또한) 그와 같이 너무 지나치게 엄한 어머니 밑에서 자란 아이들은, 학교 성적은 (<u>22</u> : 좋아도), 문제가 일어났을 때에 해결하는 능력이 없다고도 합니다. 현재 사회에서 일어나고 있는 많은 문제는, 실은 가정에 있는 것일지도 모릅니다. (<u>23</u> - a : 아버지)는 교육을 (<u>23</u> - b : 어머니)에게만 맡기지 말고 자신도 참가하며, 어머니도 아이에 관한 것에만 관심을 가질 것이 아니라 자신도 일과 즐거움을 가지면 마음의 여유도 생기고, 좋은 가정교육을 할 수 있는 게 아닐까요.

해설 世の中 세상 | 託す 맡기다, 부탁하다 | かなう 이루어지다 | 迷惑 귀찮음, 성가심 | 育つ 자라다 | ～かもしれません : ～지도 모릅니다 | 任せる 맡기다

<u>19</u> 정답 : 4
　　1 ~일지도 모릅니다. 　　2 ~것 같습니다. 　　3 어법에 맞지 않음 　　4 ~것입니다.

<u>20</u> 정답 : 2
　　1 이것 　　　　2 그것 　　　　3 저것 　　　　4 어느 것

<u>21</u> 정답 : 2
　　1 또는 　　　　2 또(한) 　　　　3 그래서 　　　　4 그런데도

<u>22</u> 정답 : 3
　　1 좋다면 　　　　2 좋다면 　　　　3 좋아도 　　　　4 좋다면

<u>23</u> 정답 : 1
　　1 a 아버지 / b 어머니 　　2 a 어머니 / b 아버지
　　3 a 아버지 / b 아이 　　4 a 어머니 / b 아이

문제 4 다음 (1)~(4) 글을 읽고, 질문에 답하세요. 답은 1, 2, 3, 4 중에서 가장 알맞은 것을 하나 고르세요.

(1)

나는 주말에 자주 카페에서 조용히 독서를 즐긴다. 그러나 최근에 매너가 나쁜 손님이나 가게 내의 음악

볼륨이 신경 쓰인다. 아이들을 데리고 온 손님이 아이들을 돌보지 않고 스마트폰만 보고 있다. 아이가 가게 내를 뛰어다니고 있는데도 전혀 주의를 주지 않는다. 내가 점원에게 불만을 말해도 점원도 주의를 주지 않는다. 못된 어른이 못된 아이를 만드는 것일지도 모른다고 생각했다.

해설 気になる 신경 쓰이다 | 子供連 어린이 동반 | ～せず: ～하지 않고(=～しないで) | 走り回る 뛰어(돌아)다니다 | 注意をする 주의를 주다 | 文句 불만, 불평

24 정답:4

최근의 카페에 대해서 이 글을 쓴 사람은 어떻게 생각하고 있는가?
1 카페의 음악 볼륨은 딱 좋다.
2 아이들을 데리고 온 손님의 매너가 좋다.
3 아이가 가게 내를 뛰어다니는 것은 좋은 일이다.
4 뛰어다니는 아이에게 주의를 주지 않는 어른은 못된 어른이다.

(2)

스포츠라고 하면 밖에 나가는 것이 귀찮다고 하는 이미지가 있지만, 실은 스포츠는 밖에서 하는 것만이 아니다. 집 안에서도 충분히 할 수 있는 것이 있다. 그것은 요가다. 요가는 요가 매트만 있으면 집 안에서 혼자서도 할 수 있다. 아침에 일어나서 하면 잠도 깨고, 몸도 따뜻해진다. 밤에 자기 전에 하면 몸이 편해진다. 오늘부터 바로 시험해 보면 어떨까.

해설 というと: ～라고 하면 | 面倒だ 귀찮다, 성가시다 | 十分 충분히 | ～さえ～ば: ～만 ～하면 | ～てから: ～하고 나서 | 目が覚める 잠이 깨다, 정신 차리다 | 楽になる 편안해지다 | 早速 즉시, 바로

25 정답:2

스포츠에 대해서 이 글을 쓴 사람은 어떻게 생각하고 있을까?
1 스포츠는 밖에서 하는 것이다.
2 스포츠는 밖에서 하는 것만이 아니다.
3 집 안에서 운동하는 것은 귀찮다.
4 밤에 자기 전에 요가를 하면 잠이 깬다.

(3)

최근 나라 현에서는 사슴으로 인한 농작물 피해가 증가하고 있답니다. 그래서 나라 현에서는 처음으로 사슴을 포획하는 것을 허가했습니다. 나라 현의 사슴은 신의 사자(使者)로서 천연 기념물로 지정되어 있었는데, 그 사슴을 포획해도 좋다는 허가가 나온 것은 처음이라고 합니다.

해설 シカ 사슴 | 増える 늘다 | 捕まえる 붙잡다 | 使い 심부름(꾼), 사자(使者) |
보통체+そうです: <전문> ～라고 합니다

26 정답:3

이 뉴스에 대해서 맞는 것은 어느 것인가?

1 나라 현에서는 사슴은 농작물을 먹어도 된다.

2 나라 현에서는 사슴은 신의 사자이기 때문에 포획해도 된다.

3 나라 현에서는 농작물 피해가 나오고 있기 때문에 사슴을 포획할 수 있게 되었다.

4 나라 현에서는 사슴이 천연기념물로 지정되어 있으므로 포획해서는 안 된다.

(4)

흔히 개는 사람의 마음을 안다고 하는데, 우리들 인간도 오랫동안 같이 있으면 개의 마음을 알 수 있게 됩니다. 개는 말할 수 없는 대신에 인간과 눈으로 커뮤니케이션을 취합니다. 물을 마시고 싶다, 먹이를 먹고 싶다, 산책을 가고 싶다는 따위의 의사를 눈만으로 표현합니다. 또 기쁨은 몸 전체로 표현합니다. 개한테 배우는 것도 많다고 느꼈습니다.

해설 ～と言われる ～라고 (말)하다 | 가능동사+ようになる: ～할 수 있게 되다

27 정답:1

개에 대해서 맞는 것은 어느 것인가?

1 개는 말을 할 수 없으므로 눈으로 대화(의사소통)를 한다.

2 개는 말을 할 수 없으므로 커뮤니케이션을 취할 수 없다.

3 개는 기쁨을 눈으로 표현한다.

4 개도 배우는 것이 중요하다.

문제 5 다음 (1)~(2) 글을 읽고, 질문에 답하세요. 답은 1, 2, 3, 4 중에서 가장 알맞은 것을 하나 고르세요.

<싼 게 비지떡>이라는 속담이 있다. 그것은 <싸구려를 사면 금방 망가지므로 그것은 결국 돈을 버리는 것과 마찬가지가 된다>는 뜻이다. ①일본에서는 불경기일 때 명품이 잘 팔린다고 한다. 그것은 <싼 게 비지떡>의 의미를 잘 이해하고 있기 때문일 것이다. 어머니는 나에게 어릴 때부터 ②그것을 가르쳐 주었다. 싸구려를 사면 안 된다, 바로 망가지니까. 그래서 나는 전기제품은 특히 비싸더라도 좋은 물건을 사도록 하고 있다. 명품 신발, 가방 등은 10년 이상이나 사용하고 있다. 좋은 물건을 사면 오래 사용할 수 있기 때문에 환경 보호도 될 것이다. 속담에는 옛날 사람들의 생활의 지혜가 들어 있다고 생각한다.

해설 安物買の銭失い 싼 게 비지떡 | ことわざ 속담 | 壊れる 망가지다, 고장 나다 | つまり 결국, 요긴데 | ～ことになる. | 하게 되다 | ～てはいけない ～해서는 안 되다 | 詰まる 막히다, 잔뜩 쌓이다

28 정답 : 4

<싼 게 비지떡>에 대해서 이 글을 쓴 사람은 어떻게 생각하고 있는가?

1 불경기일 때는 명품이 잘 팔린다.

2 전기제품은 싸구려를 사는 편이 좋다.

3 명품 신발, 가방 등은 10년 이상 사용할 수 있기 때문에 사는 편이 좋다.

4 좋은 물건을 사면 오래 사용할 수 있기 때문에 환경 보호도 된다.

29 정답 : 1

①일본에서는 불경기일 때 명품이 잘 팔린다고 하는데, 왜인가?

1 비싸더라도 품질이 좋은 물건은 오래 사용할 수 있으니까 결국은 절약도 된다.

2 비싼 물건을 사서 자랑하고 싶으니까

3 명품은 비싸니까

4 싸구려는 오래 사용할 수 있으니까

30 정답 : 1

②그것이란 무엇인가?

1 싸구려를 사더라도 금방 망가지니까 결국 돈을 버리게 되는 것

2 일본에서는 불경기일 때 명품이 잘 팔리는 것

3 싼 게 비지떡이라는 말의 뜻을 잘 이해하고 있는 것

4 속담에는 옛날 사람들의 지혜가 들어 있다는 것

(2)

　　세상에는 ①자주 이직하는 사람이 있다. 외국에서는 ②이직하는 것은 커리어 업이라고 생각되고 있는 듯하나, 1년 또는 1년 이내에 바로 이직하는 사람은 어떨까? 만약 그것이 한두 번이면 동료나 상사와 순조롭게 가지 않았다거나 업무 내용이 맞지 않았다는 등의 이유도 있을 것이다. 그러나 그것이 매년이 되면 그것은 이미 ③본인에게 문제가 있다고밖에 말할 수 없다. 그리고 그것을 이력서에 쓰고 새로운 일을 구하는 경우, 그 이력서를 본 면접관은 어떻게 생각할까? 우수한 사람이라고 생각할까? 틀림없이 <이 사람에게는 인내가 부족하다>, 또는 <일에 대한 책임감이 없다>라고 생각하는 것이 아닐까. 요즘 시대에 한 회사에서 평생을 계속 일하는 사람은 적을지도 모르지만, 이직하는 경우에는 잘 생각하고 나서 하는 편이 좋을 것이다.

해설　世間 세상 | 転職 이직 | キャリアアップ 커리어 업, 경력을 높임 | 仲間 동료, 한패 | 履歴書 이력서 | 優秀だ 우수하다 | 足りる 충분하다, 족하다 | 我慢 참음, 인내 | 責任感 책임감 | ～ではなかろうか : ～이 아닐까(～ではないだろうか의 문장체) | 場合(경우)

31 정답:4

①자주 이직하는 사람을 면접관은 어떻게 생각할까?

1   커리어 업을 위해서라고 생각한다.

2   우수한 사람이라고 생각한다.

3   업무에 대해서 책임감이 있는 사람이라고 생각한다.

4   참을성이 모자란다고 생각한다.

32 정답:4

②이직하는 것에 대해서 이 글을 쓴 사람은 어떻게 생각하고 있는가?

1   커리어 업을 위해 몇 번 해도 좋다.

2   매년 이직하는 것은 좋은 일이다.

3   1년 또는 1년 이내에 바로 이직하는 것이 좋다.

4   이직해도 좋지만, 이직하기 전에 잘 생각하는 편이 좋다.

33 정답:3

③본인에게 문제가 있다고밖에 말할 수 없다고 하는 것은 어떤 뜻인가?

1   1년 또는 1년 이내에 바로 이직하는 사람은 문제가 있다.

2   한두 번 이직하는 사람에게는 문제가 있다.

3   매년 이직하는 사람에게는 문제가 있다.

4   한 회사에서 평생을 계속 일하는 사람에게는 문제가 있다.

문제 6   다음 글을 읽고 질문에 답하세요. 답은 1, 2, 3, 4 중에서 가장 알맞은 것을 하나 고르세요.

타인에게 주의를 주거나 꾸중하는 경우에 주의할 점은 무엇일까? 그것은 주의를 주어야 할 일이지 ①그 사람에게 상처를 주는 듯한 말을 해서는 안 된다는 것이다. 예를 들면 학생이 시험에서 나쁜 점수를 받은 경우, 주의를 줄 것은 그 문제를 이해할 수 없었던 것이지, 그 학생 자신의 성격이 나빴던 것은 아니다. 그것은 회사에서도 마찬가지다. 어떤 사원이 업무에서 실수를 한 경우, 그것은 부주의로 인한 것이지, 그 사원의 성격 문제는 아닐 것이다. 그것을 ②못된 교사나 상사는 학생이나 사원의 마음에 상처를 주는 듯한 말을 한다. <넌 쓸모없는 인간이다>라든가, <너는 바보다>라든가, <그 성격을 고치는 게 좋다> 등이다. 그와 같은 말을 하는 교사나 상사는 자신이 완벽하다고 생각하고 있을지도 모른다. 그러나 실제로는 그렇지 않을 것이다. 완벽한 사람은 없다. 여러분들도 타인에게 주의를 주는 경우에는, 주의 주는 것은 실패한 일에 관한 것이지, 그 사람 자신을 공격해서는 안 된다. 그렇게 하면, 주의 받은 사람은 평생, 마음에 상처를 입을지도 모른다. 또 ③주의 받으면 <당하면 복수한다. 배로 갚아 주겠어!>가 아니라, 냉정해지는 것이 필요하다. 그런 짓을 하면, 그냥 싸움이 되어 버린다. 주의 주는 쪽이나 받는 쪽이나 냉정해질 필요가 있을 것이다.

해설   叱る 야단치다, 꾸짖다 | 気をつける 조심하다 | ～べきだ: ～해야 한다 | 傷つける 상처 주다 | ～てはいけない: ～해서는 안 된다 | 場合 경우 | ～わけではない: (반드

시) ~하는 것은 아니다 | 犯^{おか}す 범하다 | 上司^{じょうし} 상사 | ダメ(駄目^{だめ}) 안 됨, 쓸모없음 | バカ 바보 | 直^{なお}す 고치다 | ~かもしれない: ~일지도 모른다 | 返^{かえ}す 되돌려주다 | 倍返^{ばいがえ}し 배로 갚음 | ケンカ(喧嘩^{けんか}) 싸움

34 정답 : 3

①그 사람에게 상처를 주는 듯한 말을 해서는 안 된다는 것이다라고 하는데 왜인가?

1 자신이 완벽하다고 생각하고 있기 때문에

2 완벽한 인간은 없기 때문에

3 주의 받은 사람은 평생, 마음에 상처를 입을지도 모르기 때문에

4 주의 받으면 배로 당하기 때문에

35 정답 : 4

②못된 교사나 상사는 학생이나 사원의 마음에 상처를 주는 듯한 말을 한다고 쓰여 있는데 왜인가?

1 못된 사람이기 때문에

2 바보이기 때문에

3 성격을 고치는 편이 좋기 때문에

4 자신이 완벽하다고 생각하고 있기 때문에

36 정답 : 4

③주의 받으면 <당하면 되돌려 준다. 배로 갚아 주겠어!>가 아니라, 냉정해지는 것이 필요한 것은 왜인가?

1 자신이 완벽하다고 생각하고 있기 때문에

2 주의 주는 것은 실패한 일에 관한 것이지, 그 사람 자신을 공격해서는 안 되기 때문에

3 주의 받은 사람은 평생, 마음에 상처를 입을지도 모르기 때문에

4 그냥 싸움이 되어 버리기 때문에

37 정답 : 1

이 글을 쓴 사람은 타인에게 주의를 주거나 꾸중하는 경우에 주의할 점은 무엇이라고 말하고 있는가?

1 업무 내용에 대해서는 주의를 줘도 좋지만, 그 사람 자신을 공격해서는 안 된다.

2 그 사람 자신을 공격해도 좋지만, 업무 내용에 대해 주의를 줘서는 안 된다.

3 남의 마음에 상처를 주는 말을 하는 편이 좋다.

4 당하면 복수한다. 배로 갚아 주는 게 좋다.

문제 7　　오른쪽 페이지는 '학생과'의 아르바이트 안내입니다. 다음 문장을 읽고 아래의 질문에
　　　　　답하세요. 답은 1, 2, 3, 4 중에서 가장 알맞은 것을 하나 고르세요.

유학생인 장 씨는 아르바이트를 하고 싶습니다. 장 씨는 금요일 밤과 토요일만 아르바이트를 할 수 있습니다.

학생과 아르바이트 정보

직종	요일·시간	자격	응모 방법
① 청소원	일주일에 2일 이상	일본인, 외국인	메일이나 전화
② 편의점 점원	일주일에 3일 이상(1일 8시간)	일본인, 외국인	직접
③ 레스토랑 스텝	월요일부터 금요일까지 매일	일본인	메일이나 전화
④ 도시락 가게 스텝	일주일에 4일 이상	일본인, 외국인	직접
⑤ 가정교사	평일 밤	일본인	메일이나 전화
⑥ 스포츠센터 스텝	주말만이라도 OK	일본인, 외국인	메일

응모 방법

아르바이트에 응모하는 사람은 각 직종의 응모 방법을 봐 주세요.

자세한 정보는 학생과에 비치되어 있습니다.

메일로 응모하는 경우는 ①직종, ②응모자 성명, ③대학 이름, ④주소와 전화번호를 써서 보내 주세요.

38　정답 : 2

장 씨가 아르바이트를 할 수 있는 것은 어느 것인가?

1　①이나 ③　　　　　2　①이나 ⑥　　　　　3　②나 ⑤　　　　　4　③이나 ④

39　정답 : 4

메일로 아르바이트에 응모하는 경우, 써야 하는 것은 어느 것인가?

1　일할 수 있는 시간, 이름, 주소, 전화번호

2　직종, 이름, 주소, 전화번호

3　직종, 일할 수 있는 시간, 이름, 주소, 전화번호

4　직종, 장 씨가 다니고 있는 대학의 이름, 성명, 주소, 전화번호

問題 1

問題 1 では、まず質問を聞いてください。それから話を聞いて、問題用紙の 1 から 4 の中から、最も良いものを一つ選んでください。

문제1에서는 먼저 질문을 들으세요. 그리고 이야기를 듣고 문제용지의 1에서 4 중에서 가장 적당한 것을 하나 고르세요.

例：

男の人と女の人が話しています。男の人は何時に家を出ますか。

M：パーティーは 7 時からだから、6 時半に出れば間に合うよね。

F：ここから 30 分で着くからね。

M：あっ、でも夜は道路が込むから、早めに出たほうがいいかな。

F：じゃ、6 時に出る？わたし、買い物したいから、5 時に出てもいい？

M：そうなの？じゃ、僕も一緒に行くよ。

男の人は何時に家を出ますか。

1　5 時

2　6 時

3　6 時半

4　7 時

정답 : 1

남자와 여자가 이야기하고 있습니다. 남자는 몇 시에 집을 나오겠습니까?

남: 파티는 7시부터니까 6시 반에 나가면 시간에 맞출 수 있겠지?

여: 여기서 30분이면 도착하니까.

남: 아, 하지만 밤에는 도로가 붐비니까 일찌감치 나가는 게 좋겠네.

여: 그럼, 6시에 나갈까? 난, 쇼핑하고 싶으니까 5시에 나가도 돼?

남: 그래? 그럼 나도 같이 갈게.

남자는 몇 시에 집을 나오겠습니까?

1   5시

2   6시

3   6시반

4   7시

<ruby>答<rt>こた</rt></ruby>えは 1 ですから、<ruby>答<rt>こた</rt></ruby>えはこのように<ruby>書<rt>か</rt></ruby>きます。

정답은 1번이므로 이와 같이 적습니다.

1<ruby>番<rt>ばん</rt></ruby>

<ruby>駅<rt>えき</rt></ruby>で<ruby>男<rt>おとこ</rt></ruby>の<ruby>人<rt>ひと</rt></ruby>と<ruby>女<rt>おんな</rt></ruby>の<ruby>人<rt>ひと</rt></ruby>が<ruby>話<rt>はな</rt></ruby>しています。<ruby>男<rt>おとこ</rt></ruby>の<ruby>人<rt>ひと</rt></ruby>は<ruby>女<rt>おんな</rt></ruby>の<ruby>人<rt>ひと</rt></ruby>にどれを<ruby>渡<rt>わた</rt></ruby>しますか。

F : すみません。<ruby>電車<rt>でんしゃ</rt></ruby>に<ruby>忘<rt>わす</rt></ruby>れ<ruby>物<rt>もの</rt></ruby>をしたんですが。

M : どんな<ruby>物<rt>もの</rt></ruby>ですか。

F : <ruby>紙袋<rt>かみぶくろ</rt></ruby>で、<ruby>中<rt>なか</rt></ruby>にお<ruby>弁当<rt>べんとう</rt></ruby>と<ruby>傘<rt>かさ</rt></ruby>が<ruby>入<rt>はい</rt></ruby>っています。

M : これですか。

F : はい、そうです。どうもありがとうございます。

<ruby>男<rt>おとこ</rt></ruby>の<ruby>人<rt>ひと</rt></ruby>は<ruby>女<rt>おんな</rt></ruby>の<ruby>人<rt>ひと</rt></ruby>にどれを<ruby>渡<rt>わた</rt></ruby>しますか。

1번   정답:4

역에서 남자와 여자가 이야기하고 있습니다. 남자는 여자에게 어느 것을 건네겠습니까?

여: 저기요, 전차에 물건을 잊어버리고 내렸는데요.

남: 어떤 것입니까?

여: 종이 봉지이고, 안에 도시락과 우산이 들어 있습니다.

낙: 이겁니까?

여: 예, 그렇습니다. 정말 감사합니다.

남자는 여자에게 어느 것을 건네겠습니까?

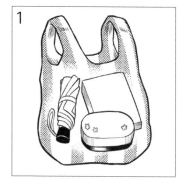
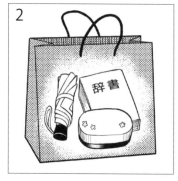

2番
<ruby>番<rt>ばん</rt></ruby>

<ruby>会社<rt>かいしゃ</rt></ruby>で<ruby>女<rt>おんな</rt></ruby>の<ruby>人<rt>ひと</rt></ruby>と<ruby>男<rt>おとこ</rt></ruby>の<ruby>人<rt>ひと</rt></ruby>が<ruby>話<rt>はな</rt></ruby>しています。<ruby>女<rt>おんな</rt></ruby>の<ruby>人<rt>ひと</rt></ruby>はレストランをどのように<ruby>予約<rt>よやく</rt></ruby>しますか。

F : <ruby>部長<rt>ぶちょう</rt></ruby>、<ruby>来週<rt>らいしゅう</rt></ruby>のレストランの<ruby>予約<rt>よやく</rt></ruby>、いかがいたしましょうか。

M : そうだな。ジムさんは<ruby>油<rt>あぶら</rt></ruby>と<ruby>こい味<rt>あじ</rt></ruby>は<ruby>苦手<rt>にがて</rt></ruby>なんだ。

F : そうですか。そうしますと、あっさりした<ruby>料理<rt>りょうり</rt></ruby>がいいですね。

M : <ruby>外国人<rt>がいこくじん</rt></ruby>が<ruby>好<rt>す</rt></ruby>きそうな<ruby>店<rt>みせ</rt></ruby>を<ruby>頼<rt>たの</rt></ruby>むよ。

F : はい、かしこまりました。

<ruby>女<rt>おんな</rt></ruby>の<ruby>人<rt>ひと</rt></ruby>はレストランをどのように<ruby>予約<rt>よやく</rt></ruby>しますか。

2번　정답:4

회사에서 여자와 남자가 이야기하고 있습니다. 여자는 레스토랑을 어떻게 예약하겠습니까?

여 : 부장님, 다음 주의 레스토랑 예약, 어떻게 할까요?

남 : 글쎄. 짐 씨는 기름지고 진한 맛은 별로 안 좋아해.

여 : 그렇습니까. 그러면 담백한 요리가 좋겠군요.

남 : 외국인이 좋아할 만한 가게를 부탁해.

여 : 예, 알겠습니다.

여자는 레스토랑을 어떻게 예약하겠습니까?

1　미국요리 레스토랑
2　이탈리아요리 레스토랑
3　중화요리 레스토랑
4　일본요리 가게

3 番

学校で、女の人が男の人と話しています。女の人が今度の日曜日にすることは何ですか。

F : ねえ、今度の日曜日は何をする予定？

M : ん～、新しいパソコンが欲しいから見に行くつもり。君は？

F : 今は紅葉の季節だから、どこかに見に行こうと思っているの。一緒に行かない？

M : 行きたいけど、パソコンが。

F : 土曜日にパソコンを見ればいいじゃない？土曜日はパソコンを見て、その後レストランで食事でもしようよ。

M : そうだな。

F : じゃ、決まりわ。

女の人が今度の日曜日にすることは何ですか。

3번   정답:2

학교에서 여자가 남자와 이야기하고 있습니다. 여자가 이번 일요일에 할 것은 무엇입니까?

여: 저기 말이야, 이번 일요일은 뭐 할 예정이야?

남: 음, 새 컴퓨터를 사고 싶어서 보러 갈 생각이야. 넌?

여: 지금은 단풍철이니까 어딘가에 단풍 구경하러 가려고 생각하고 있어. 같이 안 갈래?

남: 가고 싶지만 컴퓨터가.

여: 토요일에 컴퓨터를 보면 되지 않아? 토요일은 컴퓨터를 보고, 그 후에 레스토랑에서 식사라도 하자.

남: 그래.

여: 그럼, 결정된 거야.

여자가 이번 일요일에 할 것은 무엇입니까?

1   컴퓨터 가게에 간다.
2   단풍 구경을 하러 간다.
3   레스토랑에 간다.
4   학교에 간다.

4番

デパートで男の人と店員が話しています。男の人は何をプレゼントしますか。

M : あの、母の日のプレゼントを探しているんですが。

F : お母様は、どんな色がお好きですか。

M : 紫とかピンクです。

F : それでは、こちらの紫の花の絵があるお財布はいかがでしょうか。

M : 財布は新しいのがあるから、別の物がいいです。

F : それでは、こちらのピンクの花柄のバッグはいかがでしょうか。
　　少し高めですが、お母様、喜ばれると思いますよ。

M : それでは、これをお願いします。

男の人は何をプレゼントをしますか。

4번　정답:4

백화점에서 남자와 점원이 이야기하고 있습니다. 남자는 무엇을 선물하겠습니까?

남: 저, 어머니날의 선물을 찾고 있는데요.

여: 어머님은 어떤 색을 좋아하십니까?

남: 보라색이나 핑크색을 좋아합니다.

여: 그럼, 이쪽의 보라색 꽃 그림이 있는 지갑은 어떠신지요?

남: 지갑은 새것이 있으니까 다른 것이 좋습니다.

여: 그럼 이쪽의 핑크색 꽃무늬 가방은 어떠신지요? 조금 비싸기는 하지만 어머님이 좋아하실 겁니다.

남: 그럼 이것을 주세요.

남자는 무엇을 선물하겠습니까?

1　지갑

2　보라색 꽃

3　핑크색 꽃

4　가방

5番

学校で男の学生が先生と宿題について話しています。このあと、学生は宿題をどうしますか。

M：先生、来週の月曜日までの宿題ですが、その日は病院の予約があって、学校を休むつもりです。

F：どこか悪いの？

M：はい、この間病院に行って検査を受けたんですが、問題があるので、もう一度検査することになったんです。

F：それは困りましたね。

M：それで、友だちに頼もうと思うんですが、友だちが先生に宿題を渡してもいいですか。

F：いいですけど、火曜日でもいいですよ。

M：どうもありがとうございます。それでは、そうさせていただきます。

このあと、学生は宿題_{しゅくだい}をどうしますか。

5번　정답:3

학교에서 남학생이 선생님과 숙제에 대해서 이야기하고 있습니다. 이후에 학생은 숙제를 어떻게 하겠습니까?

남: 선생님, 다음 주 월요일까지 제출해야 하는 숙제 말인데요, 그날은 병원 예약이 있어서 학교를 쉴 생각입니다.

여: 어딘가 안 좋은 거야?

남: 예, 요전번에 병원에 가서 검사를 받았는데 문제가 있어서 한 번 더 검사하게 되어서요.

여: 그거 안됐구나.

남: 그래서 친구에게 부탁하려고 하는데, 친구가 선생님에게 숙제를 제출해도 됩니까?

여: 그래도 되지만, 화요일에 제출해도 괜찮단다.

남: 대단히 감사합니다. 그럼 그렇게 하겠습니다.

이후에 학생은 숙제를 어떻게 하겠습니까?

1　친구에게 부탁한다.

2　월요일에 제출한다.

3　화요일에 제출한다.

4　숙제를 하지 않아도 된다.

6番_{ばん}

会社_{かいしゃ}で女_{おんな}の人_{ひと}が男_{おとこ}の人_{ひと}の話_{はなし}を聞_きいています。女_{おんな}の人_{ひと}は、このあと、どうしますか。

F：課長_{かちょう}、B社_{しゃ}に渡_{わた}す書類_{しょるい}ができましたので、確認_{かくにん}をお願_{ねが}いします。

M：どれどれ。あ、ここの部分_{ぶぶん}、数字_{すうじ}が違_{ちが}うよ。

F：え、どちらですか。

M：ここの部分_{ぶぶん}、それからこの部分_{ぶぶん}は字_じが違_{ちが}うね。注意_{ちゅうい}してよ。

F：はい、申_{もう}し訳_{わけ}ありません。

M：じゃ、この部分_{ぶぶん}、直_{なお}したらもう一度_{いちど}見_みせてね。

F：はい、かしこまりました。

女の人は、このあと、どうしますか。

6번   정답 : 1

회사에서 여자가 남자의 이야기를 듣고 있습니다. 여자는 이후에 어떻게 하겠습니까?

여: 과장님, B사에 보낼 서류가 완성되었으니 확인을 부탁드립니다.

남: 어디 보자. 아, 이 부분, 숫자가 틀렸네.

여: 네? 어디 말인가요?

남: 이 부분, 그리고 이 부분은 글자가 틀렸어. 주의하게!

여: 예, 죄송합니다.

남: 그럼, 이 부분 고치면 한 번 더 보여 주게.

여: 예, 잘 알겠습니다.

여자는 이후에 어떻게 하겠습니까?

1   틀린 부분을 고친다.
2   그대로 이 서류를 보낸다.
3   한 번 더 과장님에게 서류를 보여 준다.
4   많이 주의한다.

問題 2

問題 2 では、まず質問を聞いてください。そのあと、問題用紙を見てください。読む時間があります。それから話を聞いて、問題用紙の 1 から 4 の中から、最もよいものを一つえらんでください。

문제2에서는 먼저 질문을 들으세요. 그 후에 문제용지를 보세요. 읽을 시간이 있습니다. 그런 다음 이야기를 듣고 문제용지의 1에서 4 중에서 가장 적당한 것을 하나 고르세요.

例：

男の人が女の人と話しています。男の人は、パーティーはどうしてまあまあだと言いましたか。

251

M：昨日のパーティー、どうして来なかったの？

F：残業があったから。ところで、どうだった？楽しかった？

M：う～ん、まあまあだったよ。料理も飲み物もよかったよ。いろいろおもしろい
　　イベントあったけどね。

F：ふ～ん、そうなんだ。でも、どうしてそれがまあまあなの？

M：君が来なかったから、寂しかったんだよ。

男の人は、パーティーはどうしてまあまあだと言いましたか。

1　女の人がパーティーに行かなかったから。

2　料理も飲み物もよかったから。

3　いろいろおもしろいイベントがあったから。

4　残業があったから。

정답: 1

남자가 여자와 이야기하고 있습니다. 남자는 파티는 왜 별로라고 했습니까?

남: 어제 파티에 왜 안 온 거야?

여: 잔업이 있어서 못 갔어. 그런데 어땠어? 재미있었어?

남: 음, 그저 그랬어. 요리도 음료수도 괜찮았어. 여러 가지 재미있는 이벤트도 있었지만.

여: 아~ 그랬구나. 그런데 왜 그게 별로야?

남: 네가 오지 않았기 때문에 쓸쓸했던 거야.

남자는 파티는 왜 별로라고 했습니까?

1　여자가 파티에 가지 않았기 때문에

2　요리도 음료수도 괜찮았기 때문에

3　여러 가지 재미있는 이벤트가 있었기 때문에

4　잔업이 있었기 때문에

答えは 1 ですから、答えはこのように書きます。

정답은 1번이므로 이와 같이 적습니다.

1番

男の人が女の人と話しています。事故の情況はどうでしたか。

M：いや〜、驚いたよ。

F：どうしたの？

M：さっき、事故に遭っちゃってさ。

F：大丈夫？

M：僕じゃないよ。トラックとオートバイの事故で、大勢の人が見ていたんだ。オート
　　バイの運転手は救急車で運ばれていったよ。

F：大丈夫だったのかな。

M：自分で起き上がったから、きっと大丈夫だよ。

事故の情況はどうでしたか。

1번　정답:3

남자가 여자와 이야기하고 있습니다. 사고의 정황은 어땠습니까?

남: 와~ 놀랐어.

여: 무슨 일인데?

남: 조금 전에 사고가 나서 말이야.

여: 괜찮아?

남: 내가 아니야. 트럭하고 오토바이 사고인데 많은 사람들이 봤어. 오토바이 탄 사람은 구급차로
　　실려 갔어.

여: 괜찮았을까.

남: 자기 스스로 일어났으니까 아마 괜찮을 거야.

사고의 정황은 어땠습니까?

1 많은 사람이 부상을 입었다.

2 트럭 운전사가 구급차로 실려 갔다.

3 오토바이 탄 사람이 구급차로 실려 갔다.

4 모두 괜찮았다.

2 番
ばん

女
おんな
の人
ひと
が男
おとこ
の人
ひと
と話
はな
しています。女
おんな
の人
ひと
はどの部屋
へや
を見
み
ますか。

F : あの、部屋
へや
を探
さが
しているんですが。

M : どのような条件
じょうけん
でしょうか。

F : ベランダと台所
だいどころ
がある部屋
へや
がいいです。

M : こちらはいかがでしょうか。2 部屋
ふた へや
で一
いっ
ヶ月
げつ
5 万
ご まんえん
円です。お安
やす
いですよ。

F : でも、駅
えき
から歩
ある
いて 20 分
にじゅっ ぷん
は遠
とお
すぎます。

M : こちらはいかがですか。一
いっ
ヶ月
げつ
7 万
なな まんえん
円ですが、駅
えき
から近
ちか
いですよ。

F : 部屋
へや
は 1 部屋
ひと へや
ですか。1 部屋
ひと へや
は不便
ふ べん
なので、2 部屋
ふた へや
のほうがいいです。じゃあ、
やっぱりこちらの部屋
へや
を見
み
せてください。

M : はい、かしこまりました。

女
おんな
の人
ひと
はどの部屋
へや
を見
み
ますか。

2번　정답:2

여자가 남자와 이야기하고 있습니다. 여자는 어느 방을 보겠습니까?

여: 저, 방을 구하고 있는데요.

남: 어떤 조건인가요?

여: 베란다와 부엌이 있는 방이 좋습니다.

남: 이곳은 어떤가요? 방이 2개이고 한 달에 5만 엔입니다. 쌉니다.

여: 하지만 역에서 걸어서 20분은 너무 멀어요.

남: 이곳은 어때요? 한 달에 7만 엔인데 역에서 가깝습니다.

여: 방은 1개입니까? 방 1개는 불편하니까 2개 있는 게 좋아요. 그럼 역시 이쪽 방을 보여 주세요.

남: 예, 알겠습니다.

여자는 어느 방을 보겠습니까?

1　역에서 걸어서 20분 걸리며 방이 1개인 곳
2　역에서 걸어서 20분 걸리며 방이 2개인 곳
3　역에서 가까우며 방이 2개인 곳
4　역에서 가까우며 방이 1개인 곳

3 番^{ばん}

男^{おとこ}の人^{ひと}が女^{おんな}の人^{ひと}と話^{はな}しています。天気^{てんき}はこれからどうなると言^いっていますか。

M：あれ、そんな服^{ふく}で大丈夫^{だいじょうぶ}なの？

F：え、今暑^{いまあつ}いじゃない.そんなに着^きていて暑^{あつ}くないの？

M：これから気温^{きおん}が下^さがるって、天気予報^{てんきよほう}で言^いっていたよ。

F：え、そうなの？知^しらなかった。

M：上着^{うわぎ}ないの？貸^かそうか？

F：大丈夫^{だいじょうぶ}。家^{いえ}が近^{ちか}いから。

M：それならよかった。風邪^{かぜ}ひかないようにね。

天気^{てんき}はこれからどうなると言^いっていますか。

3번　정답:3

남자가 여자와 이야기하고 있습니다. 날씨는 앞으로 어떻게 될 거라고 말하고 있습니까?

남: 아니, 그런 복장으로 괜찮겠어?

여: 응? 지금 덥잖아. 그렇게 입고도 덥지 않아?

남: 앞으로 기온이 내려간다고 일기예보에서 말했었어.

여: 아, 그래? 몰랐어.

남: 윗도리 없어? 빌려줄까?

여: 괜찮아. 집이 가까우니까.

남: 그렇다면 다행이네. 감기 걸리지 않도록 해.

날씨는 앞으로 어떻게 될 거라고 말하고 있습니까?

1　기온이 올라간다.

2　더워진다.

3　추워신나.

4　변함이 없다.

4番
ばん

女の人が店員と話しています。女の人は何が違うと言っていますか。
おんな ひと てんいん はな　　　　　　おんな ひと なに ちが　　　い

F : あの、お会計お願いします。
　　　　かいけい　ねが

M : 全部で、1500円でございます。
　　　　ぜんぶ　　せんごひゃく えん

F : え、1000円じゃないの？
　　　せん えん

M : はい、黄色いお皿は一皿100円でございますが、赤いお皿は200円、青いお皿は
　　　　き いろ　　さら ひとさら ひゃく えん　　　　　　　　 あか　 さら にひゃく えん　あお　 さら
　　　 300円となっております。
　　　 さんびゃく えん

F : そうでしたか。気がつきませんでした。
　　　　　　　　　　き

M : それでは、お会計1500円お預かりいたします。どうもありがとうございました。
　　　　　　　　　かいけい せんごひゃく えん　あず

女の人は何が違うと言っていますか。
おんな ひと なに ちが　　　い

4번　　정답：1

여자가 점원과 이야기하고 있습니다. 여자는 무엇이 잘못되었다고 말하고 있습니까?

여: 저~, 계산 부탁드립니다.

남: 전부 합해서 1500엔입니다.

여: 네? 1000엔이 아닌가요?

남: 예. 노란 접시는 한 접시에 100엔이지만, 빨간 접시는 200엔, 파란 접시는 300엔으로 되어 있습니다.

여: 그랬어요? 몰랐어요.

남: 그럼, 1500엔 받겠습니다. 대단히 감사합니다.

여자는 무엇이 잘못되었다고 말하고 있습니까?

1　계산이 잘못되었다.

2　거스름돈이 잘못되었다.

3　색깔이 잘못되었다.

4　양이 잘못되었다.

5番

男の人が女の人と話しています。男の人はどこのコピー機を使いますか。

M : すみません。コピーしたいんですが。

F : コピー機でしたら、2階にございます。

M : 2階のコピー機は壊れていました。受付のコピー機でコピーすることはできますか。

F : 申し訳ありません。受付のコピー機は事務用でして。コピー機は3階にもございますが。

M : 3階のコピー機はA4の紙しかありませんでした。B4サイズのコピーがしたいのですが。

F : B4サイズですか。B4サイズのコピーは5階のコピー機でお願いします。

M : わかりました。どうもありがとうございます。

男の人はどこのコピー機を使いますか。

5번   정답:4

남자가 여자와 이야기하고 있습니다. 남자는 어디의 복사기를 사용하겠습니까?

남: 실례합니다. 복사를 하고 싶은데요.

여: 복사기라면 2층에 있습니다.

남: 2층에 있는 복사기는 고장 났습니다. 접수처에 있는 복사기로 복사할 수 있습니까?

여: 죄송합니다. 접수처에 있는 복사기는 사무용이어서(곤란합니다). 복사기는 3층에도 있습니다만.

남: 3층에 있는 복사기는 A4용지밖에 없었습니다. B4사이즈 복사를 하고 싶은데요.

여: B4사이즈입니까? B4사이즈 복사는 5층에 있는 복사기로 부탁합니다.

남: 알겠습니다. 대단히 감사합니다.

남자는 어디의 복사기를 사용히겠습니까?

1   접수처의 복사기

2   2층 복사기

3   3층 복사기

4   5층 복사기

6番
<ruby>番<rt>ばん</rt></ruby>

<ruby>女<rt>おんな</rt></ruby>の<ruby>人<rt>ひと</rt></ruby>が<ruby>男<rt>おとこ</rt></ruby>の<ruby>人<rt>ひと</rt></ruby>と<ruby>話<rt>はな</rt></ruby>しています。<ruby>男<rt>おとこ</rt></ruby>の<ruby>人<rt>ひと</rt></ruby>は<ruby>赤<rt>あか</rt></ruby>い<ruby>薬<rt>くすり</rt></ruby>をいつ<ruby>飲<rt>の</rt></ruby>みますか。

F : こちら<ruby>三日分<rt>みっかぶん</rt></ruby>の<ruby>薬<rt>くすり</rt></ruby>です。<ruby>青<rt>あお</rt></ruby>い<ruby>薬<rt>くすり</rt></ruby>は<ruby>一日<rt>いちにち</rt></ruby><ruby>3回<rt>さんかい</rt></ruby>、<ruby>朝<rt>あさ</rt></ruby>、<ruby>昼<rt>ひる</rt></ruby>、<ruby>晩<rt>ばん</rt></ruby>に。

M : <ruby>一日<rt>いちにち</rt></ruby><ruby>3回<rt>さんかい</rt></ruby>ですね。ご<ruby>飯<rt>はん</rt></ruby>の<ruby>後<rt>あと</rt></ruby>で。

F : はい、そうです。そして<ruby>白<rt>しろ</rt></ruby>い<ruby>薬<rt>くすり</rt></ruby>は<ruby>朝晩<rt>あさばん</rt></ruby>の<ruby>2回<rt>かい</rt></ruby><ruby>飲<rt>の</rt></ruby>んでください。

M : <ruby>白<rt>しろ</rt></ruby>い<ruby>薬<rt>くすり</rt></ruby>は<ruby>朝晩<rt>あさばん</rt></ruby>の<ruby>2回<rt>にかい</rt></ruby>だけですね。

F : はい、そしてこの<ruby>赤<rt>あか</rt></ruby>い<ruby>薬<rt>くすり</rt></ruby>は<ruby>熱<rt>ねつ</rt></ruby>が<ruby>出<rt>で</rt></ruby>たときだけ<ruby>飲<rt>の</rt></ruby>んでください。<ruby>熱<rt>ねつ</rt></ruby>が<ruby>出<rt>で</rt></ruby>なければ<ruby>飲<rt>の</rt></ruby>まなくてもいいですよ。

M : <ruby>赤<rt>あか</rt></ruby>い<ruby>薬<rt>くすり</rt></ruby>は<ruby>熱<rt>ねつ</rt></ruby>が<ruby>出<rt>で</rt></ruby>なければ<ruby>飲<rt>の</rt></ruby>まなくてもいいんですか。わかりました。

F : お<ruby>大事<rt>だいじ</rt></ruby>に。

<ruby>男<rt>おとこ</rt></ruby>の<ruby>人<rt>ひと</rt></ruby>は<ruby>赤<rt>あか</rt></ruby>い<ruby>薬<rt>くすり</rt></ruby>をいつ<ruby>飲<rt>の</rt></ruby>みますか。

6번   정답:4

여자가 남자와 이야기하고 있습니다. 남자는 빨간 약을 언제 먹습니까?

여: 이거 3일분 약입니다. 파란 약은 하루 3회, 아침, 점심, 저녁에 드세요.

남: 하루 3회군요. 식사 후에.

여: 예, 그렇습니다. 그리고 흰 약은 아침저녁 2회 먹으세요.

남: 흰 약은 아침저녁 2회만 먹는다는 거죠.

여: 예, 그리고 이 빨간 약은 열이 날 때만 먹으세요. 열이 나지 않으면 안 먹어도 됩니다.

남: 빨간 약은 열이 나지 않으면 먹지 않아도 되는 겁니까? 알겠습니다.

여: 몸조리 잘하세요.

남자는 빨간 약을 언제 먹습니까?

1   아침, 점심, 저녁 3회

2   아침, 저녁 2회

3   매일 1회

4   열이 날 때만

問題 3

問題 3 では、問題用紙に何もいんさつされていません。この問題は、ぜんたいとしてどんなないようかを聞く問題です。話の前に質問はありません。まず話を聞いてください。それから質問とせんたくしを聞いて、1 から 4 の中から、最もよいものを一つえらんでください。

문제3에서는 문제용지에 아무것도 인쇄되어 있지 않습니다. 이 문제는 전체적으로 어떤 내용인지를 묻는 문제입니다. 이야기 전에 질문은 없습니다. 먼저 이야기를 들으세요. 그런 다음 질문과 선택지를 듣고 1에서 4 중에서 가장 적당한 것을 하나 고르세요.

例:

女の人と男の人が話しています。男の人は何がいちばんよかったと言っていますか。

F：昨日のレストランのビュッフェ、よかったね。

M：何がよかったの？

F：料理も飲み物も種類が多くて、大満足だった。

M：そうなの？僕はやっぱり、インテリアが専門だから、料理よりそっちのほうに興味があるよ。僕も大満足だったよ。音楽もまあまあよかったしね。

F：インテリアねえ。

男の人は何がいちばんよかったと言っていますか。

1　料理の種類が多かったこと

2　飲み物の種類が多かったこと

3　インテリアがよかったこと

4　音楽がよかったこと

정답: 3

여자와 남자가 이야기하고 있습니다. 남자는 무엇이 가장 좋았다고 말하고 있습니까?

여: 어제 간 레스토랑 뷔페, 괜찮았어.

남: 뭐가 좋았어?

여: 요리도 음료수도 종류가 많아서 아주 만족했어.

259

남: 그래? 난 역시 인테리어가 전문이니까 요리보다 그쪽에 흥미가 있어. 나도 아주 만족했어. 음악도 그럭저럭 좋았고.

여: 인테리어 말이지.

남자는 무엇이 가장 좋았다고 말하고 있습니까?

1　요리 종류가 많았던 것
2　음료수 종류가 많았던 것
3　인테리어가 좋았던 것
4　음악이 좋았던 것

答えは 3 ですから、答えはこのように書きます。

정답은 3번이므로 이와 같이 적습니다.

1 番

女の人と男の人が話しています。

F ：ねえ、あの映画どうだった？

M：うん、なかなかよかったよ。映画の音楽もよかったし、演技もすばらしかったよ。なんといっても、歴史の勉強になった。

F ：へえ、勉強になったの？歴史嫌いだったんじゃない？

M：うん、今まで日本の歴史にあまり興味なかったけど、今回の映画のおかげで歴史好きになったよ。

F ：そうなんだ。よかったね。これで歴史のテストは問題なしね。

M：そうなるといいんだけど。

男の人は映画で何がいちばんよかったと言っていますか。

1　音楽
2　演技
3　映画の内容

4 歴史のテスト

1번 정답:3

여자와 남자가 이야기하고 있습니다.

여: 저기 말이야, 그 영화 어땠어?

남: 응, 꽤 괜찮았어. 영화음악도 좋았고, 연기도 훌륭했어. 뭐니 뭐니 해도 역사공부가 되었어.

여: 그래? 공부가 되었다고? 역사 싫어하지 않았나?

남: 응, 지금까지 일본 역사에 별로 흥미가 없었지만, 이번 영화 덕분에 역사를 좋아하게 되었어.

여: 그렇구나. 잘됐네. 이러면 역사 시험은 문제없겠네.

남: 그렇게 되면 좋겠지만.

남자는 영화에서 무엇이 가장 좋았다고 말하고 있습니까?

1 음악

2 연기

3 영화의 내용

4 역사 시험

2番

スポーツジムの営業がこのジムについて紹介しています。

F : みなさん、最近はスポーツジムがあちこちにあるので、みなどこも同じようなものだとお考えでしょう。しかし、こちらのジムは他のジムと違う点がございます。それは入会料が無料なのです。毎日各種レッスンがある他、シャワールームが利用できたり、バスタオル無料貸し出しなどのサービスは他のジムと同じです。

このジムの特色は何だと言っていますか。

1 入会料がただである。

2 バスタオルが無料である。

3 レッスンが毎日ある。

4 シャワールームが利用できる。

2번 정답:1

스포츠센터의 영업 담당이 이 센터에 대해서 소개하고 있습니다.

여: 여러분, 최근 스포츠센터가 여기저기 있으니까 모두 어디나 같을 것이라고 생각하실 겁니다. 그러나 이곳 센터는 다른 센터와 다른 점이 있습니다. 그건 입회금이 무료라는 것입니다. 매일 각종 레슨이 있는 것 외에 샤워 룸을 이용할 수 있다든지, 목욕 타월 무료대여 등의 서비스는 다른 센터와 같습니다.

이 스포츠센터의 특색은 뭐라고 말하고 있습니까?

1 입회금이 무료다.

2 목욕 타월이 무료다.

3 레슨이 매일 있다.

4 샤워 룸을 이용할 수 있다.

3 番
ばん

男の人が話しています。
おとこ ひと はな

M：もうすぐクリスマスですね。今年はクリスマスがちょうど３連休になりますが、
ことし   さん れんきゅう
ケーキが去年の２倍も売れているそうです。その理由は、クリスマスパーティーを
きょねん に ばい う   り ゆう
１回だけでなく、２回、３回もする人が増えているからだそうです。そこでクリス
いっかい   に かい さん かい ひと ふ
マスケーキもいろいろなものが準備されています。１人でも食べられるかわいいカ
じゅん び   ひとり た
ップケーキから、ロールケーキ、みんなで食べられる大きいサイズのケーキもよく
た   おお
売れているそうです。
う

男の人は、なぜクリスマスケーキが去年よりよく売れていると言っていますか。
おとこ ひと   きょねん   う   い

1 ３連休だから。
さん れんきゅう

2 クリスマスパーティーを何回もする人が増えているから。
なんかい   ひと ふ

3 かわいいカップケーキがあるから。

4 みんなで食べられる大きいサイズのケーキだから。
た   おお

3번 정답:2

남자가 이야기하고 있습니다.

남 : 이제 곧 크리스마스네요. 올해는 크리스마스가 마침 3일 연휴가 되는데 케이크가 작년의 2배나
팔리고 있답니다. 그 이유는 크리스마스 파티를 한 번뿐만 아니라 두 번, 세 번이나 하는 사람들
이 늘고 있기 때문이라고 합니다. 그래서 크리스마스 케이크도 여러 가지가 준비되어 있습니다.
혼자서도 먹을 수 있는 귀여운 컵케이크부터 롤 케이크, 다 함께 먹을 수 있는 큰 사이즈의 케이
크도 잘 팔리고 있답니다.

남자는 왜 크리스마스 케이크가 작년보다 잘 팔리고 있다고 합니까?

1 3일 연휴이기 때문에
2 크리스마스 파티를 여러 번 하는 사람들이 늘고 있기 때문에
3 귀여운 컵케이크가 있기 때문에
4 다 함께 먹을 수 있는 큰 사이즈의 케이크이기 때문에

問題 4

問題 4 では、えを見ながら質問を聞いてください。やじるし（→）の人は何
と言いますか。1 から 3 の中から、最もよいものを一つえらんでください。

문제4에서는 그림을 보면서 질문을 들으세요. 화살표(→)가 가리키는 사람은 뭐라고 말하겠습니까? 1에서 3 중
에서 가장 적당한 것을 하나 고르세요.

例 :
友だちが試験に合格しました。何と言いますか。

F ： 1 またがんばればいいよ。
　　 2 おめでとう。
　　 3 ありがとう。

친구기 시험에 합격했습니다. 뭐라고 말하겠습니까?
여 : 1 다음에 열심히 하면 돼.
　　 2 축하해.
　　 3 고마워.

答えは 2 ですから、答えはこのように書きます。

정답은 2번이므로 이와 같이 적습니다.

1番

前の人のかばんのチャックが開いていました。何と言いますか。

F : 1 あの、かばんが落ちますよ。

2 あの、かばんをどこで買いましたか。

3 あの、かばんが閉まっていませんよ。

1번 정답 : 3

앞사람의 가방 지퍼가 열려 있었습니다. 뭐라고 말하겠습니까?

여: 1 저~, 가방이 떨어져요.

2 저~, 가방을 어디서 샀습니까?

3 저~, 가방이 닫혀 있지 않습니다.

2番

学校の廊下で先生に会いました。先生の荷物が重そうです。何と言いますか。

M : 1 先生、お先に失礼します。

2 先生、お待ちしましょうか。

3 先生、お持ちしましょうか。

2번 정답 : 3

학교 복도에서 선생님을 만났습니다. 선생님의 짐이 무거워 보입니다. 뭐라고 말하겠습니까?

남: 1 선생님, 먼저 실례하겠습니다.

2 선생님, 기다려 드릴까요?

3 선생님, 들어 드릴까요?

3番

友だちの体の調子が悪そうです。何と言いますか。

F : 1 頭、大丈夫？

2 体、大丈夫？

3 がんばろう。

3번 정답 : 2

친구의 몸 상태가 안 좋아 보입니다. 뭐라고 말하겠습니까?

여: 1 머리, 괜찮아?
　　2 몸, 괜찮아?
　　3 열심히 하자.

4 番

面接官が学生にどうぞおかけくださいと言いました。学生は何と答えて座りますか。

M：1 はい、どうぞ、よろしくお願いします。
　　2 はい、どうもありがとうございました。
　　3 はい、おかけします。

4번 정답 : 1

면접관이 학생에게 '자, 앉으세요'라고 말했습니다. 학생은 뭐라고 대답하며 앉겠습니까?

남: 1 예, 아무쪼록 잘 부탁드립니다.
　　2 예, 대단히 감사했습니다.
　　3 예, 앉아 드리겠습니다.

問題 5

問題 5 では、問題用紙に何もいんさつされていません。まず文を聞いてください。それから、そのへんじを聞いて、1 から 3 の中から、最もよいものを一つえらんでください。

문제5에서는 문제용지에 아무것도 인쇄되어 있지 않습니다. 먼저 문장을 들으세요. 그런 다음 그 답을 듣고 1에서 3 중에서 가장 적당한 것을 하나 고르세요.

例：
F ：お待たせしてすみませんでした。
M：1 はい、たくさん待ちました。

2　はい、<ruby>待<rt>ま</rt></ruby>たせました。

3　いいえ、わたしも<ruby>今来<rt>いまき</rt></ruby>たところです。

정답 : 3

여: 기다리게 해서 죄송합니다.

남:　1　네, 많이 기다렸습니다.

　　2　네, 기다리게 했습니다.

　　3　아니오, 저도 지금 막 왔습니다.

<ruby>答<rt>こた</rt></ruby>えは 3 ですから、<ruby>答<rt>こた</rt></ruby>えはこのように<ruby>書<rt>か</rt></ruby>きます。

정답은 3번이므로 이와 같이 적습니다.

1<ruby>番<rt>ばん</rt></ruby>

F ：お<ruby>嬢<rt>じょう</rt></ruby>さんはおいくつですか。

M：1　はい、<ruby>5<rt>いっ</rt></ruby>つください。

　　2　はい、1000<ruby>円<rt>せん えん</rt></ruby>でございます。

　　3　<ruby>7<rt>ななさい</rt></ruby>歳です。

1번　정답:3

여: 따님은 몇 살입니까?

남:　1　예, 5개 주세요.

　　2　예, 1000엔입니다.

　　3　7살입니다.

2<ruby>番<rt>ばん</rt></ruby>

M：<ruby>日本<rt>に ほん</rt></ruby>までどのくらいかかりますか。

F ：1　<ruby>明日<rt>あした</rt></ruby>でもいいですか。

　　2　<ruby>今日中<rt>きょう じゅう</rt></ruby>にできます。

　　3　3<ruby>時間<rt>じ かん</rt></ruby>で<ruby>到着<rt>とうちゃく</rt></ruby>します。

2번　정답:3

남: 일본까지 어느 정도 걸립니까?

여: 1　내일이라도 괜찮습니까?
　　2　오늘 중으로 할 수 있습니다.
　　3　3시간이면 도착합니다.

3 番

F : どちらにお勤めですか。

M : 1　BCD 病院に勤めております。
　　2　東京に勤めております。
　　3　ここで勤めております。

3번　정답:1

여: 어디에 근무하십니까?

남: 1　BCD병원에 근무하고 있습니다.
　　2　도쿄에 근무하고 있습니다.
　　3　여기서 근무하고 있습니다.

> 해설　질문은 '어느 회사'에 근무하느냐에 대한 질문이므로 위치나 장소를 나타내는 2번이나 3번은 적절하지 않다.

4 番

F : 息子に駅まで迎えに行かせますから、少々お待ちください。

M : 1　はい、迎えに行かせます。
　　2　はい、どうもありがとうございます。
　　3　はい、少々お待ちします。

4번　정답:2

여: 아들에게 역까지 마중하러 보낼 테니까 조금 기다려 주세요.

남: 1　예, 마중하러 보내겠습니다.
　　2　예, 대단히 감사합니다.
　　3　예, 잠시 기다려 드리겠습니다.

5番

M : 本日はたいへんお世話になりました。

F : 1 いいえ、どういたしまして。

2 はい、お世話をしました。

3 はい、お世話になりました。

5번　정답 : 1

남 : 오늘은 대단히 신세 졌습니다.

여 : 1 아니오, 별말씀을요.

2 예, 보살펴 드렸습니다.

3 예, 신세졌습니다.

6番

F : 明日、病院へ行くので、休ませていただけないでしょうか。

M : 1 ええ、どうぞよろしくお願いします。

2 ええ、何時からですか。

3 ええ、いいですよ。

6번　정답 : 3

여 : 내일 병원에 가는데 쉬게 해 주실 수 없습니까?

남 : 1 예 , 아무쪼록 잘 부탁드립니다.

2 예, 몇 시부터입니까?

3 예, 좋아요.

7番

M : この映画をご覧になりましたか。

F : 1 はい、見ました。

2 はい、ご覧になりました。

3 はい、会いました。

7번 정답:1

남 : 이 영화를 보셨습니까?

여 : 1 예, 보았습니다.
　　　2 예, 보셨습니다.
　　　3 예, 만났습니다.

8番

F : 先生は明日、お宅にいらっしゃいますか。

M : 1 ええ、いらっしゃいます。
　　2 ええ、参ります。
　　3 ええ、います。

8번 정답:3

여 : 선생님은 내일 댁에 계십니까?

남 : 1 예, 계십니다.
　　　2 예. 가겠습니다.
　　　3 예. 있습니다.

> (해설) 1번은 자신에게는 경어를 사용하면 안 되는데 존경어를 사용했기 때문에 안 되며, 2번은 댁에 계시느냐고 물었는데 '간다'는 말의 겸양어인 参る를 사용했기 때문에 적절하지 않다.

9番

M : この電車は何時に出ますか。

F : 1 9時に到着します。
　　2 9時に出発します。
　　3 9時に着きます。

9번 정답:2

남 : 이 전차는 몇 시에 출발합니까?

여 : 1 9시에 도착합니다.
　　　2 9시에 출발합니다.
　　　3 9시에 도착합니다.

Memo

N3

JLPT
실전 모의고사

제 2 회

언어지식(문자 · 어휘)
·
언어지식(문법) · 독해
·
청해

언어지식
(문자·어휘)

문제 1
1	(3)
2	(1)
3	(3)
4	(2)
5	(4)
6	(4)
7	(2)
8	(3)

문제 2
9	(3)
10	(2)
11	(2)
12	(4)
13	(1)
14	(3)

문제 3
15	(4)
16	(2)
17	(1)
18	(4)
19	(3)
20	(3)
21	(2)
22	(1)
23	(4)
24	(3)
25	(4)

문제 4
26	(2)
27	(4)
28	(1)
29	(3)
30	(1)

문제 5
31	(3)
32	(2)
33	(4)
34	(3)
35	(1)

언어지식
(문법)·독해

문제 1
1	(1)
2	(4)
3	(2)
4	(4)
5	(2)
6	(2)
7	(2)
8	(3)
9	(2)
10	(3)
11	(1)
12	(1)
13	(4)

문제 2
14	(2)
15	(1)
16	(1)
17	(4)
18	(3)

문제 3
19	(1)
20	(4)
21	(2)
22	(3)
23	(4)

문제 4
24	(4)
25	(2)
26	(2)
27	(1)

문제 5
28	(1)
29	(4)
30	(2)
31	(4)
32	(3)
33	(3)

문제 6
34	(2)
35	(2)
36	(3)
37	(3)

문제 7
38	(3)
39	(4)

청해

문제 1
1	(4)
2	(3)
3	(2)
4	(4)
5	(3)
6	(1)

문제 2
1	(3)
2	(4)
3	(2)
4	(3)
5	(4)
6	(1)

문제 3
1	(3)
2	(4)
3	(2)

문제 4
1	(2)
2	(1)
3	(2)
4	(1)

문제 5
1	(2)
2	(1)
3	(3)
4	(2)
5	(2)
6	(1)
7	(3)
8	(2)
9	(3)

문제 1 ＿＿＿의 단어를 읽는 방법으로 가장 알맞은 것을 1, 2, 3, 4 중에서 하나 고르세요.

1 　**정답：3**

일반적으로 급료일은 25일이 많은 것 같습니다.

해설 ～ようだ: ～인 것 같다

2 　**정답：1**

급하니까 속달로 보내겠습니다.

해설 急ぐ 서두르다

3 　**정답：3**

우대권은 창구에서 구입해 주십시오.

해설 ご+한자어+ください: <공손한 청유형> ～해 주십시오

예 ご連絡ください: 연락해 주십시오

4 　**정답：2**

은행에서 계좌를 개설하고 통장을 받습니다.

해설 口座 계좌 | 受け取る 수취하다, 받다

5 　**정답：4**

공공요금이란 가스, 전기, 수도, 전화비 등을 말합니다.

해설 ～など: ～등

6 　**정답：4**

차는 지정된 장소에 주차합시다.

해설 指定 지정

7 　**정답：2**

저기 교차로를 오른쪽으로 돌아서 곧장 가면 우측에 있습니다.

해설 まっすぐ 곧장

8 　**정답：3**

외국에서 차를 운전하려면 국제운전면허증이 필요합니다.

해설 동사 기본형+には: ～하려면

문제 2　　　의 단어를 한자로 쓸 때, 가장 알맞은 것을 1, 2, 3, 4 중에서 하나 고르세요.

9　정답 : 3

월말에 본가에 돌아갈 예정입니다.

〔해설〕實家 본가

10　정답 : 2

지난번에 사장님 댁에 초청받아 대접을 받았다.

〔해설〕前日 전날 | 先日 지난번 | 昨日 어제 | 一昨日 그저께

11　정답 : 2

신칸센의 회수권은 싸고 편리하다.

〔해설〕回数券 회수권 | 割引券 할인권 | 優待券 우대권

12　정답 : 4

노약자 보호석은 몸이 부자유스런 사람들이 이용하는 자리입니다.

〔해설〕優先席 (전철, 버스 등의) 노약자 보호석

13　정답 : 1

내려야 할 목적지를 지나친 경우에는 운임을 정산해야 합니다.

〔해설〕精算 정산 | 清算 청산 | 生産 생산 | 凄惨 처참

14　정답 : 3

편의점의 ATM에서 돈을 찾습니다.

〔해설〕降ろす (탈것에서) 내려놓다, 내려주다, (아래로) 내려뜨리다, 내려놓다 | 下ろす (아래로) 내리다, (돈 따위를) 찾다 | 卸す 도매하다, 강판에 갈다

문제 3　(　　)에 들어갈 가장 알맞은 것을 1, 2, 3, 4 중에서 하나 고르세요.

15　정답 : 4

버스로 부모님과 함께 (당일치기) 여행을 갔습니다.

〔해설〕遊び 놀이 | 近く 근처, 가까이 | 往復 왕복 | 日帰り 당일치기

16　정답 : 2

(숙박할) 호텔은 이미 정했습니까?

〔해설〕住む 살다 | 宿泊する 숙박하다 | 泊める 숙박시키다 | 駐在する 주재하다

1은 '거주지'를 뜻하고, 3은 '다른 사람을 숙박하게 하다'라는 뜻이며, 4는 '관리나 상사원 등이 임무를 위해 파견된 곳에 머무르다'라는 뜻이므로 부적절하다.

17 정답 : 1

태풍의 영향으로 도쿄행 (상행선) 전차가 운행정지가 되었습니다.

> 해설　上(のぼ)り (지방에서 중앙으로) 올라감, 상행 ┃ 登(のぼ)り (높은 곳으로) 올라감, 오르는 길 ┃ 下(くだ)り (중앙에서 지방으로) 내려감, 하행 ┃ 内回(うちまわ)り (순환선 등에서) 복선의 안쪽을 도는 선

18 정답 : 4

귀가할 때는 친구의 차로 돌아오므로 갈 때만 필요한 (편도) 표를 샀습니다.

> 해설　片足(かたあし) 한(쪽)발, 외발 ┃ 片方(かたほう) 한쪽, 한 짝 ┃ 片手(かたて) 한(쪽) 손, 한쪽(의 상대) ┃ 片道(かたみち) 편도

19 정답 : 3

역의 (개찰구)가 있는 곳에서 만날 약속을 했습니다.

> 해설　出入(でい)り口(ぐち) 출입구 ┃ 改札口(かいさつぐち) 개찰구
>
> 1은 ～번 출구(～番の出口) 형태로 바꾸면 가능하다.

20 정답 : 3

나라(奈良)에 가려면 교토에서 (갈아타) 주세요.

> 해설　**乗る를 활용한 동사**

乗(の)り過(す)ごす=乗(の)り越(こ)す	타고 가다가 (목적지를) 지나치다
乗(の)り遅(おく)れる	(차, 배 등을) 놓치다, 시간이 늦어 못 타다
乗(の)り換(か)える	환승하다

21 정답 : 2

특급이 (통과)하니 흰 선 뒤까지 물러나 주세요.

> 해설　下(さ)がる 내려가다, 물러나다 ┃ 経過(けいか) 경과 ┃ 加速(かそく) 가속

1은 일반적으로 시간의 경과를 나타낸다.

22 정답 : 1

짐은 좌석이 아니라 뒤쪽의 (트렁크)에 넣어 주세요.

> 해설　トラック 트럭 ┃ 倉庫(そうこ) 창고 ┃ ロッカー 로커, 보관함

23 정답 : 4

가솔린이 이제 곧 (떨어질) 것 같으니 주유소에 들렀다가 가야겠다.

> 해설　寄(よ)る 들르다 ┃ 無(な)くす 없애다, 잃다 ┃ 落(お)ちる (위에서 아래로) 떨어지다, 낙방하다 ┃ 切(き)れる 끊기다, 떨어지다, 다 되다

24 정답:3

이 앞쪽은 공사로 인해 도로가 (통행금지)되어 있다.

> **해설** 突き当たり 막다른 곳 | 踏み切り 건널목 | 通行止め 통행금지 | 交差点 교차로

25 정답:4

잔돈이 없으니 (환전) 부탁한다.

> **해설** 払い戻し 환불 | 変換 변환 | 交換 교환 | 両替 환전

문제 4 _____에 의미가 가장 가까운 것을 1, 2, 3, 4 중에서 하나 고르세요.

26 정답:2

길을 건널 때는 차에 <u>주의합시다</u>.

> **해설** 気が付く 알아차리다, 깨닫다 | 気をつける 조심하다 | 気にする 걱정하다, 신경 쓰다 | 気になる 걱정이 되다, 신경 쓰이다
>
> 1, 4는 자동사 용법으로 쓰여서 안 되고, 3번은 ~を気にし로 바꾸면 가능하다.

27 정답:4

연휴는 도로가 <u>막히기</u> 쉬우니까 일찍 나갑시다.

> **해설** 渋滞する 밀리다, 정체되다 | 混ぜる 섞다 | 混乱 혼란 | 込む 혼잡하다, 붐비다

28 정답:1

저기에 <u>버스정류장</u>이 있으니까 저기서 버스를 기다립시다.

> **해설** 停留場 정류장 | 駅 역 | 駐車場 주차장

29 정답:3

눈이 많이 와서 테마파크는 <u>텅텅 비었다</u>.

> **해설** ガラガラ 텅텅 비어 있는 모양 | 大勢 많은 사람, 여럿

30 정답:1

전차에서 <u>나이 든 사람</u>을 보면 자리를 양보합니다.

> **해설** 譲る 양보하다 | 老人 노인 | 若者 젊은이 | 青少年 청소년 | 中年 중년

문제 5   다음 단어의 사용법으로 가장 알맞은 것을 1, 2, 3, 4 중에서 하나 고르세요.

31 정답:3 생활비나 학비를 보내 줌

1 무거운 짐을 <u>생활비를 보내는</u> 것은 힘듭니다. [しおくりする → おくる(보내는)]
2 친구가 놀러 왔기 때문에, 돌아갈 때 역까지 <u>생활비를 보내</u> 주었다. [しおくりした → みおくりした(배웅했다)]
3 나는 형이 보내 주는 <u>생활비로</u> 생활하고 있다.
4 나는 매월 부모님에게 편지를 <u>생활비를 보내</u> 주고 있다. [しおくりして → おくって(보내고)]

해설 送る 보내다 | 見送る 배웅하다 | 荷物 짐

32 정답:2 발신인명

1 이 집의 편지함에는, <u>발신인명</u>이 쓰여 있지 않습니다. [差出人名 → 受取人(수취인)]
2 소포를 보낼 때는 <u>발신인명</u>을 반드시 써 주세요.
3 개의 <u>발신인명</u>은 누구입니까? [差出人名 → かいぬし(주인)]
4 휴대전화 등록을 하려면 <u>발신인명</u>이 필요합니다. [差出人名 → 名前(이름)]

해설 受取人 수취인 | 飼い主 가축이나 애완동물을 기르는 사람, 주인 | 名前 이름 | 際 때, 기회

33 정답:4 펑크가 나다

1 산에 오를 때, <u>펑크가 나는</u> 것이 필요합니다. [パンクする → 注意する(주의하는)]
2 맥주를 많이 부었기 때문에 <u>펑크가 나</u> 버렸습니다. [パンクして → あふれて(넘쳐)]
3 유리컵이 떨어져서 <u>펑크가 났습니다.</u> [パンクしました → われました(깨졌습니다)]
4 도로에 못이 떨어져 있어서 차 타이어가 <u>펑크 나</u> 버렸습니다.

해설 注意する 주의하다 | 溢れる (가득 차서) 넘치다 | 割れる 깨지다 | 注ぐ 따르다, 붓다 | 釘 못

34 정답:3 렌터카

1 도서관에서 DVD의 <u>렌터카</u>는 무료입니다. [レンタカー → レンタル(대여)]
2 자전거를 <u>렌터카해서</u> 관광했습니다. [レンタカーして → レンタルして(빌려서)]
3 홋카이도를 여행할 때 <u>렌터카</u>는 편리합니다.
4 결혼식에 입고 갈 옷이 없어서 친구한테 <u>렌터카했습니다.</u> [レンタカーしました → レンタルしました(빌렸습니다)]

해설 3은 レンタカー(렌터카), 나머지는 レンタル(대여, 임대)를 사용해야 한다.

35 정답:1 **납입, 입금**

1 저는 집세를 은행에 <u>납입</u>하고 있습니다.

2 밥에 <u>납입</u>을 뿌려서 먹으면 맛있습니다. [ふりこみ → ふりかけ(후리카케)]

3 지하철을 탈 때 <u>납입</u>되면 화가 납니다. [ふりこみ → わりこみ(새치기)]

4 경찰이 범인의 <u>납입</u>을 하고 있습니다. [ふりこみ → ききこみ(탐문)]

（해설） ふりかけ 후리카케(밥에 뿌려서 먹는 조미된 가루) | 割り込み 새치기, 끼어들기 | 聞き込み (범죄 수사의 단서나 정보 따위를) 얻어들음, 탐문 | 家賃 집세 | 腹が立つ 화가 나다 | 警察 경찰 | 犯人 범인

문제 1　다음 문장의 (　)에 들어갈 가장 알맞은 것을 1, 2, 3, 4 중에서 하나 고르세요.

1 정답:1

나는 초콜릿(만) 있으면 행복하다.

（해설） 〜さえ: 〜만(그 조건만 충족하면) | 〜しか: 〜밖에 | 〜こそ: 〜야말로 | 〜だけ: <한정> 〜만, 뿐

2 정답:4

(일)만 하면 스트레스가 쌓인다.

（해설） 〜てばかりいる: 〜하기만 한다

3 정답:2

일본의 다도문화(에 대해서) 연구하고 싶다.

（해설） 〜に関する: 〜에 관한 | 〜について: 〜에 대해 | 〜によって: 〜에 따라, 〜에 의해 | 〜による: 〜에 따른, 〜에 의한

4 정답:4

나는 (약간 매콤한) 요리를 좋아한다.

（해설） 辛い 괴롭다, 힘들다 | 辛み 매운맛 | 辛さ 괴로움, 고충 | 辛め 약간 매운 듯함 | 형용사 어간+め: 조금 더 〜인 듯하다

5 정답:2

내가 어제 만난 (것)은 큰어머니이다.

（해설） 伯母 백모(큰어머니) | 叔母 숙모(작은어머니)

6 정답 : 2

열쇠를 채우는 (것을) 잊고 외출했다.

해설 鍵{かぎ}をかける 열쇠를 채우다

7 정답 : 2

다베아루키 킨시(食べ歩き禁止)란, 먹으면서 걷는 것은 안 된다는 의미입니다.

해설 ～てはいけない: ～해서는 안 된다

8 정답 : 3

유학(이라고 해도), 3개월만의 단기유학이다.

해설 ～といっても: ～라고 해도

9 정답 : 2

내일, 그에게 여기에 오(도록) 전해 주세요.

해설 ～ように: ～도록

10 정답 : 3

강도에게 돈 (꺼내!)라고 하는 소리를 들었습니다.

해설	
出{で}ろ(나가!, 나와!)	出{で}る의 명령형
出{で}よう(나가자, 나가겠다, 나가겠지)	出{で}る의 의지, 권유, 추측형
出{だ}せ(꺼내!)	出{だ}す의 명령형
出{だ}そう(꺼내겠다, 꺼내자, 꺼내겠지)	出{だ}す의 의지, 권유, 추측형

11 정답 : 1

의사에게 술을 (마시지 마라)고 주의 받았습니다.

해설	
飲{の}むな!(마시지 마라!)	飲{の}む의 금지의 명령형
飲{の}め(마셔!)	飲{の}む의 명령형
飲{の}もう(마시겠다, 마시자, 마시겠지)	飲{の}む의 의지, 권유, 추측형

12 정답 : 1

선생님에게 시험을 쳐 (보)두록 권유받았습니다

해설 동사 기본형+ように: ～하도록 | 進{すす}める(권유하다)

13 정답 : 4

애인과 헤어지고 나서 그의 (좋은 점)을 알았습니다.

해설 ～てから: ～하고 나서 | よさ 좋은 점(よい의 전성명사. 형용사 어간+さ =전성명사)

문제 2　　다음 문장의 ★에 들어갈 가장 알맞은 것을 1, 2, 3, 4 중에서 하나 고르세요.

<ruby>例<rt>れい</rt></ruby> :

정답: 1

> 원문 　どれ が あなた の かばん ですか。
> 　　　　　　　　　★
> 어느 것이 당신의 가방입니까?
> 올바른 순서는 4213입니다. ★의 자리에 들어갈 내용은 1이므로 정답은 1입니다.

14 정답: 2(3124)

> 원문 　この <ruby>財布<rt>さいふ</rt></ruby>の<ruby>中<rt>なか</rt></ruby> には <ruby>千円<rt>せんえん</rt></ruby> だけ あります。
> 　　　　　　　　　　　　　★
> 이 지갑 안에는 천 엔만 있습니다.

15 정답: 1(2413)

> 원문 　<ruby>彼<rt>かれ</rt></ruby> が 3 ヶ<ruby>国語<rt>こくご</rt></ruby> <ruby>話<rt>はな</rt></ruby>せる というのは うそでした。
> 　　　　　　　　　　　　　★
> 그가 3개 국어를 말할 수 있다고 하는 것은 거짓말이었습니다.

16 정답: 1(2413)

> 원문 　<ruby>彼女<rt>かのじょ</rt></ruby>は <ruby>他人<rt>たにん</rt></ruby> の <ruby>心<rt>こころ</rt></ruby>の<ruby>痛<rt>いた</rt></ruby>み が わからないようです。
> 　　　　　　　　　　　　★
> 그녀는 다른 사람의 마음의 아픔을 모르는 것 같습니다.

17 정답: 4(1342)

> 원문 　あなたは <ruby>大和<rt>やまと</rt></ruby> という <ruby>店<rt>みせ</rt></ruby> を <ruby>知<rt>し</rt></ruby>っていますか。
> 　　　　　　　　　　　★
> 당신은 야마토라고 하는 가게를 알고 있습니까?

18 정답: 3(2431)

> 원문 　<ruby>日本<rt>にほん</rt></ruby>で <ruby>お茶<rt>ちゃ</rt></ruby> といったら <ruby>静岡県<rt>しずおかけん</rt></ruby> のものが <ruby>有名<rt>ゆうめい</rt></ruby>です。
> 　　　　　　　　　　　　　　★
> 일본에서 차라고 하면 시즈오카 현의 것이 유명합니다.

문제 3 다음 글을 읽고 문장 전체의 내용을 생각해서, 19 ~ 23 에 들어갈 가장 적당한 것을
1, 2, 3, 4 중에서 하나 고르세요.

최근 SNS에 업로드하기 위해 스마트폰으로 사진을 찍는 것이 유행하고 있습니다. 가게 측에서도 선전 효과가 있으므로 외관을 중시하여 여러 가지 재미있는 상품도 나와 있습니다. 다 같이 식사를 할 때도 (19 : 먼저) 사진을 찍고 나서. 사진을 찍으면 색이나 밝기 등을 조정하고 나서 SNS에 업로드합니다. 그러므로 먼저 먹으면 안 됩니다. 나는 배가 고프면 나도 모르게 그만 그것을 잊어버려서 좋은 사진을 찍을 수 없습니다. (20 : 언젠가) 여행을 갔을 때 친구들은 사진을 찍는 것에 몰두해서 사진을 예쁘게 찍을 수 있는 장소(21 : 만)을 찾고 있었습니다. 그리고 사진을 다 찍자 바로 돌아가겠다고 하는 것입니다. 나는 친구에게 여기에 온 목적은 사진을 찍는 것이 아니라 자신의 눈으로 보고, 피부로 느끼는 것이 아닌가 하고 물었습니다. (22 : 그러자) 친구는 <사진을 찍는 것이 목적이다. 좋은 사진을 찍을 수 있으면 그것으로 만족한다>고 합니다. 저는 사진은, 팸플릿으로도 그림 엽서로도 볼 수 있으므로, 역시 자신의 눈으로 보고, 피부로 분위기를 즐기고 싶었습니다. 여러분은 (23 - a : 사진)과 (23 - b : 현실) 중에서 어느 쪽이 중요하다고 생각합니까?

해설 アップロード 업로드 | 流行る 유행하다 | 見た目 외관, 겉보기 | 際 ~때, 기회 | ~てはいけません: ~해서는 안 됩니다 | つい 자신도 모르게, 무심결에 | 夢中 열중함, 몰두함 | ~終わる: 모두 ~끝나다 | 肌 피부, 살갗

19 **정답:1**
1 먼저　　　　2 나중에　　　　3 다음에　　　　4 그리고

20 **정답:4**
1 이때　　　　2 그때　　　　3 그때　　　　4 언젠가

해설 ある+명사에서 ある는 '어떤, 어느'의 의미로 쓰이며 한국어의 관형사와 비슷한 기능으로 쓰인다.

21 **정답:2**
1 단지　　　　2 만　　　　3 밖에　　　　4 한

22 **정답:3**
1 그런데　　　　2 그리고　　　　3 그러자　　　　4 그리고 나서

23 **정답:4**
1 a 팸플릿 / b 사진　　　　　　2 a 그림 엽서 / b 사진
3 a 팸플릿 / b 그림 엽서　　　　4 a 사진 / b 현실

문제 4   다음 (1)~(4) 글을 읽고, 질문에 답하세요. 답은 1, 2, 3, 4 중에서 가장 알맞은 것을 하나 고르세요.

(1)

크리스마스 시즌이 되면 여기저기에서 크리스마스 트리가 장식되고, 즐거운 분위기가 된다. 하지만 모두 정말 즐거울까? 연애 중에 연인과 함께 보는 크리스마스 트리는 좋은 추억이 될 것이다. 가족이나 친구와 함께 보는 것도 즐거울지도 모른다. 그러나 그것이 뭔가의 이유로 누군가가 죽거나, 실연해서 혼자가 되거나 한 경우에는 괴로운 추억이 될지도 모른다. 그런 것을 생각하면 같은 크리스마스 트리라도 사람에 따라 보는 생각이 바뀌는 것일지도 모른다.

> **해설** ～になる: ～이 되다 | 飾る 장식하다 | 思いで 추억 | ～かもしれない: ～할지도 모른다 | ～によって: ～에 따라 | 見方 견해, 보는 방법

24 정답:4

크리스마스 트리에 대하여 이 글을 쓴 사람은 어떻게 생각하고 있는가?
1   모두 정말 즐거워 보인다.
2   좋은 추억이 된다.
3   괴로운 추억이 된다.
4   같은 크리스마스 트리라도 사람에 따라 느끼는 생각이 다르다.

(2)

환경 보호라고 하면 쇼핑백이나 개인용 젓가락, 개인용 컵 등을 떠올릴지도 모른다. 또 재활용하는 것도 환경 보호와 연결된다. 필요 없게 된 물건을 파는 것으로 수입을 얻을 수도 있고 하니, 그야말로 일석이조다. 책 같은 것은 헌책방에서 사면 반액이나 반액 이하로 살 수 있다. 환경 보호라고 해도 여러 가지 있는데 우선은 간단한 것부터 시작하면 될 것이다.

> **해설** 要る 필요하다 | 得る 얻다 | まさに 바로, 틀림없이, 정말로, 마침, 당연히 | ～である: ～이다(=～だ) | 一石二鳥 일석이조 | ～といっても: ～라고 해도

25 정답:2

환경 보호에 대해서 이 글을 쓴 사람은 어떻게 생각하고 있는가?
1   모두가 쇼핑백이나 개인용 젓가락, 개인용 컵 등을 가지고 다니는 편이 좋다.
2   재활용을 이용하는 편이 좋다.
3   환경 보호는 일석이조다.
4   환경 보호는 간단하다.

(3)

　　올해 가을은 교토의 각지에서 멧돼지가 발견되고 있습니다. 지난주에는 공사 중이던 남성이 멧돼지에 부딪혀 큰 부상을 입었습니다. 이번 주에는 시내의 학교에도 나타나, 경찰이 멧돼지를 포획했습니다. 부상당한 사람은 없었지만 학생들은 놀랐습니다. 가을에는 멧돼지가 음식을 찾으러 산을 내려오는 것 같습니다. 멧돼지를 발견하면 바로 경찰에 연락해 주세요.

> 해설　見掛ける 눈에 띄다, 만나다 | 怪我 부상, 상처 | ぶつかる 부딪(치)다, 맞닥뜨리다 | 現れる 나타나다 | 捕まえる 붙잡다, 포획하다 | 驚く 놀라다 | 下りる (아래로) 내려오다, (결정, 지시, 허가 등이) 나오다

제 2 회

26 정답:2

이 뉴스에 대해서 맞는 것은 어느 것인가?

1　멧돼지를 발견하면 잡읍시다.
2　멧돼지를 발견하면 경찰에 연락합니다.
3　멧돼지는 학교를 좋아합니다.
4　멧돼지는 맛있는 음식입니다.

(4)

　　개도 우울증이 생기는 것 같다. 개가 밖을 멍하니 본다거나, 앞발을 핥기만 하고 있다면 주의가 필요하다고 한다. 개는 산책하러 데리고 가거나 놀아 주거나 하지 않으면 스트레스가 쌓인다. 결국 외로움을 많이 타는 것이다. 그러므로 개를 키우기 전에 자신에게 개를 돌볼 시간이 충분히 있는지 어떤지를 생각하는 게 좋다. 귀엽다고 하는 한때의 감정으로 개를 키우게 되면 개도 불행해질 것이다.

> 해설　うつ病 우울증 | なめる 핥다 | 連れていく 데리고 가다 | 寂しがり屋 외로움을 많이 타는 사람 | 飼う 기르다, 키우다 | 世話する 보살피다, 돌보다

27 정답:1

<개의 우울증>에 대해서 맞는 것은 어느 것인가?

1　개는 스트레스가 쌓이면 우울증이 된다.
2　사람은 외로우면 우울증이 된다.
3　개를 키우기 전에 개를 돌볼 시간이 충분히 있는지 어떤지를 생각해야 한다.
4　귀엽다고 하는 한때의 감정으로 개를 키우게 되면, 불행해진다.

문제 5   다음 (1)~(2) 글을 읽고, 질문에 답하세요. 답은 1, 2, 3, 4 중에서 가장 알맞은 것을 하나 고르세요.

(1)

　①거리에서 자주 보는 타인에게 폐를 끼치는 행위가 최근 특히 증가하고 있는 것 같다. 예를 들면 전차에서 타고 내리는 경우, 출입구 부근에 있는 사람이 내리지 않으면 안에 있는 사람은 내릴 수 없고, 전차를 타는 사람도 탈 수 없다. 왜 타인을 생각하지 않고 ②출입구 부근에 서 있는 것인지 이해할 수 없다. 또 에스컬레이터에서 내리는 장소나 계단에 서서 이야기를 하고 있는 사람을 가끔 본다. 굳이 그런 곳에서 이야기를 하지 않고 좀 더 떨어진 장소에서 할 수 없는 것일까? 어느 날 아침에는, 아주 서두르고 있을 때에 육교에서 오르내리기 운동을 하고 있는 할아버지를 만났다. 계단 한가운데를 천천히 걷고 있어서 모두가 계단을 오르내릴 수 없다. 나는 <할아버지, 비켜 주세요>라고 몇 번이나 말했는데도 귀가 좋지 않은지 전혀 들어 주지 않았다. 그래서 할 수 없이 할아버지의 뒤를 천천히 걸을 수밖에 없었다. 현대는 바쁜 사회지만 모두가 타인의 입장에서 모든 것을 생각하는 습관을 들이면, ③스트레스도 적어지는 것이 아닐까.

> **[해설]** 迷惑<ruby>めいわく</ruby> 폐, 귀찮음, 성가심 | 乗<ruby>の</ruby>り降<ruby>お</ruby>りする 타고 내리다 | ~ずに: ~하지 않고, ~하지 말고 | ある 어떤, 어느 | 上<ruby>のぼ</ruby>り下<ruby>お</ruby>り 오르내림 | 通<ruby>とお</ruby>す 통과시키다 | 仕方<ruby>しかた</ruby>ない 어쩔 수 없다 | 立場<ruby>たちば</ruby> 입장

28   정답:1

①거리에서 자주 보는 타인에게 폐를 끼치는 행위에 대해서 이 글을 쓴 사람은 어떻게 생각하고 있는가?

1   최근에는 특히 많은 것 같다.

2   최근에는 적어지고 있는 것 같다.

3   옛날이나 지금이나 똑같다.

4   특별히 아무것도 생각하지 않는다.

29   정답:4

②출입구 부근에 서 있다고 했는데 왜 서 있는 것인가?

1   안에 있는 사람이 내릴 수 없기 때문에

2   전차를 타는 사람이 탈 수 없도록 하기 위해서

3   이해할 수 없기 때문에

4   타인을 생각하지 않기 때문에

30   정답:2

이 글에서는 ③스트레스도 적어진다란 어떠한 것이라고 말하고 있는가?

1   모두가 자신의 입장에서 모든 것을 생각하는 습관을 들이도록 하면 좋다.

2   모두가 타인의 입장에서 모든 것을 생각하는 습관을 들이도록 하면 좋다.

3   할아버지의 뒤를 천천히 걷는 것이 좋다.

4   귀가 들리지 않기 때문에 전혀 묻지 않는 편이 좋다.

(2)

　　걸으면서 스마트폰을 보는 것에 대해 벌금을 부과할 것인지 어떨지 하는 문제로 세간에서는 여러 가지로 토론하고 있다. ①걸으면서 스마트폰을 보는 사람들은 별것 아니라고 생각하는 듯, ②벌금은 지나치다고 생각하고 있는 것 같다. 그러나 실제의 앙케트 조사에 의하면 반 이상의 사람들은 벌금을 부과하는 것에 찬성하고 있다. 만약 그것이, 차를 운전하고 있는 사람이나 자전거를 타고 있는 사람이 스마트폰을 보면서 운전하고 있다면 어떨까? 틀림없이 누구든 위험하다고 생각할 것이다. 그런데 왜 보행자가 스마트폰을 보면서 걷는 것은 위험하지 않다고 말할 수 있는 것일까. 걸으면서 스마트폰을 봄으로 인해 교통사고가 일어날지도 모르고, 계단에서 떨어지는 경우도 있을지 모른다. 무슨 일이든 발생하고 나서는 너무 늦다. 일본의 속담에 ③<도로나와(泥繩)>라고 하는 것이 있는데, 뭔가가 발생하고 나서 방법을 생각하면 너무 늦다. 사고가 일어나기 전에 어떻게든 대책을 세우는 편이 좋을 것이다.

해설　スマホ 스마트폰(スマートホン의 준말) | 課す 부과하다 | もし 만약 | 危険だ 위험하다 | ～てから: ～하고 나서 | ～すぎる: 지나치게 ～하다 | 間に合う 충분하다, 제시간에 대다 | 동사 기본형+前に: ～하기 전에 |
泥繩=泥棒を捕えてから繩をなう: 도둑을 보고서야 새끼줄을 꼰다는 뜻으로 일을 당해서야 허둥지둥 대책을 세움을 비웃는 말

31 정답:4
①걸으면서 스마트폰을 보는 사람들에 대해서, 이 글을 쓴 사람은 어떻게 생각하고 있는가?
1　벌금을 부과하는 편이 좋다.
2　벌금은 도가 지나치다.
3　별것 아니라고 생각한다.
4　사고가 일어나기 전에 방법을 생각하는 편이 좋다.

32 정답:3
②벌금은 지나치다에 대해서, 일반인은 어떻게 생각하고 있는가?
1　별것 아니라고 생각한다.
2　벌금은 좋지 않은 방법이라고 생각한다.
3　벌금은 좋은 방법이라고 생각한다.
4　차를 운전하는 사람이나 자전거를 타는 사람에게는 벌금을 부과한다.

33 정답:3
③<도로나와(泥繩)>란 어떤 것인가?
1　교통사고가 일어나는 것
2　계단에서 떨어지는 것
3　뭔가가 발생하고 나서 방법을 생각하는 것
4　사고가 일어나기 전에 뭔가 방법을 생각하는 것

문제 6　다음 글을 읽고 질문에 답하세요. 답은 1, 2, 3, 4 중에서 가장 알맞은 것을 하나 고르세요.

　　외국어를 효율적으로 공부하려면 어떻게 하면 좋을까. 인터넷으로 조사하면 여러 가지 방법이 나온다. 먼저 자주 회자되는 것은 많이 듣는 것이다. ①아기는 1년간 말을 할 수 없지만, 전혀 이해하지 못하는 것은 아니다. 아기는 1년간, 말을 인풋하고 있는 것이다. 그리고 태어나고 나서 1년 후부터는 뭔가 이야기하게 된다. 그것은 <아빠>, <엄마>라는 간단한 말일지도 모르지만 아무것도 말할 수 없는 상태에서는 큰 진보이다. 무슨 말을 하고 있는지 모르는 경우도 자주 있다. 하지만 아기는 포기하지 않고 계속 이야기한다. 그것이 ②말하기가 능숙해지는 요령일지도 모른다. 어른은 부끄럽다고 하는 감정을 가지고 있지만, 아기에게는 없다. 어른은 글자를 보고 말을 공부하지만, 아기는 글자를 보고 이야기하는 것이 아니다. 우리들이 외국어를 공부하는 경우에는 처음에 글자를 공부하고 다음에 회화를 공부한다. ③아기와는 공부 방법이 다른 것이다. 만약 외국인처럼 이야기하고 싶으면 글자부터가 아니라 듣는 것부터 공부하는 편이 좋지 않을까.

> **해설**　インプット 인풋, 입력 | 〜かもしれない: 〜할지도 모른다 | 進歩 진보 | 〜である: 〜이다(=〜だ) | 文字 글자, 문자 | 〜わけではない: (반드시) 〜하는 것은 아니다 | 명사+のように: 〜처럼, 〜같이 | 〜たほうがいい: <충고, 조언> 〜하는 편이 좋다

34　**정답:2**
①아기는 1년간 말을 할 수 없지만 전혀 이해하지 못하는 것은 아니다라고 했는데 왜인가?
1　대량으로 듣고 있기 때문에
2　1년간, 말을 인풋하고 있기 때문에
3　뭔가 이야기하게 되기 때문에
4　아무것도 말할 수 없는 상태에서는 큰 진보이기 때문에

35　**정답:2**
②말하기가 능숙해지는 요령일지도 모른다고 했는데 왜인가?
1　무엇을 말하고 있는 것인지 모르기 때문에
2　아기는 포기하지 않고 계속 이야기하기 때문에
3　부끄럽다고 하는 감정을 가지고 있기 때문에
4　글자를 보고 말을 공부하기 때문에

36　**정답:3**
③아기와는 공부 방법이 다른 것이다라고 했는데 왜인가?
1　글자를 보고 말을 공부하기 때문에
2　처음에 글자를 공부하고, 다음에 회화를 공부하기 때문에
3　아기는 글자를 보고 이야기하는 것이 아니기 때문에
4　외국인처럼 이야기하기 때문에

37　**정답:3**
이 글을 쓴 사람은 외국어를 효율적으로 공부하려면 어떻게 하면 좋다고 하는가?

1 인터넷으로 조사하는 편이 좋다.

2 많이 이야기하는 편이 좋다.

3 많이 듣는 편이 좋다.

4 부끄럽다는 감정을 가지는 편이 좋다.

제
2
회

문제 7 오른쪽 페이지는 드라이어의 소개입니다. 다음 문장을 읽고 아래의 질문에 답하세요. 답은 1, 2, 3, 4 중에서 가장 알맞은 것을 하나 고르세요.

유학생인 린 씨는 드라이어를 사려고 합니다. 린 씨의 예산은 20000엔 이하이고, 마이너스 이온과 스팀 기능이 포함되어 있는 것을 사고 싶습니다. 린 씨 나라의 전압은 110V지만, 100V의 상품이라도 사용할 수 있습니다.

해설 ～(よ)う+と思う: ～(하)려고 생각하다 | 予算 예산 | 機能 기능 | 電圧 전압 | 商品 상품 | 동사 기본형+ことができる: ～(할) 수가 있다 | 勤務先 근무처, 직장

상품 비교　　　　**상품 규격**

상품 번호	가격	기능	전압
① R102	15000엔	마이너스 이온	110v
② RA35	20000엔	마이너스 이온, 스팀	100v
③ RA38	23000엔	마이너스 이온, 스팀, 예쁜 얼굴	200v
④ RF68	18000엔	마이너스 이온, 예쁜 얼굴	200v
⑤ RM72	16000엔	마이너스 이온, 보습	110v
⑥ RC18	17500엔	마이너스 이온, 컬 기능	100v

구입방법

상품을 구입하는 경우는 회원 등록을 해 주세요. 자세한 것은 회원 등록 페이지를 봐 주세요.

회원 등록을 할 때에는 ①성명 ②성별 ③직업 ④근무처 ⑤주소와 전화번호를 기입해 주세요.

38 정답:3
린 씨가 살 수 있는 상품은 어느 것인가?
1 ①이나 ③　　2 ①이나 ⑥　　3 ②나 ⑤　　4 ③이나 ④

39 정답·4
인터넷으로 구입하는 경우, 기입해야 하는 것은 어느 것인가?
1 상품 번호, 이름, 주소, 전화번호
2 이름, 성별, 직업, 주소, 전화번호
3 이름, 연령, 직업, 주소, 전화번호
4 이름, 성별, 직업, 대학 이름, 주소, 전화번호

問題 1

問題 1 では、まず質問を聞いてください。それから話を聞いて、問題用紙の 1 から 4 の中から、最も良いものを一つ選んでください。

문제1에서는 먼저 질문을 들으세요. 그리고 이야기를 듣고 문제용지의 1에서 4 중에서 가장 적당한 것을 하나 고르세요.

例：

男の人と女の人が話しています。男の人は何時に家を出ますか。

M：パーティーは 7 時からだから、6 時半に出れば間に合うよね。

F：ここから 30 分で着くからね。

M：あっ、でも夜は道路が込むから、早めに出たほうがいいかな。

F：じゃ、6 時に出る？わたし、買い物したいから、5 時に出てもいい？

M：そうなの？じゃ、僕も一緒に行くよ。

男の人は何時に家を出ますか。

1　5 時

2　6 時

3　6 時半

4　7 時

정답 : 1

남자와 여자가 이야기하고 있습니다. 남자는 몇 시에 집을 나오겠습니까?

남: 파티는 7시부터니까 6시 반에 나가면 시간에 맞출 수 있겠지.

여: 여기서 30분이면 도착하니까.

남: 아, 하지만 밤에는 도로가 붐비니까 일찌감치 나가는 게 좋겠네.

여: 그럼, 6시에 나갈까? 난, 쇼핑하고 싶으니까 5시에 나가도 돼?

남: 그래? 그럼 나도 같이 갈게.

남자는 몇 시에 집을 나오겠습니까?

1 5시

2 6시

3 6시반

4 7시

<ruby>答<rt>こた</rt></ruby>えは 1 ですから、<ruby>答<rt>こた</rt></ruby>えはこのように<ruby>書<rt>か</rt></ruby>きます。

정답은 1번이므로 이와 같이 적습니다.

1<ruby>番<rt>ばん</rt></ruby>

<ruby>男<rt>おとこ</rt></ruby>の<ruby>人<rt>ひと</rt></ruby>と<ruby>女<rt>おんな</rt></ruby>の<ruby>人<rt>ひと</rt></ruby>が<ruby>話<rt>はな</rt></ruby>しています。<ruby>男<rt>おとこ</rt></ruby>の<ruby>人<rt>ひと</rt></ruby>はコンビニで<ruby>何<rt>なに</rt></ruby>を<ruby>買<rt>か</rt></ruby>ってきますか。

F：あ、<ruby>出<rt>で</rt></ruby>かけるの？

M：うん、ちょっとそこのコンビニまで<ruby>雑誌<rt>ざっし</rt></ruby>を<ruby>買<rt>か</rt></ruby>いに。

F：じゃ、ついでに<ruby>牛乳<rt>ぎゅうにゅう</rt></ruby>と<ruby>玉子<rt>たまご</rt></ruby><ruby>買<rt>か</rt></ruby>ってきてくれる？

M：<ruby>牛乳<rt>ぎゅうにゅう</rt></ruby>はまだ<ruby>冷蔵庫<rt>れいぞうこ</rt></ruby>にあるよ。<ruby>豆乳<rt>とうにゅう</rt></ruby>はもうないけど。

F：じゃ、<ruby>豆乳<rt>とうにゅう</rt></ruby>を<ruby>一本<rt>いっぽん</rt></ruby>お<ruby>願<rt>ねが</rt></ruby>いね。

M：わかった。

<ruby>男<rt>おとこ</rt></ruby>の<ruby>人<rt>ひと</rt></ruby>はコンビニで<ruby>何<rt>なに</rt></ruby>を<ruby>買<rt>か</rt></ruby>ってきますか。

1번   정답:4

남자와 여자가 이야기하고 있습니다. 남자는 편의점에서 무엇을 사 오겠습니까?

여: 어, 외출하는 거야?

남: 응, 잠깐 편의점에 잡지 사러.

여: 그럼, 가는 김에 우유하고 계란 사 올래?

남: 우유는 이직 냉장고에 있어. 두유는 이제 없지만.

여: 그럼, 두유를 하나 부탁할게.

남: 알았어.

남자는 편의점에서 무엇을 사 오겠습니까?

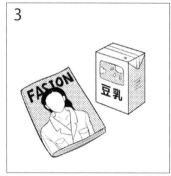

2番

女の人と男の人が話しています。二人はレストランで何を注文しますか。

F ：ねえ、何食べる？わたしはハンバーグセットにしようかな。ドリンクはアイス
ティー。

M ：僕はビーフステーキとホットコーヒーにしよう。あ、ハンバーグもいいなあ。

F ：わたしの分けてあげるよ。わたしもドリンクはコーヒーにしようかな。

M ：ホット？アイス？

F ：今日は暑いからアイスね。

M ：コーヒーだね。じゃ、注文するよ。

二人はレストランで何を注文しますか。

2번 정답:3

여자와 남자가 이야기하고 있습니다. 두 사람은 레스토랑에서 무엇을 주문하겠습니까?

여: 저기 말이야, 뭐 먹을래? 나는 햄버거세트로 할까. 마실 것은 아이스티.

남: 나는 비프스테이크와 따뜻한 커피로 할래. 아, 햄버거도 좋겠네.

여: 내 것 나눠 줄게. 나도 마실 것은 커피로 할까.

남: 따뜻한 거? 아이스커피?

여: 오늘은 더우니까 아이스커피로 할래.

남: 커피 말이지. 그럼 주문할게.

두 사람은 레스토랑에서 무엇을 주문하겠습니까?

1   아이스티 1개와 따뜻한 커피 1개, 햄버거세트 1개와 비프스테이크 1개
2   아이스티 1개와 따뜻한 커피 1개, 햄버거세트 2개
3   따뜻한 커피 1개와 아이스커피 1개, 햄버거세트 1개와 비프스테이크 1개
4   따뜻한 커피 2개와 햄버거세트 1개, 비프스테이크 1개

3番

会社で、女の人が男の人と話しています。男の人がこれからしなければならないことは何ですか。

F：これ、会議の前に20部ずつコピーしといてくれる？

M：はい、20部ですね。

F：あと、会議用のお弁当はもう届いた？

M：はい、もう届きましたが、会議室が使用中だったので、お弁当はまだこちらに置いてあります。

F：え、まだここに置いてあるの？じゃ、先に会議室に運んでちょうだい。

M：コピーはどうしますか。

F：コピーは誰か他の人に頼んで、あなたは会議室の準備をしくちょうだい。

M：はい、わかりました。

男の人がこれからしなければならないことは何ですか。

3번　정답 : 2

회사에서 여자가 남자와 이야기하고 있습니다. 남자가 지금부터 해야 할 것은 무엇입니까?

여: 이것, 회의 시작하기 전에 20부씩 복사해 놔 줄래?

남: 예, 20부 말이죠?

여: 그리고 회의용 도시락은 도착했어?

남: 예, 이미 도착했습니다만, 회의실이 사용 중이었기 때문에 도시락은 아직 이쪽에 놓아두었습니다.

여: 뭐라고, 아직 여기에 놓아두었다고? 그럼 먼저 회의실로 옮겨 줘.

남: 복사는 어떻게 할까요?

여: 복사는 누군가 다른 사람에게 부탁하고, 당신은 회의실 준비를 해 줘.

남: 예, 알겠습니다.

남자가 지금부터 해야 할 것은 무엇입니까?

1　도시락 주문을 한다.

2　도시락을 회의실로 옮긴다.

3　회의용 자료를 복사한다.

4　회의용 자료를 회의실로 옮긴다.

4 番

学校で男の人と女の人が話しています。男の人は最初に何をしますか。

M：あの、すみません。授業のことでお聞きしたいのですが。

F：はい、何でしょうか。

M：授業の時間が合わないので、他のクラスに変更するにはどうしたらいいでしょうか。

F：ネットで操作をしましたか。

M：はい、しましたが、うまく変更できませんでした。

F：用紙に担当教師のサインをもらいましたか。用紙はパソコンで学校のサイトからダウンロードして、プリントアウトします。

M：いいえ、まだです。先にサインが必要なんですか。

F：授業変更期間が過ぎたので、担当教師のサインが必要です。サインをもらってから

こちらに来^きてください。

M：はい、わかりました。どうもありがとうございました。

男^{おとこ}の人^{ひと}は最初^{さいしょ}に何^{なに}をしますか。

4번 정답:4

학교에서 남자와 여자가 이야기하고 있습니다. 남자는 처음에 무엇을 합니까?

남: 저, 실례합니다. 수업에 관한 일로 여쭤 보고 싶은데요.

여: 예, 뭐죠?

남: 수업 시간이 맞지 않아서 다른 클래스로 변경하려면 어떻게 하면 좋을까요?

여: 인터넷으로 신청을 했습니까?

남: 예, 했는데 잘 변경할 수 없었습니다.

여: 용지에 담당 교사의 사인을 받았습니까? 용지는 컴퓨터로 학교 사이트에서 다운로드해서 프린트를 합니다.

남: 아니오, 아직이요. 먼저 사인이 필요합니까?

여: 수업 변경 기간이 지났기 때문에 담당 교사의 사인이 필요합니다. 사인을 받고 나서 이쪽으로 와 주세요.

남: 예, 알겠습니다. 대단히 감사합니다.

남자는 처음에 무엇을 합니까?

1 인터넷으로 수업 변경 신청을 한다.

2 사무실에 온다.

3 담당 교사에게 사인을 받는다.

4 용지를 프린트한다.

5番^{ばん}

美容院^{びよういん}で男^{おとこ}の人^{ひと}と女^{おんな}の人^{ひと}が話^{はな}しています。女^{おんな}の人^{ひと}はこれから何^{なに}をしてもらいますか。

M：いらっしゃいませ。本日^{ほんじつ}はいかがなさいますか。

F：最近流行^{さいきんはや}りのあれ、ありますか？

M：流行^{はや}りのあれと言^いいますと？

F：あれよ、あれ！台湾式^{たいわんしき}シャンプーって言^いうのかしら、マッサージしながら洗^{あら}うやつ。

M : はい。ございますが。それでは先にブラッシングしてから、腕と肩のマッサージを致します。シャンプーはその後ですが、よろしいでしょうか。

F : わたし急いでるから、ブラッシングはけっこう。早くしてね。

M : はい、かしこまりました。

女の人はこれから何をしてもらいますか。

5번 정답 : 3

미장원에서 남자와 여자가 이야기하고 있습니다. 여자는 지금부터 무슨 서비스를 받겠습니까?

남: 어서 오세요. 오늘은 어떻게 하시겠습니까?

여: 최근 유행하는 그거, 있습니까?

남: 유행하는 그것이라고 말씀하시면?

여: 그거 있잖아요, 그거! 대만식 샴푸라고 했나요? 마사지하면서 감는 것.

남: 예. 있습니다만. 그럼 먼저 브러싱을 하고 나서 팔과 어깨 마사지를 하겠습니다. 샴푸는 그 후에 하는데 괜찮습니까?

여: 나 급하니까 브러싱은 됐어요. 빨리 해 주세요.

남: 예, 알겠습니다.

여자는 지금부터 무슨 서비스를 받겠습니까?

1   샴푸 서비스를 받는다.

2   브러싱 서비스를 받는다.

3   팔과 어깨 마사지 서비스를 받는다.

4   그것을 해 받는다.

6番

病院で女の人と男の人が話しています。男の人は先ず、何をしますか。

F : 田中さん、田中一郎さん、いらっしゃいますか。

M : はい、田中はわたしですが、何か？

F : これから検査をしますので、この順番のとおりに行ってくださいね。

M : はい、最初に身体測定で、次が視力検査で、その次がレントゲン、検尿と。

F : 最後にここに戻ってきてくださいね。トイレががまんできなかったら、先に検尿に
　　行ってもいいですよ。

M : はい、わかりました。体重が軽くなるかもしれないから、先に行きますね。

F : 男性でも体重を気にするんですね。

男の人は先ず、何をしますか。

6번　정답:1

병원에서 여자와 남자가 이야기하고 있습니다. 남자는 먼저 무엇을 하겠습니까?

여: 다나카 씨, 다나카 이치로 씨, 계십니까?

남: 예, 다나카는 전데요, 무슨 일이세요?

여: 지금부터 검사를 할 테니까 이 순서대로 가 주세요.

남: 예, 처음에 신체 측정이고, 다음이 시력 검사고, 그다음이 뢴트겐(엑스레이), 소변 검사라.

여: 마지막에 여기로 돌아와 주세요. 화장실을 참을 수 없으면 먼저 소변 검사를 해도 됩니다.

남: 예, 알겠습니다. 체중이 가벼워질지도 모르니까 먼저 가겠습니다.

여: 남자도 체중을 신경 쓰는군요.

남자는 먼저 무엇을 하겠습니까?

1　화장실에 간다.
2　신체 측정
3　시력 검사
4　뢴트겐

問題 2

問題 2 では、まず質問を聞いてください。そのあと、問題用紙を見てください。読む時間があります。それから話を聞いて、問題用紙の 1 から 4 の中から、最もよいものを一つえらんでください。

문제2에서는 먼저 질문을 들으세요. 그 후에 문제용지를 보세요. 읽을 시간이 있습니다. 그런 다음 이야기를 듣고 문제용지의 1에서 4 중에서 가장 적당한 것을 하나 고르세요.

例：

男の人が女の人と話しています。男の人は、パーティーはどうしてまあまあだと言いましたか。

M：昨日のパーティー、どうして来なかったの？

F：残業があったから。ところで、どうだった？楽しかった？

M：う～ん、まあまあだったよ。料理も飲み物もよかったよ。いろいろおもしろいイベントあったけどね。

F：ふ～ん、そうなんだ。でも、どうしてそれがまあまあなの？

M：君が来なかったから、寂しかったんだよ。

男の人は、パーティーはどうしてまあまあだと言いましたか。

1　女の人がパーティーに行かなかったから。

2　料理も飲み物もよかったから。

3　いろいろおもしろいイベントがあったから。

4　残業があったから。

정답：1

남자가 여자와 이야기하고 있습니다. 남자는 파티는 왜 별로라고 했습니까?

남: 어제 파티에 왜 안 온 거야?

여: 잔업이 있어서 못 갔어. 그런데 어땠어? 재미있었어?

남: 음~, 그저 그랬어. 요리도 음료수도 괜찮았어. 여러 가지 재미있는 이벤트도 있었지만.

여: 아~, 그랬구나. 그런데 왜 그게 별로야?

남: 네가 오지 않기 때문에 쓸쓸했던 거야.

남자는 파티는 왜 별로라고 했습니까?

1　여자가 파티에 가지 않았기 때문에

2　요리도 음료수도 괜찮았기 때문에

3　여러 가지 재미있는 이벤트가 있었기 때문에

4　잔업이 있었기 때문에

答えは 1 ですから、答えはこのように書きます。

정답은 1번이므로 이와 같이 적습니다.

1番

病院で医者と女の人が話しています。お腹が痛い原因は何ですか。

M : 今日はどうしましたか。

F : あの、お腹が痛いんです。

M : お腹だけですか。気持ち悪くないですか。

F : はい、胸もムカムカします。

M : 夕べ、お酒を飲みましたか。それとも何か悪い物を食べたとか。

F : お酒は少し飲みましたが、悪い物は食べていないと思います。

M : トイレにはよく行きますか。

F : いいえ、全然。そういえば、お腹の下の方が硬いです。昨日から出ていません
　　でした。

M : それじゃ、水をたくさん飲んでください。薬も出しておきますね。お大事に！

お腹が痛い原因は何ですか。

1번　정답:3

병원에서 의사와 여자가 이야기하고 있습니다. 배가 아픈 원인은 무엇입니까?

남: 오늘은 어떻게 오셨습니까?

여: 저, 배가 아파서요.

남: 배만 아픈가요? 속이 불편하지 않습니까?

여: 예, 가슴도 울렁울렁합니다.

남: 어젯밤에 술을 마셨습니까? 그렇지 않으면 안 좋은 것을 먹었다든가.

여: 술은 조금 마셨습니다만, 나쁜 것은 안 먹은 것 같습니다.

남: 화장실에는 자주 갑니까?

여: 아니오, 전혀요. 그러고 보니 배 아래쪽이 딱딱합니다. 어제부터 나오지 않았습니다.

남: 그럼 물을 많이 마시세요. 약도 조제해 두겠습니다. 몸조리하세요!

배가 아픈 원인은 무엇입니까?

1 어젯밤에 술을 마셨기 때문에

2 뭔가 나쁜 것을 먹었기 때문에

3 변비

4 물을 많이 마시지 않기 때문에

2番

店で女の人が男の人と話をしています。女の人は、どうして商品を返品しますか。

F：あの、これ昨日買った物なんですが、返品できますか。

M：はい、こちらに返品の理由をご記入ください。

F：何て書いたらいいかわからないんですが。

M：色、デザイン、サイズなどが合わないなどでけっこうです。

F：あ、そうですか。わたしはそのどれでもないんです。やっぱり靴って色やデザインではなくて、履いていて楽かどうかがポイントだと思うんです。恋人と一緒ですよね。

M：はあ、さようでございますか。

女の人は、どうして商品を返品しますか。

2번　정답:4

가게에서 여자가 남자와 이야기를 하고 있습니다. 여자는 왜 상품을 반품합니까?

여: 저, 이거 어제 산 것인데 반품할 수 있습니까?

남: 예, 이쪽에 반품 이유를 기입해 주세요.

여: 뭐라고 써야 좋을지 모르겠는데요.

남: 색깔, 디자인, 사이즈 같은 것이 맞지 않는다든가 하는 식으로 적으면 됩니다.

여: 아, 그렇습니까? 저는 그 어느 것도 아닙니다. 역시 구두란 색깔이나 디자인이 아니라, 신고 있으면 편한지 어떤지가 포인트라고 생각합니다. 애인과 같아요, 그쵸?

남: 아, 그렇습니까?

여자는 왜 상품을 반품합니까?

1 색깔이 마음에 들지 않기 때문에

2 디자인이 마음에 들지 않기 때문에

3 사이즈가 맞지 않기 때문에

4 걷기 힘들기 때문에

3 番^{ばん}

アルバイト先^{さき}で男^{おとこ}の人^{ひと}と女^{おんな}の人^{ひと}が話^{はな}しています。男^{おとこ}の人^{ひと}はどうして怒^{おこ}っていますか。

M：今^{いま}の客^{きゃく}、頭^{あたま}きた！

F：どうしたの？何^{なに}かあったの？

M：自分^{じぶん}が注文^{ちゅうもん}まちがえたくせに、人^{ひと}のせいにして怒鳴^{どな}るんだよ。

F：そうなんだ。ひどいね。運^{うん}が悪^{わる}かったんだよ。

M：注文^{ちゅうもん}まちがえた末^{すえ}に、だから今^{いま}の若者^{わかもの}は使^{つか}えないよなって、大声^{おおごえ}でみんなに聞^きこえるように言^いったんだよ。

F：自分^{じぶん}のミスを人^{ひと}のせいにする人^{ひと}って最低^{さいてい}よね。

男^{おとこ}の人^{ひと}はどうして怒^{おこ}っていますか。

3번 정답 : 2

아르바이트 하는 곳에서 남자와 여자가 이야기하고 있습니다. 남자는 왜 화를 냅니까?

남: 방금 왔던 손님 열받네!

여: 왜 그래? 무슨 일 있었어?

남: 자기가 주문을 잘못했으면서 남의 탓으로 돌리며 소리를 지르는 거야.

여: 그랬구나. 너무하네. 운이 나빴던 거야.

남: 주문을 잘못했으면서 그러니까 요즘 젊은이들은 안 되는 거야라며 큰 소리로 모든 사람들에게 들리도록 말한 거야.

여: 자신의 실수를 남의 탓으로 돌리는 사람이 제일 나쁜 사람이야.

남자는 왜 화를 냅니까?

1 자신이 실수를 했기 때문에

2 손님이 주문을 잘못했는데도 점원 탓으로 돌렸기 때문에

3 요즘 젊은이들은 안 된다고 말했기 때문에

4 큰 소리로 모든 사람들에게 들리도록 말했기 때문에

4番
<ruby>番<rt>ばん</rt></ruby>

<ruby>女<rt>おんな</rt></ruby>の<ruby>人<rt>ひと</rt></ruby>と<ruby>男<rt>おとこ</rt></ruby>の<ruby>人<rt>ひと</rt></ruby>が<ruby>話<rt>はな</rt></ruby>しています。<ruby>女<rt>おんな</rt></ruby>の<ruby>人<rt>ひと</rt></ruby>は<ruby>何<rt>なに</rt></ruby>がいちばん<ruby>悪<rt>わる</rt></ruby>いと<ruby>思<rt>おも</rt></ruby>っていますか。

F：ちょっと、<ruby>聞<rt>き</rt></ruby>いてよ！わたし、<ruby>彼氏<rt>かれし</rt></ruby>にデブ、ブスって<ruby>言<rt>い</rt></ruby>われて<ruby>振<rt>ふ</rt></ruby>られたの。

M：それはひどい！

F：ねえ、この<ruby>写真<rt>しゃしん</rt></ruby><ruby>見<rt>み</rt></ruby>て！これ2<ruby>年前<rt>ねんまえ</rt></ruby>のわたしなの。

M：え！どうして<ruby>今<rt>いま</rt></ruby>、こうなったの？<ruby>幸<rt>しあわ</rt></ruby>せ<ruby>太<rt>ぶと</rt></ruby>り？

F：かもしれない。だから、<ruby>彼<rt>かれ</rt></ruby>にデブ、ブスって<ruby>言<rt>い</rt></ruby>われてもしかたないなあと<ruby>思<rt>おも</rt></ruby>ったの。

M：そうなんだ。

F：<ruby>今<rt>いま</rt></ruby>はこんなになってしまった<ruby>自分<rt>じぶん</rt></ruby>が<ruby>悪<rt>わる</rt></ruby>いと<ruby>思<rt>おも</rt></ruby>って、<ruby>反省<rt>はんせい</rt></ruby>しているの。だからこれからわたしをケーキ<ruby>食<rt>た</rt></ruby>べ<ruby>放題<rt>ほうだい</rt></ruby>になんか<ruby>誘<rt>さそ</rt></ruby>わないでよね。<ruby>全部<rt>ぜんぶ</rt></ruby>、あなたのせいよ！

M：ええっ！

<ruby>女<rt>おんな</rt></ruby>の<ruby>人<rt>ひと</rt></ruby>は<ruby>何<rt>なに</rt></ruby>がいちばん<ruby>悪<rt>わる</rt></ruby>いと<ruby>思<rt>おも</rt></ruby>っていますか。

4번 정답:3
여자와 남자가 이야기하고 있습니다. 여자는 무엇이 가장 나쁘다고 생각하고 있습니까?

여: 잠깐 들어 봐! 나 남자친구한테 뚱보, 못생겼다는 소리를 듣고 차였어.

남: 너무하네!

여: 저기 말이야, 이 사진 봐! 이거 2년 전의 나야.

남: 정말! 어째서 지금, 이렇게 된 거야? 편해서 살찐 거야?

여: 그럴지도 몰라. 그러니까 그(남자친구)에게 뚱보라든가 못생겼다는 소리를 들어도 어쩔 수 없다고 생각했어.

남: 그랬구나.

여: 지금은 이렇게 되어 버린 자신이 나쁘다고 생각하고 반성하고 있어. 그러니까 앞으로 나를 케이크 뷔페 같은 데로 유혹하지 말아 줘! 전부 너 탓이야.

남: 뭐라고?

여자는 무엇이 가장 나쁘다고 생각하고 있습니까?

1 남자친구(사귀었던 애인)

2 자신

3 친구(그냥 남자인 친구)

4 케이크 뷔페

5番

男の人と女の人が話しています。男の人は何をいちばん喜んでいますか。

M：やった～。気分最高！

F：どうしたの？何かいいことあったの？

M：この間の写真コンテストに入選したんだ。

F：それはおめでとう！賞金はあるの？

M：賞金の金額はたいしたことないんだけど、尊敬しているカメラマンに会えるんだ。子どもの時からずっと会いたいと思ってたんだ。

F：へえ、そんなに好きだったんだ。

M：入選作品は彼が選んだんだよ。僕は彼に認められたんだ。それがいちばん嬉しいよ。

F：それはよかったわね。今度お祝いしましょう。

男の人は何をいちばん喜んでいますか

5번   정답:4

남자와 여자가 이야기하고 있습니다. 남자는 무엇을 가장 기뻐하고 있습니까?

남: 야호~. 기분 최고야!

여: 무슨 일이야? 뭐가 좋은 일 있었어?

남: 요전번의 사진 콘테스트에 입선했어.

여: 축하해! 상금은 있어?

남: 상금 금액은 얼마 안 되지만 존경하는 카메라맨을 만날 수 있어. 어릴 때부터 쭉 만나고 싶었어.

여: 와, 그렇게나 좋아했구나.

남: 입선 작품은 그가 고른 거야. 나는 그에게 인정받은 거야. 그게 가장 기뻐.

여: 그거 잘됐네. 다음에 축하파티 하자.

남자는 무엇을 가장 기뻐하고 있습니까?

1 사진 콘테스트에 입선한 것
2 상금을 받을 수 있는 것
3 존경하는 카메라맨을 만날 수 있는 것
4 존경하는 카메라맨이 (자신의) 작품을 고른 것

6番

女の人と男の人が話しています。男の人はどうして自宅では勉強できないと言っていますか。

F : ねえ、もうそろそろ家に帰ろうよ。

M : あともう少し勉強したら帰るよ。

F : なんで自分の家で勉強しないの？

M : 家だと、テレビを見たり、何か食べたりして勉強に集中できないよ。

F : 自分の部屋で勉強すればいいじゃない？

M : 自分の部屋だと、パソコンで遊んだり、すぐ寝ちゃったりするよ。

F : ほんとうはもっとわたしと一緒にいたいんでしょ？

M : もう帰ろうか。

男の人はどうして自宅では勉強できないと言っていますか。

6번　정답:1

여자와 남자가 이야기하고 있습니다. 남자는 왜 자기 집에서는 공부할 수 없다고 말하고 있습니까?

여: 저기 말이야, 이제 슬슬 집에 가자.

남: 조금만 더 공부하면 갈 거야.

여: 왜 자기 집에서 공부하지 않는 거야?

남: 집에서 하면 텔레비전을 보거나 뭔가 먹거나 해서 공부에 집중을 할 수 없어.

여: 자기 방에서 공부하면 되잖아?

남: 내 방에서 하면 컴퓨터로 놀거나 바로 자 버리거나 해.

여: 사실은 나와 함께 더 있고 싶은 거지?

남: 이제 갈까?

남자는 왜 자기 집에서는 공부할 수 없다고 말하고 있습니까?

1   집에서 공부하면 마음이 느긋해져 버리기 때문에

2   컴퓨터로 게임을 하기 때문에

3   그녀와 함께 있고 싶기 때문에

4   여러 가지 먹어서 살찌기 때문에

問題 3

問題 3 では、問題用紙に何もいんさつされていません。この問題は、ぜんたいとしてどんなないようかを聞く問題です。話の前に質問はありません。まず話を聞いてください。それから質問とせんたくしを聞いて、1 から 4 の中から、最もよいものを一つえらんでください。

문제3에서는 문제용지에 아무것도 인쇄되어 있지 않습니다. 이 문제는 전체적으로 어떤 내용인지를 묻는 문제입니다. 이야기 전에 질문은 없습니다. 먼저 이야기를 들으세요. 그런 다음 질문과 선택지를 듣고 1에서 4 중에서 가장 적당한 것을 하나 고르세요.

例 :

女の人と男の人が話しています。男の人は何がいちばんよかったと言っていますか。

F : 昨日のレストランのビュッフェ、よかったね。

M : 何がよかったの？

F : 料理も飲み物も種類が多くて、大満足だった。

M : そうなの？僕はやっぱり、インテリアが専門だから、料理よりそっちのほうに興味があるよ。僕も大満足だったよ。音楽もまあまあよかったしね。

F : インテリアねえ。

男の人は何がいちばんよかったと言っていますか。

1 料理の種類が多かったこと
2 飲み物の種類が多かったこと
3 インテリアがよかったこと
4 音楽がよかったこと

정답 : 3

여자와 남자가 이야기하고 있습니다. 남자는 무엇이 가장 좋았다고 말하고 있습니까?

여 : 어제 간 레스토랑 뷔페, 괜찮았어.

남 : 뭐가 좋았어?

여 : 요리도 음료수도 종류가 많아서 아주 만족했어.

남 : 그래? 난 역시 인테리어가 전문이니까 요리보다 그쪽에 흥미가 있어. 나도 아주 만족했어. 음악도 그럭저럭 좋았고.

여 : 인테리어 말이지.

남자는 무엇이 가장 좋았다고 말하고 있습니까?

1 요리 종류가 많았던 것
2 음료수 종류가 많았던 것
3 인테리어가 좋았던 것
4 음악이 좋았던 것

答えは 3 ですから、答えはこのように書きます。

정답은 3번이므로 이와 같이 적습니다.

1番

女の人と男の人が話しています。女の人はカフェの何がよかったと言っていますか。

F : ねえ、今日爬虫類カフェに行ってきたんだけど、爬虫類ってかわいいよね。

M : 爬虫類カフェ？そんなカフェがあるんだ。爬虫類を食べるの？

F : ううん、蛇とかカメレオンとかトカゲや亀なんかが見られるんだよ。

M : ふうん、それで何がそんなによかったの？犬みたいにうるさく鳴かないから？

F : ううん、そうじゃなくて、爬虫類って、怖そうに見えるけど、動きはのろいし、
まぬけな顔しているから、見ていると癒されるんだよね。

M : 動きが鈍くて、まぬけな顔？それで僕と一緒にいるの？

女の人はカフェの何がよかったと言っていますか。

1 爬虫類が食べられるから。

2 爬虫類はうるさく鳴かないから。

3 爬虫類を見ていると癒されるから。

4 爬虫類が彼氏に似ているから。

1번　정답:3

여자와 남자가 이야기하고 있습니다. 여자는 카페의 무엇이 좋았다고 합니까?

여: 저기 말이야, 오늘 파충류 카페에 다녀왔는데, 파충류는 귀여워 그치.

남: 파충류 카페라고? 그런 카페가 있구나. 파충류를 먹는 거야?

여: 아니, 뱀이라든가 카멜레온이라든가 도마뱀, 거북이 같은 것을 볼 수 있어.

남: 오~, 그래서 무엇이 그렇게 좋았어? 개처럼 시끄럽게 짖지 않아서?

여: 아니, 그게 아니라 파충류는 무섭게 보이지만 동작은 느리고, 멍한 얼굴을 하고 있기 때문에, 보고 있으면 힐링이 돼.

남: 동작이 둔하고 멍한 얼굴? 그래서 나랑 같이 있는 거야?

여자는 카페의 무엇이 좋았다고 합니까?

1 파충류를 먹을 수 있기 때문에

2 파충류는 시끄럽게 울지 않기 때문에

3 파충류를 보고 있으면 힐링이 되기 때문에

4 파충류가 남자친구와 비슷하기 때문에

2番

ニュースで女の人が話しています。女の人はこれからの社会はどうなると言っていますか。

F : ここ数年来、日本ではロボットがあちこちで見かけられるようになりました。デパ

ートの受付やホテルのフロントだけでなく、ロボットカフェまで出てきました。ロボットは各種外国語が話せるし、給料、ボーナスなどの心配もいりません。ロボットはすでに私たちの生活において、なくてはならないものになってきているのです。

女の人はこれからの社会はどうなると言っていますか。

1 これからはロボットが支配する時代だ。

2 ホテルのフロントは、みなロボットになる。

3 カフェでロボットが働くようになる。

4 ロボットは私たちの生活において重要なものとなる。

2번　정답 : 4

뉴스에서 여자가 이야기하고 있습니다. 여자는 앞으로의 사회는 어떻게 될 거라고 말하고 있습니까?

여 : 최근 수년 이래로 일본에서는 로봇을 여기저기서 볼 수 있게 되었습니다. 백화점의 안내소나 호텔의 프런트뿐만 아니라 로봇카페까지 등장했습니다. 로봇은 각종 외국어를 말할 수 있고, 급료, 보너스 등의 걱정도 필요 없습니다. 로봇은 이미 우리들의 생활에 있어서 없어서는 안 되게 되었습니다.

여자는 앞으로의 사회는 어떻게 될 거라고 말하고 있습니까?

1 앞으로는 로봇이 지배하는 시대다.

2 호텔 프런트는 모두 로봇이 된다.

3 카페에서 로봇이 일하게 된다.

4 로봇은 우리 생활에 있어서 중요하게 된다.

3番

男の人が話しています。何が大切だと言っていますか。

M : ここ数年、働く女性が増えたことから、彼女たちをターゲットとした高価な化粧品販売やエステサロンなどの業界が売り上げを伸ばしています。努力しなくても、高価な化粧品とマッサージで美しくなれるなら、こんなに楽なことはないでしょう。しかし現実は厳しく、楽して美しくなれるはずがないことをみなさんご存知のこと

と思います。化粧品とマッサージだけに頼らず、内面から輝ける自分の努力のほうが大切だとわたしは思います。

何が大切だと言っていますか。

1 楽をすること。
2 自分で努力すること。
3 高価な化粧品を使うこと。
4 エステサロンに通うこと。

3번　정답：2

남자가 이야기하고 있습니다. 무엇이 중요하다고 말하고 있습니까?

남：최근 수년, 일하는 여성이 증가함으로 인해 여성들을 대상으로 한 고가 화장품 판매나 에스테 살롱 등의 업계가 매상을 늘리고 있습니다. 노력하지 않아도 고가 화장품과 마사지로 아름다워질 수 있다면 이렇게 쉬운 것은 없을 겁니다. 그러나 현실은 가혹하여, 쉽게 아름다워질 수 있을 리가 없는 것을 여러분들 아실 겁니다. 화장품과 마사지에만 의존하지 않고 내면으로부터 빛날 수 있는 자신의 노력이 중요하다고 저는 생각합니다.

무엇이 중요하다고 말하고 있습니까?

1 (노력하지 않고) 쉽게 하는 것
2 자신이 노력하는 것
3 고가 화장품을 사용하는 것
4 에스테 살롱에 다니는 것

問題 4

問題 4 では、えを見ながら質問を聞いてください。やじるし（→）の人は何と言いますか。1 から 3 の中から、最もよいものを一つえらんでください。

문제4에서는 그림을 보면서 질문을 들으세요. 화살표(→)가 가리키는 사람은 뭐라고 말하겠습니까? 1에서 3 중에서 가장 적당한 것을 하나 고르세요.

例：
友だちが試験に合格しました。何と言いますか。

F : 1 またがんばればいいよ。

2 おめでとう。

3 ありがとう。

정답:2

친구가 시험에 합격했습니다. 뭐라고 말하겠습니까?

여: 1 다음에 열심히 하면 돼.
2 축하해.
3 고마워.

<ruby>答<rt>こた</rt></ruby>えは 2 ですから、<ruby>答<rt>こた</rt></ruby>えはこのように<ruby>書<rt>か</rt></ruby>きます。

정답은 2번이므로 이와 같이 적습니다.

1<ruby>番<rt>ばん</rt></ruby>

<ruby>店内<rt>てんない</rt></ruby>の<ruby>音楽<rt>おんがく</rt></ruby>がうるさいです。<ruby>何<rt>なん</rt></ruby>と<ruby>言<rt>い</rt></ruby>いますか。

M : 1 すみません。<ruby>音楽<rt>おんがく</rt></ruby>がにぎやかです。
2 すみません。<ruby>音楽<rt>おんがく</rt></ruby>のボリュームを<ruby>下<rt>さ</rt></ruby>げてもらえませんか。
3 すみません。<ruby>音楽<rt>おんがく</rt></ruby>のボリュームが<ruby>強<rt>つよ</rt></ruby>すぎます。

1번　정답:2

가게 내의 음악이 시끄럽습니다. 뭐라고 말하겠습니까?

남: 1 저기요, 음악이 시끌벅적합니다.
2 저기요. 음악 볼륨을 낮춰 주지 않겠습니까?
3 저기요. 음악 볼륨이 너무 강합니다.

2<ruby>番<rt>ばん</rt></ruby>

<ruby>税関<rt>ぜいかん</rt></ruby>で<ruby>荷物検査<rt>にもつけんさ</rt></ruby>をしています。<ruby>何<rt>なん</rt></ruby>と<ruby>言<rt>い</rt></ruby>いますか。

M : 1 お<ruby>荷物<rt>にもつ</rt></ruby>を<ruby>拝見<rt>はいけん</rt></ruby>させていただきます。
2 お<ruby>荷物<rt>にもつ</rt></ruby>を<ruby>ご覧<rt>らん</rt></ruby>にならせていただきます。
3 お<ruby>荷物<rt>にもつ</rt></ruby>を<ruby>ご覧<rt>らん</rt></ruby>ください。

2번　정답 : 1

세관에서 짐 검사를 하고 있습니다. 뭐라고 말하겠습니까?

남: 1　짐을 좀 보겠습니다.
　　2　짐을 보시겠습니다.
　　3　짐을 보십시오.

3 番

ここで煙草を吸わないように注意します。何と言いますか。

M：1　煙草はどうぞご遠慮なく。
　　2　煙草はご遠慮ください。
　　3　煙草は遠慮します。

3번　정답 : 2

여기서 담배를 피우지 않도록 주의를 줍니다. 뭐라고 말하겠습니까?

남: 1　담배는 사양 마시고 태우세요.
　　2　담배는 삼가 주세요.
　　3　담배는 사양하겠습니다.

4 番

秘書が社長に明日の予定を報告します。何と言いますか。

M：1　工場を見学することになっております。
　　2　工場を見学することにします。
　　3　工場を見学になります。

4번　정답 : 1

비서가 사장님에게 내일 예정을 보고합니다. 뭐라고 말하겠습니까?

남: 1　공장을 견학하기로 되어 있습니다.
　　2　공장을 견학하기로 하겠습니다.
　　3　공장을 견학이 됩니다.

問題 5

問題 5 では、問題用紙に何もいんさつされていません。まず文を聞いてください。それから、そのへんじを聞いて、1 から 3 の中から、最もよいものを一つえらんでください。

문제5에서는 문제용지에 아무것도 인쇄되어 있지 않습니다. 먼저 문장을 들으세요. 그런 다음 그 답을 듣고 1에서 3 중에서 가장 적당한 것을 하나 고르세요.

例:

F ：お待たせしてすみませんでした。

M ： 1　はい、たくさん待ちました。

　　2　はい、待たせました。

　　3　いいえ、わたしも今来たところです。

정답:3

여 : 기다리게 해서 죄송합니다.

남: 1　네, 많이 기다렸습니다.

　　2　네, 기다리게 했습니다.

　　3　아니오, 저도 지금 막 왔습니다.

答えは 3 ですから、答えはこのように書きます。

정답은 3번이므로 이와 같이 적습니다.

1 番

F ：お客様、お忘れ物でございます。

M ： 1　あ、けっこうです。

　　2　あ、どうもすみません。

　　3　あ、泥棒！

1번　정답:2

여 : 손님 분실물입니다.

310

남 : 1 아, 괜찮습니다.

　　2 아, 대단히 감사합니다.

　　3 아, 도둑놈!

2番
<ruby>番<rt>ばん</rt></ruby>

M : <ruby>最近<rt>さいきん</rt></ruby><ruby>仕事<rt>しごと</rt></ruby>が<ruby>忙<rt>いそが</rt></ruby>しくて、<ruby>寝不足気味<rt>ねぶそくぎみ</rt></ruby>なんだ。

F : 1 <ruby>体<rt>からだ</rt></ruby>に<ruby>気<rt>き</rt></ruby>をつけてね。

　　2 それはよかったね。

　　3 お<ruby>大事<rt>だいじ</rt></ruby>に。

2번　정답 : 1

남 : 최근 업무가 바빠서 잠이 부족한 것 같아.

여 : 1 몸조심해.

　　2 그거 잘됐네.

　　3 몸조리 잘하세요.

> 해설　본문의 남자가 하는 말은 동료에게 쓰는 말이므로 보통체인 1번으로 하는 것이 자연스
> 럽다. 3번은 존경체인 お<ruby>体<rt>からだ</rt></ruby>を<ruby>大切<rt>たいせつ</rt></ruby>になさってくださいね를 줄인 말이라고 생각하면
> 된다. 따라서 동료 사이에서는 부자연스럽다.

3番
<ruby>番<rt>ばん</rt></ruby>

F : <ruby>砂糖<rt>さとう</rt></ruby>はいかが<ruby>致<rt>いた</rt></ruby>しましょうか。

M : 1 はい、<ruby>致<rt>いた</rt></ruby>します。

　　2 はい、なさいます。

　　3 はい、お<ruby>願<rt>ねが</rt></ruby>いします。

3번　정답 : 3

여 : 설딩은 이떻게 할까요?

남 : 1 예, 하겠습니다.

　　2 예, 하십니다.

　　3 예, 부탁합니다.

4番

F : アンケートにご協力ください。

M：1　はい、お願いします。

　　 2　すみません。急いでいるので。

　　 3　はい、けっこうです。

4번　정답:2

여: 앙케트에 협력해 주세요.

남: 1　예, 부탁드립니다.

　　 2　죄송합니다. 급해서요.

　　 3　예, 괜찮습니다.

5番

M：今晩は冷えるらしいよ。

F : 1　えっ、冷たくなるんですか。

　　 2　えっ、寒くなるんですか。

　　 3　えっ、冷めるんですか。

5번　정답:2

남: 오늘밤은 쌀쌀할 것 같아.

여: 1　네? 차가워지는 거예요?

　　 2　네? 추워지는 거예요?

　　 3　네? 식는 거예요?

6番

F : 今は桜が見ごろですね。

M：1　ええ、とても美しいですね。

　　 2　ええ、とてもおいしいですね。

　　 3　ええ、残念ですね。

6번 정답:1

여 : 지금은 벚꽃이 절정이네요.

남 : 1 네, 아주 아름답군요.

　　2 네, 아주 맛있군요.

　　3 네, 아쉽군요.

7^{ばん}番

M : そのようなことは信^{しん}じかねます。

F : 1 そうですね。信^{しん}じますよね。

　　2 そうですね。信^{しん}じましょう。

　　3 そうですよね。信^{しん}じられませんよね。

7번 정답:3

남 : 그와 같은 일은 믿을 수 없습니다.

여 : 1 맞아요. 믿어요, 그쵸?
　　2 맞아요. 믿읍시다.
　　3 맞아요. 믿을 수 없어요, 그쵸?

8^{ばん}番

F : 飲酒運転^{いんしゅうんてん}はぜったいに許^{ゆる}すわけにはいきません。

M : 1 わたしもそうでしょう。

　　2 わたしもそう思^{おも}います。

　　3 わたしも許^{ゆる}します。

8번 정답:2

여 : 음주운전은 절대로 용서할 수 없습니다.

남 : 1 저도 그렇지요.
　　2 저도 그렇게 생각합니다.
　　3 저도 용서하겠습니다.

9番
<ruby>番<rt>ばん</rt></ruby>

M：<ruby>納豆<rt>なっとう</rt></ruby>が<ruby>食<rt>た</rt></ruby>べられないというわけでもない。

F：1　じゃ、<ruby>食<rt>た</rt></ruby>べないんですね。

　　2　じゃ、よく<ruby>食<rt>た</rt></ruby>べるんですね。

　　3　じゃ、<ruby>食<rt>た</rt></ruby>べられるんですね。

9번　정답:3

남 : 낫토를 못 먹는 것도 아니야.

여 :　1　그럼, 먹지 않겠네요.

　　　2　그럼 잘 먹는 거네요.

　　　3　그럼 먹을 수 있는 거네요.

N3

JLPT
실전 모의고사

제 3 회

언어지식(문자 · 어휘)
·
언어지식(문법) · 독해
·
청해

언어지식
(문자 · 어휘)

문제 1
1 (3)
2 (1)
3 (1)
4 (3)
5 (4)
6 (4)
7 (3)
8 (3)

문제 2
9 (1)
10 (4)
11 (2)
12 (1)
13 (3)
14 (4)

문제 3
15 (1)
16 (3)
17 (2)
18 (4)
19 (2)
20 (1)
21 (3)
22 (4)
23 (1)
24 (2)
25 (4)

문제 4
26 (1)
27 (4)
28 (2)
29 (3)
30 (4)

문제 5
31 (2)
32 (1)
33 (4)
34 (2)
35 (3)

언어지식
(문법) · 독해

문제 1
1 (3)
2 (2)
3 (3)
4 (1)
5 (2)
6 (1)
7 (3)
8 (4)
9 (4)
10 (3)
11 (2)
12 (1)
13 (2)

문제 2
14 (4)
15 (1)
16 (3)
17 (2)
18 (3)

문제 3
19 (2)
20 (3)
21 (4)
22 (1)
23 (4)

문제 4
24 (3)
25 (4)
26 (2)
27 (1)

문제 5
28 (4)
29 (2)
30 (4)
31 (1)
32 (2)
33 (3)

문제 6
34 (2)
35 (1)
36 (3)
37 (1)

문제 7
38 (4)
39 (4)

청해

문제 1
1 (4)
2 (2)
3 (1)
4 (2)
5 (4)
6 (1)

문제 2
1 (3)
2 (3)
3 (1)
4 (2)
5 (4)
6 (3)

문제 3
1 (2)
2 (1)
3 (4)

문제 4
1 (3)
2 (1)
3 (3)
4 (2)

문제 5
1 (3)
2 (2)
3 (1)
4 (3)
5 (2)
6 (1)
7 (3)
8 (3)
9 (2)

문제 1 ____의 단어를 읽는 방법으로 가장 알맞은 것을 1, 2, 3, 4 중에서 하나 고르세요.

1 　정답:3
언제가 시간이 괜찮은지요?
해설 都合 시간, (시간적인) 사정, 형편

2 　정답:1
두 사람은 언제부터 교제를 시작하셨습니까?
해설 交際 교제 | 国際 국제

3 　정답:1
저와 그는 싸움을 해도 금방 화해합니다.
해설 喧嘩 싸움 | 仲直り 화해

4 　정답:3
상대의 기분을 생각하는 것이 중요합니다.
해설 相手 상대 | 気持ち 기분, 마음

5 　정답:4
일본어능력시험의 신청은 언제까지입니까?
해설 申し込み 신청

6 　정답:4
일반적으로 일본인 여성은 화장을 잘한다.
해설 化粧 화장

7 　정답:3
나는 특매품을 찾는 것을 좋아합니다.
해설 特売品 특매품, 특별히 싼 값에 파는 상품

8 　정답:3
각지에서 인플루엔자가 유행하고 있으니까 조심하자.
해설 気をつける 조심하다

문제 2 _____의 단어를 한자로 쓸 때, 가장 알맞은 것을 1, 2, 3, 4 중에서 하나 고르세요.

9 정답:1

여행을 갈 때는 <u>갈아입을</u> 옷을 몇 벌 준비합니다.

해설 着替え 갈아입을 옷 | ～着: ～벌

10 정답:4

이 색깔은 저에게는 너무 <u>화려합니다</u>.

해설 ～すぎる: 지나치게 ～하다(접속은 동사ます형/형용사, 형용동사 어간)

11 정답:2

<u>수수한</u> 색깔의 옷만 입으면 기운이 없는 것처럼 보여요.

해설 ～そうだ: ～일 것 같다, ～해 보인다(동사ます형/형용사, 형용동사 어간+そうだ)

예외 ない → なさそうだ 없을 것 같다, 없어 보인다

よい, いい → よさそうだ 좋을 것 같다, 좋아 보인다

12 정답:1

너무 큰소리로 이야기하면 다른 손님에게 <u>민폐</u>입니다.

해설 あまり+긍정문: 너무 ～하다

あまり+부정문: 별로 ～하지 않다

13 정답:3

이 가게에서는 음료수 종류를 <u>마음대로</u> 마실 수 있습니다.

해설 동사 ます형+放題: 마음껏 ～하다

예 食べ放題 마음껏 먹음

14 정답:4

식비를 <u>절약하기</u> 위해 자신이 직접 도시락을 만듭니다.

해설 동사 기본형/명사の+ために: ～하기 위해 | 節制 절제 | 倹約 검약 | 省略 생략

문제 3 ( )에 들어갈 가장 알맞은 것을 1, 2, 3, 4 중에서 하나 고르세요.

15 정답:1

그 남자 모델은 키가 크고, 늠름하기 때문에 여자들에게 (인기가 있다).

해설 もてる (이성에게) 인기가 있다 | もたれる 의지하다 | 羨ましい 부럽다 | 気に入る 마음에 들다

16 정답:3

여성은 자주 (눈썹)을 면도해서 모양을 다듬습니다.

해설 剃る 깎다, 면도하다 | 整える 가지런히 하다 | まぶた 눈꺼풀 | まつげ 속눈썹 |
まゆ毛 눈썹 | ひげ 수염

17 정답:2

(드라이어)로 머리를 말리는 것은 귀찮습니다.

해설 乾かす 말리다

18 정답:4

이 가게는 요리도 맛있고, (분위기)도 좋아서 자주 옵니다.

해설 情緒 정서 | 気持ち 기분, 마음 | 気分 기분 | 雰囲気 분위기

19 정답:2

인기 가게는 늘 (행렬)이 생긴다.

해설 並ぶ 줄서다 | 行列 행렬 | 配列 배열 | 大勢 많은 사람, 여럿

20 정답:1

이 가게는 밥도 된장국도 (리필)이 자유입니다.

해설 お代わり 같은 음식을 다시 더 먹음, 리필

21 정답:3

우대권이 있어서 식비는 (무료)가 되었습니다.

해설 ただ 무료, 공짜

22 정답:4

위스키를 (물을 타)서 마십니다.

해설 水割り 물을 타서 묽게 함

23 정답:1

와인 (안주)로 치즈가 잘 어울립니다.

해설 おつまみ 마른 안주 | おかず 반찬 | 総菜 반찬, 나물 | スナック 스낵

24 정답:2

다 같이 술을 마시고 (분위기가 고조되어) 즐거워 보입니다.

해설 溢す 엎지르다 | 盛り上がる (소리, 기세, 흥취 등이) 높아지다 | 溢れる 넘치다 |
吐く 토하다

25 정답:4

식사가 끝났으니 (계산)을 부탁드립니다.

해설 済^すむ 끝나다, 해결되다 | おつり 잔돈, 거스름돈 | 割^わり 勘^{かん} 더치페이 | お勘定^{かんじょう} 계산, 셈 | レジ 금전출납 (담당), 레지스터

문제 4 ____에 의미가 가장 가까운 것을 1, 2, 3, 4 중에서 하나 고르세요.

26 정답:1

오늘은 제가 한턱내겠습니다.

해설 奢^{おご}る 한턱내다 | 払^{はら}う 내다, 지불하다 | もらう 받다 | あげる (내가 남에게) 주다 | くれる (남이 나에게) 주다

27 정답:4

아이돌이 드라마를 촬영하고 있어서 떠들썩합니다.

해설 騒^{さわ}がしい 시끄럽다, 소란스럽다 | 騒々^{そうぞう}しい 시끄럽다, 떠들썩하다

28 정답:2

바퀴벌레는 모든 사람들로부터 미움 받고 있습니다.

해설 嫌^{いや}がる 싫어하다 | 嫌^{きら}いだ 싫어하다 | 嫌^{きら}われる 미움 받다, 밉보이다 | 振^ふられる 차이다, 퇴짜 맞다 | 好^すかれる 사랑받다, 호감을 사다

29 정답:3

그는 언제나 게임에 몰두하면 식사도 잊습니다.

해설 あこがれる 동경하다 | 好^すきになる 좋아하게 되다 | 熱中^{ねっちゅう}する 열중하다 | 気^きになる 걱정되다

30 정답:4

나갈 준비는 다 되었습니까.

해설 計画^{けいかく} 계획 | 行^ゆき先^{さき} 행선지 | 選択^{せんたく} 선택 | 準備^{じゅんび} 준비

문제 5   다음 단어의 사용법으로 가장 알맞은 것을 1, 2, 3, 4 중에서 하나 고르세요.

31 정답:2 사귀다, 교제하다

1 한 개 사면 한 개 서비스로 <u>사귑니다.</u> [つきあいます → つきます(딸려 옵니다)]

2 저 두 사람은 벌써 5년간이나 <u>사귀고</u> 있답니다.

3 A세트에는 드링크와 디저트가 <u>사귑니다.</u> [つきあいます → つきます(포함됩니다)]

4 이 개는 저의 뒤를 <u>사귑니다.</u> [つきあいます → ついてきます(따라옵니다)]

> 해설 付く 붙다 | ついてくる 따라오다 |
>
> 보통체+そうです: <전문> ～라고 합니다, ～랍(답)니다

32 정답:1 동경하다

1 누나는 아이돌을 <u>동경해서</u> 늘 텔레비전만 봅니다.

2 버스가 오는 것을 계속 <u>동경하고</u> 있습니다. [あこがれています → まっています(기다리고 있습니다)]

3 아름다운 별이 빛나는 하늘을 <u>동경하여</u> 홋카이도까지 왔습니다. [～をあこがれて → ～にあこがれて(～을 동경하여)]

4 스포츠카를 <u>동경하여</u> 항상 사진을 찍고 있습니다. [~をあこがれて → ～にあこがれて(～을 동경하여)]

> 해설 待つ 기다리다 | ～ばかり: ～만

33 정답:4 끼다

1 나는 밤에 잘 때도 양말을 <u>끼고</u> 있습니다. [はめています → はいています(신고 있습니다)]

2 오토바이를 탈 때는 헬멧을 <u>낍시다.</u> [はめましょう→かぶりましょう(씁시다)]

3 면접을 볼 때는 넥타이를 <u>끼는</u> 게 좋습니다. [はめた→しめた(매는)]

4 마이너스 10도의 세계에서는 장갑을 <u>끼지</u> 않으면 동상에 걸립니다.

> 해설 はく 신다 | かぶる (덮어) 쓰다 | 締める 매다 | ～ないと: ～하지 않으면

34 정답:2 어울리다

1 다음 주 토요일은 <u>어울리지</u> 않습니다. [にあいません→あえません(만날 수 없습니다)]

2 그 모자 잘 <u>어울리네요.</u>

3 그 구두 사이즈는 딱 <u>어울립니다</u> [にあいます→あっています(맞습니다)]

4 지금의 일은 나에게 <u>어울립니다.</u> [にあっています→あっています(적합합니다)]

> 해설 会える 만날 수 있다 | ちょうど 마침, 딱
>
> 3은 '사이즈가 맞다'라는 의미이므로 合う, 4는 '적합하다'라는 의미이므로 合う가
> 되어야 한다.

35 정답:3 마음에 들다

1 저는 내일 시험이 <u>마음에 듭니다.</u> [きにいります→きになります(걱정됩니다)]

2 거기에 강아지가 있는 것을 <u>마음에 들었습니다.</u> [きにいりました→きがつきました(알아차렸습니다)]

3 저는 첫눈에 이 스웨터가 <u>마음에 들었습니다.</u>

4 그는 점에서 흉(나쁜 괘)이 나온 것을 계속 <u>마음에 듭니다.</u> [きにいっています→きにしています(신경 쓰고 있습니다)]

해설 気になる 걱정되다 | 気が付く 알아차리다, 깨닫다 | 気にする 신경 쓰다 |
一目 첫눈, 한번(잠깐) 봄

문제 1 다음 문장의 (   )에 들어갈 가장 알맞은 것을 1, 2, 3, 4 중에서 하나 고르세요.

1 정답 : 3

그는 아무리 추(워도) 반소매 옷을 입고 있습니다.

해설 いくら~て(で)も: 아무리 ~하더라도 | 半袖 반소매

2 정답 : 2

내일은 시험인데도 그는 공부(하지 않고) 놀고 있다.

해설 동사 ない형+ずに(=ないで): ~하지 않고(단, する는 せ+ずに)

3 정답 : 3

그녀는 50세(치고는) 젊게 보인다.

해설 ~にしては: ~치고는

4 정답 : 1

그는 일본 대표(로서) 올림픽에 출장한다.

해설 ~として: <입장, 자격> ~로서

5 정답 : 2

일기예보에 의하면 오늘은 비가 올 (것)이다.

해설 ~はずだ: <강한 추측> ~할 것이다

6 정답 : 1

어릴 때는 밖에서 자주 놀(곤 했다).

해설 ~ただものだ: <과거 회상> ~하곤 했다

7 정답 : 3

피곤했기 때문에 침대에 눕(자마자) 자 버렸다.

해설 ~たとたん: ~하자마자 | ~てしまう: ~해 버리다

8 정답 : 4

화장실에 가 있(는 사이에) 지진이 일어났다.

해설 ~ている最中に: 한창 ~하고 있는 중에

9 정답 : 4

그 여배우는 피부가 깨끗하기 때문에 맨얼굴 (그대로) 충분히 아름답다.

해설 명사+のまま: ~채(그대로)

10 정답:3

그와는 작년 11월에 만난 (이후)로, 연락이 없습니다.

> 해설 ～たきり: ～한 뒤로(후로)

> *뒤에는 주로 부정 표현이나 좋지 않은 결과가 뒤따른다.

11 정답:2

이 책상은 무거우니까 누군가에게 옮기는 것을 거들어 (받고 싶다).

> 해설 ～てもらう: ～해 받다(～해 주었으면 한다)

12 정답:1

그는 상황이 좋지 않으면 바로 (자는) 척한다.

> 해설 ～ふりをする: ～하는 체(척)하다

13 정답:2

다나카 씨는 나의 생일에 케이크를 만들어 (주었다).

> 해설 ～てくれる: (남이 나에게) ～해 주다

문제 2 　 다음 문장의 ★에 들어갈 가장 알맞은 것을 1, 2, 3, 4 중에서 하나 고르세요.

例: ^{れい}

정답: 1

> 원문 どれ が あなた の かばん ですか。
>

어느 것이 당신의 가방입니까?
올바른 순서는 4213입니다. ★의 자리에 들어갈 내용은 1이므로 정답은 1입니다.

14 정답:4(3241)

> 원문 この 問題^{もんだい} は いくら 考^{かんが}えても わからない。
> ★

이 문제는 아무리 생각해도 모르겠다.

15 정답:1(2413)

> 원문 もし 彼^{かれ}が 犯人^{はんにん}だ としたら 目的^{もくてき}は 何^{なん}だろう。
> ★

만약 그가 범인이라고 한다면 목적은 무엇일까?

16 정답 : 3(1432)

원문 わたしは もともと 講演会には 行かない つもりでした。
★

저는 원래 강연회에는 가지 않을 생각이었습니다.

17 정답 : 2(1423)

원문 わたしは 日本へ 行く たびに ラーメン屋に 必ず 行きます。
★

저는 일본에 갈 때마다 라면 가게에 반드시 갑니다.

18 정답 : 3(1432)

원문 父はよく トイレの スリッパを はいた まま 出てくる。
★

아버지는 자주 화장실의 슬리퍼를 신은 채 나온다.

문제 3　다음 글을 읽고 문장 전체의 내용을 생각해서, **19** ~ **23** 에 들어갈 가장 적당한 것을 1, 2, 3, 4 중에서 하나 고르세요.

> 일본에서는 저출산 고령화가 심각한 문제(**19** : 로 되어 있습니다). 그 때문에 일하는 사람이 적어지고, 어떤 호텔에서는 직원을 로봇으로 했습니다. 호텔 접수나 청소, 룸서비스 등은 모두 로봇의 일입니다. 로봇은 외국어도 능숙하게 말할 수 있고, 일하는 시간이 길어도 불만도 말하지 않고 급료도 필요 없습니다. (**20** : 그래서) 이 호텔 사장은 이 로봇 직원이 있는 호텔을 늘리(**21** : 기로 했다)고 합니다. 현재 이 호텔은 매우 인기가 있어서 방을 예약하는 것은 매우 어렵습니다. 만약 기회가 (**22** : 있으면) 저도 숙박하며 로봇 서비스를 받아 보고 싶습니다. 여러분들은 로봇 직원이 있는 호텔에 머물고 싶습니까? (**23** - a : 인간 직원 서비스)와 (**23** - b : 로봇 직원 서비스) 중 어느 쪽이 좋은지, 비교해 보는 것도 재미있을지도 모르겠네요.

해설　少子高齢化 저출산 고령화 | ~にする: <결정 선택> ~로 (정)하다 | 掃除 청소 | 文句 불만 | 増やす 늘리다 | 泊まる 숙박하다, 묵다 | 比べる 비교하다 | ~てみる: ~해 보다

19 정답 : 2

1 가 되었습니다.　　2 로 되어 있습니다.　　　　3 로 했습니다.　　4 로 하고 있습니다.

20 정답 : 3

1 그리고　　　　2 그다음에　　　　　3 그래서　　　4 게다가

21 정답 : 4

1 게 된다.　　　　2 게 되었다.　　　　3 기도 한다.　　4 기로 했다.

22 정답:1

1 있으면　　　　2 ×(현재는 쓰지 않는 표현)　　3 있으면　　　　4 있으면

해설 1의 ～たら는 행동이나 상황이 충족되었다고 가정을 하는 것이다. 3과 4의 ～と는 'A 하면 반드시 B한다'라는 필연의 결과를 나타내는 표현이므로 맞지 않다.

23 정답:4

1　a 외국인 직원 서비스 / b 일본인 직원 서비스
2　a 외국인 직원 서비스 / b 로봇 직원 서비스
3　a 인간 직원 서비스 / b 외국인 직원 서비스
4　a 인간 직원 서비스 / b 로봇 직원 서비스

문제 4　다음 (1)~(4) 글을 읽고, 질문에 답하세요. 답은 1, 2, 3, 4 중에서 가장 알맞은 것을 하나 고르세요.

(1)

최근, 바쁜 사람들을 위해 택배 보관함이라고 하는 것이 설치되게 되었습니다. 지금까지의 택배는 집에 없어서 짐을 받을 수 없는 경우에는 전화를 하고 나서, 다시 배달을 의뢰하는 것이 성가셨습니다만, 이 택배 사물함은 자신이 편한 시간에 찾으러 갈 수가 있습니다. 이 택배 보관함은 24시간 영업하는 빨래방이나 자전거 두는 곳에 있기 때문에 매우 편리하다고 해서 평이 좋습니다. 택배 보관함을 설치함에 따라 택배 회사는 배달을 하지 않아도 되니까 경비 절약도 되고, 이용자 입장에서도 편리한 서비스이므로 이것이야말로 윈윈(win-win)의 결과라고도 할 수 있겠지요.

해설 ～のために: ～을 위해 | 宅配ロッカー 택배 보관함 | 荷物 짐 | 受け取る 수취하다, 받다 | 場合 경우 | ~ことができる: ～할 수 있다 | コインランドリー 코인 빨래방 | 置き場 물건 따위를 두는 곳 | ~なくてもいい: ～하지 않아도 된다

24 정답:3

택배 보관함에 대해서 이 글을 쓴 사람은 어떻게 생각하고 있는가?
1　수취하는 것이 성가시다.
2　전화를 하고 나서 찾으러 가는 것이 성가시다.
3　편한 시간에 찾으러 갈 수 있기 때문에 편리하다.
4　자전거 주차장에 있기 때문에 편리하다.

(2)

　　최근 수년, 전국 각지에서 무인 버스 운전이 시작되었습니다. 지금까지 승객이 적어, 노선이 없어진 지방에서 무인 버스 운전이 시작되었다고 합니다. 무인 버스는 컴퓨터에 의해 컨트롤되고 있어서 사람이 있으면 자동으로 정차합니다. 또 버스에는 감시카메라도 달려 있어서 뭔가 발생했을 때는 바로 대응하는 것도 가능합니다. 앞으로는 이와 같은 버스가 계속 늘어갈지도 모릅니다.

　　해설 종지형+そうです: ～라고 합니다 | ～によって: ～에 의해 | ～かもしれません: ～일
　　　　　지도 모릅니다

25 **정답: 4**
　　무인 버스에 대해서 이 글을 쓴 사람은 어떻게 생각하고 있는가?
　　1　무인 버스는 컴퓨터에 의해 컨트롤되고 있어서 편리하다.
　　2　무인 버스는 사람이 있으면 자동으로 정차하는 것이 좋다.
　　3　무인 버스는 감시카메라도 달려 있으므로 뭔가 발생했을 때는 대응할 수 있다.
　　4　무인 버스는 앞으로 늘어간다.

(3)

　　새해를 맞이하여 전국 각지에서 <다루마 시장>이 시작되었습니다. <다루마>는 일본인이 소원을 빌 때에 자주 사용하는 빨갛고 둥근 종이로 된 인형입니다. 선거 때나 입학 시험 때 자주 볼 수 있습니다. 일반적으로는 처음에 왼쪽 눈을 검게 칠하면서 소원을 외칩니다. 그리고 그 소원이 이루어졌을 때 오른쪽 눈을 검게 칠합니다. 양쪽 눈이 검게 된 <다루마>는 절에 가지고 가서 태웁니다. 다루마를 태우는 날은 대개 1월 15일로, 이것을 <돈도야키>라고 합니다. 다 함께 떡 등을 구워 먹으면 1년 내내 건강하다고 믿고 있습니다.

　　해설 願い事 소원, 원하는 일 | 塗る 칠하다 | ～ながら: ～하면서 | 唱える (큰소리로) 외치
　　　　　다, 주장하다 | 焼く 굽다, 태우다

26 **정답: 2**
　　이 뉴스에 대해서 맞는 것은 어느 것인가?
　　1　다루마의 눈은 처음에 오른쪽 눈을 검게 칠한다.
　　2　다루마의 눈은 처음에 왼쪽 눈을 검게 칠한다.
　　3　다루마를 태우고 먹는 떡은 맛있다.
　　4　일본에서는 다루마를 구워서 먹는 습관이 있다.

(4)

　　앞으로는 채혈하지 않아도 머리카락을 검사하면 병을 알 수 있게 된다고 합니다. 현재, 머리카락 데이터를 모아서 병이 있는지 없는지를 알 수 있도록 하는 연구가 추진되고 있습니다. 우선 건강한 사람과 병든 사람의 머리카락을 모아 데이터화해서 머리카락의 성분을 조사한다고 합니다. 이 데이터에 의해, 1년간의 몸의 변화에 대해서도 알 수 있으므로 앞으로의 연구 성과가 기대되고 있습니다.

해설 採血 채혈, 피를 뽑음 | 가능동사+ようになる: ～할 수 있게 되다 | 進める 추진하다 |
～によって: ～에 의해 | ～について: ～에 대해서

27 정답 : 1

<머리카락의 데이터>에 대해서 맞는 것은 어느 것인가?

1 머리카락을 조사하면 병을 알 수 있게 된다.

2 머리카락의 데이터에 의해, 앞으로의 몸의 변화를 알 수 있다.

3 건강한 사람의 머리카락을 병든 사람에게 주면 건강해진다.

4 연구의 성과에 따라 무슨 병인지 알 수 있게 되었다.

문제 5   다음 (1)~(2) 글을 읽고, 질문에 답하세요. 답은 1, 2, 3, 4 중에서 가장 알맞은 것을
하나 고르세요.

(1)

　　세상에서는 ①오해를 산 다이어트 방법이 많은 것 같다. 예를 들면 고기는 살찌니까 먹어서는 안 된다든가, 운동 후에는 칼로리가 흡수되기 쉽기 때문에 아무것도 먹지 않는 편이 좋다든가, 물만 많이 마시면 좋다든가 하는 이야기다. 물을 많이 마시는 것은 나쁜 것은 아니지만 물만 마시면 ②영양실조가 되어 버린다. 또한 오히려 물렁살이 되어 버릴지도 모른다. 홀쭉한 발을 동경하는 여성이 많지만 실은 홀쭉한 발은 근육 부족의 염려가 있다. 그것도 노화의 하나로서 <근육 감소>가 있기 때문이다. 고령자를 자세히 보면 모두 발이 홀쭉하다는 것을 알게 될 것이다. 그것은 노화 현상의 하나다. 근육을 유지하려면 고기를 먹는 것이 좋다고 한다. 물론 대장암이 될 만큼 먹을 필요는 없지만, 근육을 유지할 수 있을 정도의 적당한 고기를 먹을 필요가 있다. 또 운동 후에 아무것도 먹지 않으면 근육이 감소한다고 한다. 운동 후에 가장 좋은 것은 단백질을 섭취하는 것이라고 한다. ③다이어트라고 하면 살을 빼는 것만이라고 생각하는 것 같은데 단지 날씬한 것뿐만 아니라 적당한 근육이 붙은 건강한 몸을 생각하는 편이 더욱 중요할 것이다.

해설 ～ないほうがいい: ～하지 않는 편이 좋다 | かえって 오히려 | 筋肉 근육 | 恐れ 염려
| 減少 감소 | 気づく 알아차리다, 깨닫다 | 維持 유지 | ～である: ～(이)다 | ～という
うと: ～라고 하면 | 痩せる 여위다, 살이 빠지다

28 정답 : 4

①오해를 산 다이어트 방법에 대해서, 이 글을 쓴 사람은 어떻게 생각하고 있는가?

1 고기는 살찌니까 먹으면 안 된다.

2 운동 후에는 칼로리가 흡수되기 쉽기 때문에 아무것도 먹지 않는 편이 좋다.

3 물만 많이 마시면 좋다.

4 <근육 감소>는 노화 현상의 하나다.

29 정답:2

②<u>영양실조가 되어 버린다</u>고 했는데 어째서인가?

1 물을 많이 마시기 때문에

2 물만 마시고 다른 것을 먹지 않기 때문에

3 적당히 고기를 먹기 때문에

4 운동 후에 아무것도 먹지 않기 때문에

30 정답:4

③<u>다이어트라고 하면 살을 빼는 것만이라고 생각하는 것 같다</u>고 쓰여 있는데, 이 문장을 쓴 사람은 무엇이 중요하다고 말하고 있는가?

1 날씬하면 날씬할수록 아름답다.

2 발은 홀쭉하면 홀쭉할수록 좋다.

3 단백질을 섭취하는 것이 중요하다.

4 근육이 붙은 건강한 몸이 중요하다.

제
3
회

(2)

　전차나 지하철, 버스 안 등에서 큰소리로 이야기하거나 ①<u>화장을 하거나 하는 사람</u>을 자주 본다. 여러분들은 어떻게 생각하는가. 움직이는 차내에서 화장을 하는 여자의 기술에는 놀랄 만한 것이 있다. 그녀들의 기술에 넋을 잃고 보는 경우도 자주 있다. 그러므로 화장을 하고 있는 사람들은 ②<u>큰소리로 이야기하는 사람들</u>보다는 남들에게 폐를 끼치고 있지 않은 것이 아닌가 하고 생각한다. 한편 차 안에서 큰소리로 이야기하는 사람들은 다른 사람들에게 크게 폐를 끼치고 있는데도 전혀 자각이 없는 경우가 많다. 직접 주의를 주는 것은 어려우므로 뭔가 좋은 방법은 없을까 하고 항상 생각하고 있다. 이와 같은 매너는 아이가 어렸을 때부터 부모가 가르쳐야 하는 것일지도 모르지만, 지금의 부모들은 자신들의 매너가 되어 있지 않기 때문에, ③<u>계속 매너가 나쁜 사람이 증가해 갈 것</u>이라고 생각한다.

> 해설　大声 큰소리 | 化粧 화장 | ～てしまう:～해 버리다 | 迷惑をかける 폐를 끼치다 |
> まったく 전혀, 정말로 | ～べきだ:～해야 한다

31 정답:1

차 안에서 ①<u>화장을 하거나 하는 사람</u>에 대해서, 이 글을 쓴 사람은 어떻게 생각하고 있는가?

1 그 기술은 훌륭하다고 생각하고 있다.

2 큰소리로 이야기하는 사람들보다 민폐다.

3 전혀 자각이 없는 것은 너무하다고 생각하고 있다.

4 직접 주의를 주는 것은 어렵다고 생각하고 있다.

32 정답 : 2

②큰소리로 이야기하는 사람들에 대해서, 이 글을 쓴 사람은 어떻게 생각하고 있는가?

1 목소리가 커서 훌륭하다고 생각하고 있다.

2 차 안에서 화장을 하는 사람들보다 민폐다.

3 큰소리로 이야기하는 사람들이나 화장을 하는 사람들이나 민폐의 정도는 비슷하다.

4 부모들은 자신들의 매너가 되어 있지 않기 때문에, 아이들은 큰소리로 이야기한다고 생각하고 있다.

33 정답 : 3

왜 작가는 ③계속 매너가 나쁜 사람이 증가해 갈 것이라고 생각하는가?

1 타인에게 크게 폐를 끼치고 있는데도 전혀 자각이 없기 때문에

2 직접 주의를 주는 것은 어렵지만 달리 좋은 방법을 찾을 수 없기 때문에

3 아이가 어렸을 때부터 부모가 매너를 제대로 가르치지 않기 때문에

4 지금의 부모들은 자신들의 매너가 좋기 때문에

문제 6 다음 글을 읽고 질문에 답하세요. 답은 1, 2, 3, 4 중에서 가장 알맞은 것을 하나 고르세요.

지금 단술이 유행하고 있습니다. ①단술 매출이 최근 6년간 5배나 성장했다고 합니다. 그 이유로 들 수 있는 것이 건강 지향입니다. 단술에는 비타민B1, 비타민B2, 비타민B6, 식물 섬유나 각종 아미노산, 그리고 대량의 포도당이 포함되어 있으므로 ②마시는 링거 주사라고도 불리고 있으며, 단술을 마시는 것만으로도 많은 효과를 기대할 수 있다고 합니다. 단술은 예전으로 거슬러 올라가면 <일본서기>라고 하는 책에도 기록이 있고, 헤이안시대에는 귀족들이 여름에 차게 해서 마시고, 에도시대에는 일반적으로 마시게 되었다고 합니다. 현재는 단술은 생강 맛, 바나나 맛, 두유, 말차, 코코아, 에스프레소, 대나무 숯 등 여러 가지 맛을 즐길 수 있습니다. 또 분말 형태로 된 것은 토스트에 바르거나 된장국에 넣을 수도 있으므로 인기가 있습니다. 다이어트, 미용 효과 등이 있다고 하는 단술은 ③앞으로도 인기가 계속될 것 같습니다. 여러분들도 새로운 감각의 단술을 한번 시도해 보는 것은 어떠신지요? 지금까지와는 다른 신선한 맛을 즐길 수 있습니다.

> **해설** ブーム 붐, 유행 | 売り上げ 매상, 매출 | 挙げる (손/예를) 들다 | 含まれる 포함되다 | 冷やす 식히다, 차게 하다 | 江戸時代 에도시대

34 정답 : 2

① 단술 매출이 최근 6년간 5배나 성장했다고 했는데 어째서인가?

1 유행하고 있기 때문에

2 몸에 좋은 음료수이기 때문에

3 <일본서기>라고 하는 책에도 기록이 있기 때문에

4 헤이안시대에는 귀족들이 마셨기 때문에

35 정답 : 1

②<u>마시는 링거 주사라고 하는데 어째서인가?</u>

1 단술에는 많은 비타민이나 대량의 포도당이 포함되어 있기 때문에

2 단술을 마시는 것만으로도 효과를 기대할 수 있기 때문에

3 헤이안시대부터 마셨기 때문에

4 에도시대에 일반적으로 마시게 되었기 때문에

36 정답 : 3

③<u>앞으로도 인기가 계속될 것 같습니다</u>라고 쓰여 있는데 어째서인가?

1 여러 가지 맛을 즐길 수 있기 때문에

2 분말 형태는 인기가 있기 때문에

3 다이어트, 미용 효과가 있다고 하기 때문에

4 새로운 감각의 단술이기 때문에

37 정답 : 1

이 글을 쓴 사람은 단술을 즐기려면 어떻게 하면 좋다고 말하고 있는가?

1 새로운 감각의 단술을 한번 시도해 보는 게 좋다.

2 신선한 단술이 좋다.

3 지금까지와는 다른 신선한 맛이 좋다.

4 뜨거운 단술과 차가운 단술 양쪽을 모두 마시는 편이 좋다.

문제 7　　오른쪽 페이지는 런치세트 메뉴입니다. 다음 문장을 읽고 아래의 질문에 답하세요. 답
　　　　은 1, 2, 3, 4 중에서 가장 알맞은 것을 하나 고르세요.

　　스즈키 씨는 이 가게에서 점심을 먹으려고 생각하고 있습니다. 두 사람의 예산은 각각 1000엔 이내입니다. 스즈키 씨는 해물 요리 알레르기가 있어서, 해물이 든 요리는 먹을 수 없습니다. 스즈키 씨의 친구인 다나카 씨는 밀가루 알레르기가 있습니다.

요리	가격	재료
① 튀김 덮밥	1000엔	새우, 야채, 밀가루
② 장어 덮밥	1500엔	장어, 쌀
③ 돈가스 덮밥	800엔	돼지고기, 밀가루

④ 닭고기 덮밥	700엔	닭고기, 계란
⑤ 해물 덮밥	1000엔	해물, 쌀
⑥ 튀김 우동	900엔	새우, 야채, 밀가루

※ 주의
우동 국물은 가다랑어포로 맛을 낸 국물을 사용하고 있습니다. 해물류 알레르기가 있는 분은 주의해 주세요.

38 **정답 : 4**

스즈키 씨가 먹을 수 있는 메뉴는 어느 것인가?

1 ① 또는 ③
2 ① 또는 ⑥
3 ② 또는 ⑤
4 ③ 또는 ④

39 **정답 : 4**

다나카 씨가 먹을 수 있는 메뉴는 어느 것인가?

1 ① 또는 ③
2 ② 또는 ④
3 ② 또는 ⑤
4 ④ 또는 ⑤

問題 1

問題 1 では、まず質問を聞いてください。それから話を聞いて、問題用紙
の 1 から 4 の中から、最も良いものを一つ選んでください。

문제1에서는 먼저 질문을 들으세요. 그리고 이야기를 듣고 문제용지의 1에서 4 중에서 가장 적당한 것을 하나
고르세요.

例:

男の人と女の人が話しています。男の人は何時に家を出ますか。

M：パーティーは 7 時からだから、6 時半に出れば間に合うよね。

F：ここから 30 分で着くからね。

M：あっ、でも夜は道路が込むから、早めに出たほうがいいかな。

F：じゃ、6 時に出る？わたし、買い物したいから、5 時に出てもいい？

M：そうなの？じゃ、僕も一緒に行くよ。

男の人は何時に家を出ますか。

1　　5 時

2　　6 時

3　　6 時半

4　　7 時

정답:1

남자와 여자가 이야기하고 있습니다. 남자는 몇 시에 집을 나오겠습니까?

남: 파티는 7시부터니까 6시 반에 나가면 시간에 맞출 수 있겠지.

여: 여기서 30분이면 도착하니까.

남: 아 하지만 밤에는 도로가 붐비니까 일찌감치 나가는 게 좋겠네.

여: 그럼, 6시에 나갈까? 난, 쇼핑하고 싶으니까 5시에 나가도 돼?

남: 그래? 그럼 나도 같이 갈게.

남자는 몇 시에 집을 나오겠습니까?

1　5시

2　6시

3　6시 반

4　7시

答<ruby>こた<rt></rt></ruby>えは 1 ですから、答<ruby>こた<rt></rt></ruby>えはこのように書<ruby>か<rt></rt></ruby>きます。

정답은 1번이므로 이와 같이 적습니다.

1 <ruby>番<rt>ばん</rt></ruby>

<ruby>美容院<rt>びようゐん</rt></ruby>で<ruby>女<rt>おんな</rt></ruby>の<ruby>人<rt>ひと</rt></ruby>が<ruby>美容師<rt>びようし</rt></ruby>と<ruby>話<rt>はな</rt></ruby>しています。<ruby>女<rt>おんな</rt></ruby>の<ruby>人<rt>ひと</rt></ruby>の<ruby>髪型<rt>かみがた</rt></ruby>はどうなりますか。

M：いらっしゃいませ。<ruby>今日<rt>きょう</rt></ruby>はいかがなさいますか。

F　：<ruby>今日<rt>きょう</rt></ruby>はカットをお<ruby>願<rt>ねが</rt></ruby>いします。あの、このような<ruby>髪型<rt>かみがた</rt></ruby>にしたいんですが。

M：こちらだと、パーマもかかっておりますが。

F　：じゃ、パーマもお<ruby>願<rt>ねが</rt></ruby>いします。

M：<ruby>前髪<rt>まえがみ</rt></ruby>をそろえて、<ruby>髪<rt>かみ</rt></ruby>の<ruby>長<rt>なが</rt></ruby>さは<ruby>肩<rt>かた</rt></ruby>より<ruby>少<rt>すこ</rt></ruby>し<ruby>長<rt>なが</rt></ruby>いくらいでしょうか。

F　：はい、<ruby>前髪<rt>まえがみ</rt></ruby>は<ruby>眉<rt>まゆ</rt></ruby>が<ruby>隠<rt>かく</rt></ruby>れるくらいの<ruby>長<rt>なが</rt></ruby>さでお<ruby>願<rt>ねが</rt></ruby>いします。

M：パーマは<ruby>全体的<rt>ぜんたいてき</rt></ruby>にかけてよろしいですね。

F　：はい、それでお<ruby>願<rt>ねが</rt></ruby>いします。

<ruby>女<rt>おんな</rt></ruby>の<ruby>人<rt>ひと</rt></ruby>の<ruby>髪型<rt>かみがた</rt></ruby>はどうなりますか。

1번　정답：4

미장원에서 여자가 미용사와 이야기하고 있습니다. 여자의 머리 모양은 어떻게 되겠습니까?

남: 어서 오세요. 오늘은 어떻게 하시겠습니까?

여: 오늘은 커트를 부탁드립니다. 저, 이런 헤어스타일로 하고 싶습니다만.

남: 이런 스타일이라면 파마도 해야 합니다만.

여: 그럼, 파마도 부탁합니다.

남: 앞머리를 가지런히 하고, 머리 길이는 어깨보다 조금 긴 정도로 하면 될까요?

여: 예. 앞머리는 눈썹을 가릴 정도의 길이로 부탁합니다.

남: 파마는 전체적으로 말아도 되지요.

여: 예, 그렇게 부탁드리겠습니다.

여자의 머리 모양은 어떻게 되겠습니까?

2番
かいしゃ おんな ひと おとこ ひと はな ぼうねんかいかいじょう き
会社で女の人と男の人が話しています。忘年会会場はどこに決めましたか。

F : 今年の忘年会会場どこにしようか。

M : 駅前の居酒屋でいいんじゃない？

F : それだと、安すぎて、みんな怒るよ。

M : えっ、安いと怒るの？

F : だって、一年に一回だけの忘年会じゃない？少しはお金を使ってもいいかなってみんな思ってるんじゃない？

M : そうかなあ。僕は安いほうがいいけど。じゃ、駅前通りのイタリアンはどうかな？ワインもあるし。その隣りの韓国料理屋もいいよ。

F ： そうだね。それもいいけど、駅西口のロシア料理はどう？ウェイターもハンサムだ
し、ウェイトレスも美人だよ。

M ： 美人とハンサムじゃ、みんなそっちばかり見ていて、話ができないよ。

F ： そうだね。じゃあ、ワインが楽しめる店にしよう。

忘年会会場はどこに決めましたか。

2번 정답：2

회사에서 여자와 남자가 이야기하고 있습니다. 망년회 장소는 어디로 결정했습니까?

여: 올해 망년회 장소는 어디로 할까?

남: 역 앞에 있는 이자카야로 하면 되지 않을까?

여: 거기로 하면 너무 싸서 모두 화낼 거야.

남: 뭐? 싸면 화낸다고?

여: 하지만, 1년에 한 번뿐인 망년회잖아. 조금은 돈을 써도 괜찮다고 모두 생각하지 않겠어?

남: 그런가. 난 싼 게 좋은데. 그럼 역 앞에 있는 이탈리안 레스토랑은 어떨까? 와인도 있고. 그 옆에
있는 한국 요리 가게도 괜찮아.

여: 그러네. 그것도 괜찮지만 역 서쪽 출구에 있는 러시아 요리는 어때? 웨이터도 잘생겼고 웨이트
리스도 미인이야.

남: 미인과 잘생긴 사람만 있으면 모두 그쪽만 쳐다봐서 이야기가 안 돼.

여: 그렇겠네. 그럼 와인을 즐길 수 있는 가게로 하자.

망년회 장소는 어디로 결정했습니까?

1 역 앞에 있는 이자카야

2 역 앞에 있는 이탈리안 레스토랑

3 한국 요리 가게

4 역 서쪽 출구의 러시아 요리

3番

学校で、男の人が女の人と話しています。二人はどの授業を取りますか。

M ： どの授業取るか決めた？

F ： ううん、まだ。

M：できるだけ楽な先生がいいよ。人気のＡ先生や楽なＢ先生の授業なんてどう？

F：何言ってるのよ？いくら楽でも、何も得るものがなかったら意味がないじゃない？

M：それもそうだけど。あまり厳しすぎて、役に立たないのも意味ないよ。

F：役に立たないものはないと思うけど。有名なＣ先生の授業はどうかな？

M：Ｃ先生は有名な先生だけど、いつも何言っているかわからなくて、眠くなるだけだよ。

F：そっか。Ｄ先生は？Ｄ先生の授業、おもしろいって評判だよ。

M：その時間は、体育の授業があるよ。

F：じゃあ、この授業しかないわね。

二人はどの授業を取りますか。

3번　정답:1

학교에서 남자가 여자와 이야기하고 있습니다. 두 사람은 어느 수업을 신청하겠습니까?

남: 어느 수업 신청할 건지 정했어?

여: 아니, 아직 정하지 않았어.

남: 가능한 한 편한 선생님이 좋지 그치? 인기 있는 A선생님이나 편한 B선생님의 수업 같은 건 어때?

여: 무슨 소리 하는 거야. 아무리 편해도 아무것도 얻는 것이 없다면 의미가 없잖아?

남: 그것도 그렇지만. 너무 엄해서 도움이 안 되는 것도 의미 없어.

여: 도움이 안 되는 것은 없다고 생각하지만. 유명한 C선생님의 수업은 어떨까?

남: C선생님은 유명하지만 항상 무슨 말을 하는지 몰라서 졸리기만 해.

여: 그렇구나. D선생님은? D선생님의 수업은 재미있다는 평판이야.

남: 그 시간은 체육수업이 있어.

여: 그럼, 이 수업밖에 없네.

두 사람은 어느 수업을 신청하겠습니까?

1　A선생님의 수업

2　B선생님의 수업

3　C선생님의 수업

4　D선생님의 수업

4 番^{ばん}

<ruby>男<rt>おとこ</rt></ruby>の<ruby>人<rt>ひと</rt></ruby>と<ruby>女<rt>おんな</rt></ruby>の<ruby>人<rt>ひと</rt></ruby>が<ruby>話<rt>はな</rt></ruby>しています。どの<ruby>車<rt>くるま</rt></ruby>に<ruby>決<rt>き</rt></ruby>めましたか。

M : <ruby>新車<rt>しんしゃ</rt></ruby>の<ruby>色<rt>いろ</rt></ruby>、<ruby>僕<rt>ぼく</rt></ruby>は<ruby>黒<rt>くろ</rt></ruby>がいいと<ruby>思<rt>おも</rt></ruby>うけど、<ruby>君<rt>きみ</rt></ruby>はどう<ruby>思<rt>おも</rt></ruby>う？

F : え、<ruby>黒<rt>くろ</rt></ruby>？<ruby>黒<rt>くろ</rt></ruby>って<ruby>平凡<rt>へいぼん</rt></ruby>じゃない？<ruby>私<rt>わたし</rt></ruby>はシルバーがいいなあ。

M : シルバー？なんか、<ruby>若者<rt>わかもの</rt></ruby>らしくない<ruby>色<rt>いろ</rt></ruby>だな。

F : じゃあ、<ruby>赤<rt>あか</rt></ruby>は？

M : <ruby>赤<rt>あか</rt></ruby>？<ruby>赤<rt>あか</rt></ruby>い<ruby>車<rt>くるま</rt></ruby><ruby>運転<rt>うんてん</rt></ruby>している<ruby>人<rt>ひと</rt></ruby>って、<ruby>性格悪<rt>せいかくわる</rt></ruby>そう。

F : そうなの？じゃあ、<ruby>白<rt>しろ</rt></ruby>は？

M : <ruby>白<rt>しろ</rt></ruby>は<ruby>汚<rt>よご</rt></ruby>れやすいからなあ。やっぱり、<ruby>君<rt>きみ</rt></ruby>の<ruby>好<rt>す</rt></ruby>きな<ruby>色<rt>いろ</rt></ruby>にしよう。

F : <ruby>赤<rt>あか</rt></ruby>？

M : そうじゃなくて、もういっぽうの<ruby>色<rt>いろ</rt></ruby>。

どの<ruby>車<rt>くるま</rt></ruby>に<ruby>決<rt>き</rt></ruby>めましたか。

4번　정답：2

남자와 여자가 이야기하고 있습니다. 어느 차로 결정했습니까?

남: 새 차 색깔, 난 검은색이 좋다고 생각하는데 넌 어떻게 생각해?

여: 뭐라고? 검은색이라고? 검은색은 평범하지 않아? 나는 실버가 좋아.

남: 실버라고? 뭔가 젊은 사람답지 않은 색깔이야.

여: 그럼 빨간색은?

남: 빨간색이라고? 빨간 차 운전하는 사람은 성격이 나쁜 것 같아.

여: 그래? 그럼 흰색은?

남: 흰색은 때타기 쉬우니까. 역시 네가 좋아하는 색깔로 하자.

여: 빨간색?

남: 그게 아니고, 또 다른 한쪽의 색깔.

어느 차로 결정했습니까?

1 검은색

2 실버

3 빨간색

4 흰색

5番

女の人と男の人が話しています。男の人はクリスマスをどこで過ごしますか。

F：クリスマスの予定、決めた？

M：ううん、まだだけど。

F：レストランは早くしないと予約取れなくなっちゃうよ。

M：クリスマスにレストラン行くと高いよ。

F：じゃ、何するつもり？映画？コンサート？それとも外でデート？

M：外は寒いからなあ。

F：それって、もしかして、節約？それとも面倒だから？

男の人はクリスマスをどこで過ごしますか。

5번　정답:4

여자와 남자가 이야기하고 있습니다. 남자는 크리스마스를 어디서 보내겠습니까?

여: 크리스마스 때 뭐 할 건지 정했어?

남: 아니, 아직 안 정했는데.

여: 레스토랑은 일찍 정하지 않으면 예약을 잡을 수 없게 되어 버려.

남: 크리스마스 때 레스토랑에 가면 비싸.

여: 그럼, 뭐 할 건데? 영화? 콘서트? 그렇지 않으면 밖에서 데이트?

남: 밖은 추우니까.

여: 그럼, 혹시 절약하려고? 그게 아니면 귀찮아서?

남자는 크리스마스를 어디서 보내겠습니까?

1　레스토랑

2　영화관

3　콘서트

4　집

6番

男の人が女の人と話しています。旅行はどこに決めましたか。

M : 旅行どこ行こうか？

F : 私は九州に行って、九州新幹線に乗りたいなあ。

M : 九州新幹線？そんなにいいの？僕は東北地方がいいなあ。東北新幹線は北海道まで行けるよ。北海道に行ったら、おいしいカニがたくさん食べられるよ。

F : それもいいけど、わたし蟹アレルギーなの。

M : そうなんだ。じゃあ、日本海側はどう？雪が見られるよ。

F : 寒いのは嫌。

M : じゃあ、四国は？四国なら九州より小さいから、いろいろなところに行けるよ。

F : 四国は新幹線がないじゃない？わたしは新幹線に乗りたいの。

M : しかたないなあ。

旅行はどこに決めましたか。

6번　정답 : 1

남자가 여자와 이야기하고 있습니다. 여행은 어디로 결정했습니까?

남: 여행은 어디로 갈까?

여: 난 규슈에 가서 규슈 신칸센을 타고 싶어.

남: 규슈 신칸센? 그렇게 좋아? 나는 도호쿠 지방이 좋은데. 도호쿠 신칸센은 홋카이도까지 갈 수 있어. 홋카이도에 가면 맛있는 게를 많이 먹을 수 있어.

여: 그것도 좋지만 난 게 알레르기가 있어.

남: 그렇구나. 그럼 일본해 쪽은 어때? 눈을 볼 수 있어.

여: 추운 건 싫어.

남: 그럼 시코쿠는? 시코쿠라면 규슈보다 작으니까 여러 곳에 갈 수 있어.

여: 시코쿠는 신칸센이 없지 않아? 난 신칸센을 타고 싶어.

남: 어쩔 수 없네.

여행은 어디로 결정했습니까?

1　규슈
2　도호쿠 지방
3　홋카이도
4　시코쿠

問題 2

問題 2 では、まず質問を聞いてください。そのあと、問題用紙を見てください。読む時間があります。それから話を聞いて、問題用紙の 1 から 4 の中から、最もよいものを一つえらんでください。

문제2에서는 먼저 질문을 들으세요. 그 후에 문제용지를 보세요. 읽을 시간이 있습니다. 그런 다음 이야기를 듣고 문제용지의 1에서 4 중에서 가장 적당한 것을 하나 고르세요.

例:

男の人が女の人と話しています。男の人は、パーティーはどうしてまあまあだと言いましたか。

M：昨日のパーティー、どうして来なかったの？

F：残業があったから。ところで、どうだった？楽しかった？

M：う～ん、まあまあだったよ。料理も飲み物もよかったよ。いろいろおもしろいイベントあったけどね。

F：ふ～ん、そうなんだ。でも、どうしてそれがまあまあなの？

M：君が来なかったから、寂しかったんだよ。

男の人は、パーティーはどうしてまあまあだと言いましたか。

1　女の人がパーティーに行かなかったから。
2　料理も飲み物もよかったから。
3　いろいろおもしろいイベントがあったから。
4　残業があったから。

정답:1

남자가 여자와 이야기하고 있습니다. 남자는 파티는 왜 별로라고 했습니까?

남: 어제 파티에 왜 안 온 거야?

여: 잔업이 있어서 못 갔어. 그런데 어땠어? 재미있었어?

남: 음~, 그저 그랬어. 요리도 음료수도 괜찮았어. 여러 가지 재미있는 이벤트도 있었지만.

여: 아~, 그랬구나. 그런데 왜 그게 별로야?

남: 네가 오지 않았기 때문에 쓸쓸했던 거야.

남자는 파티는 왜 별로라고 했습니까?

1　여자가 파티에 가지 않았기 때문에

2　요리도 음료수도 괜찮았기 때문에

3　여러 가지 재미있는 이벤트가 있었기 때문에

4　잔업이 있었기 때문에

答えは 1 ですから、答えはこのように書きます。

정답은 1번이므로 이와 같이 적습니다.

1 番

男の人と女の人が話しています。男の人は何を怒っていますか。

M：今思い出しても、ムカムカするよ。

F：どうしたの？

M：電車すごく混んでてさ。

F：足でも踏まれたの？

M：そんなのよくあることだよ。出入り口のところでスマホしている奴が降りなくて。

F：それで、どうしたの？

M：降ろしてくださいって言っているのに、全然聞いてなくて、そのうち中から降りる人が僕の背中を押すんだよ。

F：出入り口に立っている時くらい、スマホいじるのやめればいいのにね。

M：ほんと、理解できない。

男の人は何を怒っていますか。

1번　정답 : 3

남자와 여자가 이야기하고 있습니다. 남자는 무엇을 화내고 있습니까?

남: 지금 생각해도 열받아.

여: 왜 그래?

남: 전차가 엄청 붐벼서 말이야.

여: 발이라도 밟혔어?

남: 그런 건 자주 있는 일이야. 출구 쪽에서 스마트폰을 하고 있는 녀석이 내리지 않아서.

여: 그래서 어떻게 했어?

남: 내리게 해 달라고 말하는 데도 전혀 듣지 않고, 그러는 사이에 안쪽에서 내릴 사람이 내 등을 미는 거야.

여: 출입구 쪽에 서 있을 때만큼은 스마트폰을 하지 않으면 좋을 텐데.

남: 정말이야, 이해할 수 없어.

남자는 무엇을 화내고 있습니까?

1 전차가 붐볐기 때문에

2 발을 밟혔기 때문에

3 스마트폰을 하는 사람이 출구에 서서 움직이지 않았기 때문에

4 전차를 내릴 때 누군가가 등을 밀었기 때문에

2 番
<ruby>番<rt>ばん</rt></ruby>

<ruby>女<rt>おんな</rt></ruby>の<ruby>人<rt>ひと</rt></ruby>と<ruby>男<rt>おとこ</rt></ruby>の<ruby>人<rt>ひと</rt></ruby>が<ruby>話<rt>はな</rt></ruby>しています。どうすると<ruby>料理<rt>りょうり</rt></ruby>はおいしくなると<ruby>言<rt>い</rt></ruby>っていますか。

F : ここの<ruby>料理<rt>りょうり</rt></ruby>、<ruby>味<rt>あじ</rt></ruby>が<ruby>薄<rt>うす</rt></ruby>いんだよね。もっとおいしくなる<ruby>方法<rt>ほうほう</rt></ruby>があるんだよ。

M : どうするの？<ruby>胡椒<rt>こしょう</rt></ruby><ruby>入<rt>い</rt></ruby>れるとか？

F : ううん。こうやって、<ruby>七味唐辛子<rt>しちみとうがらし</rt></ruby>を<ruby>入<rt>い</rt></ruby>れて、<ruby>葱<rt>ねぎ</rt></ruby>も<ruby>入<rt>い</rt></ruby>れるの。

M : これに<ruby>大蒜<rt>にんにく</rt></ruby>を<ruby>入<rt>い</rt></ruby>れたらどう？

F : え〜、<ruby>変<rt>へん</rt></ruby>な<ruby>味<rt>あじ</rt></ruby>になっちゃうよ。

M : そうかな。やってみよう

F : どう？おいしい？

M : おいしい〜。ちょっと<ruby>食<rt>た</rt></ruby>べてみなよ。

F : これは<ruby>新<rt>あら</rt></ruby>たな<ruby>発見<rt>はっけん</rt></ruby>ね！

どうすると<ruby>料理<rt>りょうり</rt></ruby>はおいしくなると<ruby>言<rt>い</rt></ruby>っていますか。

2번　정답:3

여자와 남자가 이야기하고 있습니다. 어떻게 하면 요리가 맛있어진다고 말하고 있습니까?

여: 여기 요리, 맛이 싱겁지. 더 맛있게 하는 방법이 있는데 말이야.

남: 어떻게 하는데? 후추를 넣는다든가?

여: 아니, 이렇게 해서 시치미 고춧가루를 넣고 파도 넣는 거야.

남: 여기에 마늘을 넣으면 어때?

여: 에이, 이상한 맛이 되어 버려.

남: 그럴까? 해 보자.

여: 어때? 맛있어?

남: 맛있어~. 좀 먹어 봐.

여: 이건 새로운 발견이네.

어떻게 하면 요리가 맛있어진다고 말하고 있습니까?

1　시치미 고춧가루를 넣는다.

2　시치미 고춧가루와 파를 넣는다.

3　시치미 고춧가루와 파와 마늘을 넣는다.

4　후추를 넣는다.

3番

男の人と女の人が話しています。男の人は何を間違えましたか。

M : すみません。操作をまちがえてしまいました。

F : 何をまちがえたんですか。

M : 片道切符を買おうと思ったのに、間違えて往復切符を買ってしまいました。

F : 片道切符ですね。あれ、これは子ども料金になっていますよ。

M : あ、それも間違えてしまいました。

F : 大人一人、片道切符のボタンはこう押します。

M : はい、わかりました。どうもありがとうございました。

男の人は何を間違えましたか。

3번   정답:1

남자와 여자가 이야기하고 있습니다. 남자는 무엇을 잘못했습니까?

남: 저기요, 조작을 잘못해 버렸습니다.

여: 무엇을 잘못했나요?

남: 편도 표를 사려고 했는데 잘못해서 왕복 표를 사 버렸습니다.

여: 편도 표 말이죠. 어, 이것은 어린이 요금으로 되어 있네요.

남: 아, 그것도 잘못해 버렸어요.

여: 어른 한 명, 편도 표 버튼은 이렇게 누릅니다.

남: 예, 알겠습니다. 대단히 감사합니다.

남자는 무엇을 잘못했습니까?

1   왕복 표로 어린이용 표를 사 버렸다.
2   편도 표로 어린이용 표를 사 버렸다.
3   왕복 표로 어른용 표를 사 버렸다.
4   편도 표로 어른용 표를 사 버렸다.

4 番

女の人と男の人が話しています。女の人はどうして明日会社を休みますか。

F : 申し訳ありませんが、明日休ませていただけないでしょうか。

M : どうしたの？急に。どこか悪いの？

F : いえ、わたしではなくて犬が。

M : 犬が？犬が病気で会社を休むのかい？

F : 実は、家に誰もいなくて犬だけがいるのですが、その犬がお腹を壊してしまって、家中に糞をするんです。それで困ってしまって。

M : それは困ったね。臭いでしょ。衛生的じゃないし。

F : はい。薬を飲ませても治らないので、明日病院へ連れて行きたいんです。

M : わかった。休んでいいよ。

女の人はどうして明日会社を休みますか。

4번   정답 : 2

여자와 남자가 이야기하고 있습니다. 여자는 왜 내일 회사를 쉽니까?

여: 죄송합니다만 내일 쉬게 해 주실 수 없겠는지요?

남: 왜? 갑자기. 어딘가 안 좋아?

여: 아뇨, 제가 아니라 개가.

남: 개가? 개가 아파서 회사를 쉰다는 거야?

여: 실은 집에 아무도 없고 개만 있는데, 그 개가 배탈이 나서 온 집 안에 똥을 싸서요. 그래서 난처해서.

남: 그거 곤란하겠군. 냄새나지? 위생적이지 않고.

여: 예, 약을 먹여도 낫지 않아서 내일 병원에 데리고 가고 싶어서요.

남: 알았네. 쉬어도 좋아.

여자는 왜 내일 회사를 쉽니까?

1   배가 아프기 때문에

2   개의 상태가 좋지 않기 때문에

3   개가 온 집 안에 똥을 싸서 냄새가 나기 때문에

4   집을 청소하기 위해서

5番

男の人と女の人が話しています。女の人はどうしてけがをしましたか。

M : どうしたの？そのけが。

F : 階段で転んじゃって。

M : え、階段で転んでぶつけたの？

F : そうじゃなくて、転びそうになって木の枝をつかんだら、その枝が折れてけがをしたの。

M : 木の枝が折れて、刺さったの？

F : そう。

M : その木、かわいそうだね。

女の人はどうしてけがをしましたか。

5번　정답:4

남자와 여자가 이야기하고 있습니다. 여자는 왜 다쳤습니까?

남: 어떻게 된 거야? 그 상처.

여: 계단에서 넘어져서.

남: 뭐라고? 계단에서 넘어져서?

여: 그게 아니라 넘어질 뻔해서 나뭇가지를 잡았더니 그 가지가 부러져서 다친 거야.

남: 나뭇가지가 부러져서 찔린 거야?

여: 응.

남: 그 나무, 불쌍하네.

여자는 왜 다쳤습니까?

1 계단에서 넘어졌기 때문에
2 나뭇가지가 부러졌기 때문에
3 계단에 나뭇가지가 있었기 때문에
4 잡은 나뭇가지가 부러져서 찔렸기 때문에

6番

女の人と男の人が話しています。風邪を予防するにはどうするといいと言っていますか。

F : また、風邪ひいたの？

M : うん。鼻水も咳も出てつらいよ。

F : 家に帰ったら、うがいしてる？

M : うん、してるよ。

F : 手もちゃんと洗ってるの？

M : 洗っているよ。

F : じゃあ、あれね。よく笑わないからよ。

M : えっ、笑わない？よく笑うと風邪をひかないの？

F : 笑うことによって、免疫力が高まるんだって。

M : へえ、知らなかった。バカは風邪をひかないって言うのかと思ったよ。

F : 何よ、それ！

風邪を予防するにはどうするといいと言っていますか。

6번　정답 : 3

여자와 남자가 이야기하고 있습니다. 감기를 예방하려면 어떻게 하면 된다고 합니까?

여: 또 감기 걸렸어?

남: 응. 콧물도 나고 기침도 나서 괴로워.

여: 집에 가면 가글하고 있어?

남: 응, 하고 있어.

여: 손도 제대로 씻고 있어?

남: 씻고 있어.

여: 그럼, 그거네. 잘 웃지 않기 때문이야.

남: 뭐? 웃지 않는다고? 잘 웃으면 감기 걸리지 않는 거야?

여: 웃으면 면역력이 높아진대.

남: 그래? 몰랐네. 바보는 감기 걸리지 않는다고 말하는 줄 알았어.

여: 무슨 소리야, 그건.

감기를 예방하려면 어떻게 하면 된다고 합니까?

1　가글을 한다.

2　손을 씻는다.

3　잘 웃는다.

4　바보가 된다.

問題 3

問題 3 では、問題用紙に何もいんさつされていません。この問題は、ぜんたいとしてどんなないようかを聞く問題です。話の前に質問はありません。まず話を聞いてください。それから質問とせんたくしを聞いて、1 から 4 の中から、最もよいものを一つえらんでください。

문제3에서는 문제용지에 아무것도 인쇄되어 있지 않습니다. 이 문제는 전체적으로 어떤 내용인지를 묻는 문제입니다. 이야기 전에 질문은 없습니다. 먼저 이야기를 들으세요. 그런 다음 질문과 선택지를 듣고 1에서 4 중에서 가장 적당한 것을 하나 고르세요.

例：

女の人と男の人が話しています。男の人は何がいちばんよかったと言っていますか。

F ： 昨日のレストランのビュッフェ、よかったね。

M ： 何がよかったの？

F ： 料理も飲み物も種類が多くて、大満足だった。

M ： そうなの？僕はやっぱり、インテリアが専門だから、料理よりそっちのほうに興味があるよ。僕も大満足だったよ。音楽もまあまあよかったしね。

F ： インテリアねえ。

男の人は何がいちばんよかったと言っていますか。

1　料理の種類が多かったこと

2　飲み物の種類が多かったこと

3　インテリアがよかったこと

4　音楽がよかったこと

정답：3

여자와 남자가 이야기하고 있습니다. 남자는 무엇이 가장 좋았다고 말하고 있습니까?

여: 어제 간 레스토랑 뷔페, 괜찮았어.

남: 뭐가 좋았어?

여: 요리도 음료수도 종류가 많아서 아주 만족했어.

남: 그래? 난 역시 인테리어가 전문이니까 요리보다 그쪽에 흥미가 있어. 나도 아주 만족했어. 음악도 그럭저럭 좋았고.

여: 인테리어 말이지.

남자는 무엇이 가장 좋았다고 말하고 있습니까?

1　요리 종류가 많았던 것

2　음료수 종류가 많았던 것

3　인테리어가 좋았던 것

4　음악이 좋았던 것

349

_{こた}
答えは 3 ですから、答えはこのように書きます。

정답은 3번이므로 이와 같이 적습니다.

1番

_{おんな} _{ひと} _{おとこ} _{ひと} _{はな} _{おんな} _{ひと} _い
女の人と男の人が話しています。女の人はレポートがどうなったと言っていますか。

F ：ねえ、レポートの提出、今日だったよね？

M ：うん、そうだけど。どうしたの？書かなかったの？

F ：ううん、そうじゃなくて、書いたんだけど、さっきの雨でびしょびしょになっちゃって。

M ：じゃ、もう一度プリントアウトしたらどう？

F ：それが、USB、家に置いてきちゃったんだよね。

M ：どうするの？

F ：このまま出すしかないよね。

女の人はレポートがどうなったと言っていますか。

1 書かなかった。

2 雨で濡れてしまった。

3 プリントアウトしなかった。

4 USB をなくした。

1번　정답：2

여자와 남자가 이야기하고 있습니다. 여자는 리포트가 어떻게 되었다고 합니까?

여: 저기 있잖아, 리포트 제출 오늘이었지?

남: 응, 그런데 왜? 안 썼어?

여: 아니, 그게 아니라, 썼는데 아까 내린 비로 흠뻑 젖어 버려서.

남: 그럼 한 번 더 프린트아웃하는 게 어때?

여: 그게 말이지, USB를 집에 두고 와 버렸어.

남: 어떻게 할 거야?

여: 이대로 제출하는 수밖에 없겠지.

여자는 리포트가 어떻게 되었다고 합니까?

1 쓰지 않았다.
2 비 때문에 젖어 버렸다.
3 프린트아웃하지 않았다.
4 USB를 잃어버렸다.

2番

女の人がファッションについて話しています。最近の流行は何だと言っていますか。

F ： 最近の流行は、スポーツウェアです。動きやすい、かっこいい、健康そうに見える
というイメージから、スポーツウェアの人気が出ています。特にレギンスの上に短
パンを穿くというスタイルが流行っているようです。これは、ヒップラインを隠す
ので、スタイルに自信のない女性にも人気があります。もっとも、ヒップラインに
自信のある人は短パンを穿かないようですが。みなさんも、ぜひお試しください。

最近の流行は何だと言っていますか。

1 レギンスの上に短パンを穿く。
2 レギンスの下に短パンを穿く。
3 レギンスだけを穿く。
4 短パンだけを穿く。

2번　정답:1

여자가 패션에 대해서 이야기하고 있습니다. 최근의 유행은 뭐라고 합니까?

여: 최근의 유행은 스포츠웨어입니다. 활동하기 편하고, 멋있고, 건강해 보인다고 하는 이미지 때문
에 스포츠웨어가 인기를 끌고 있습니다. 특히 레깅스 위에 반바지를 입는 스타일이 유행하고 있
는 것 같습니다. 이것은 히프 라인을 숨기기 때문에 스타일에 자신이 없는 여성에게도 인기가
있습니다. 나반, 히프 라인에 사신이 있는 사람은 반바지를 입시 않는 것 같습니나반. 여러분들
도 꼭 시도해 보세요.

최근의 유행은 뭐라고 합니까?

1 레깅스 위에 반바지를 입는다.

2 레깅스 안쪽에 반바지를 입는다.

3 레깅스만 입는다.

4 반바지만 입는다.

3番<ruby>ばん<rt></rt></ruby>

ニュースで男<ruby>おとこ<rt></rt></ruby>の人<ruby>ひと<rt></rt></ruby>が話<ruby>はな<rt></rt></ruby>しています。間違<ruby>まちが<rt></rt></ruby>えたダイエットをするとどうなると言<ruby>い<rt></rt></ruby>っていますか。

M : 女性<ruby>じょせい<rt></rt></ruby>の間<ruby>あいだ<rt></rt></ruby>では、今<ruby>いま<rt></rt></ruby>も昔<ruby>むかし<rt></rt></ruby>も相変<ruby>あいか<rt></rt></ruby>わらずダイエットが流行<ruby>はや<rt></rt></ruby>っているようです。りんごダイエットやバナナダイエット、水<ruby>みず<rt></rt></ruby>ばかり飲<ruby>の<rt></rt></ruby>むダイエット方法<ruby>ほうほう<rt></rt></ruby>などがありますが、心配<ruby>しんぱい<rt></rt></ruby>なのは栄養失調<ruby>えいようしっちょう<rt></rt></ruby>です。栄養失調<ruby>えいようしっちょう<rt></rt></ruby>になると、肌<ruby>はだ<rt></rt></ruby>がカサカサになったり、貧血<ruby>ひんけつ<rt></rt></ruby>になったり、髪<ruby>かみ<rt></rt></ruby>の毛<ruby>け<rt></rt></ruby>が抜<ruby>ぬ<rt></rt></ruby>けるなど、いろいろな症状<ruby>しょうじょう<rt></rt></ruby>が現<ruby>あらわ<rt></rt></ruby>れます。ダイエットをすると細<ruby>ほそ<rt></rt></ruby>くなってきれいになると信<ruby>しん<rt></rt></ruby>じている人<ruby>ひと<rt></rt></ruby>が多<ruby>おお<rt></rt></ruby>いようですが、一種類<ruby>いっしゅるい<rt></rt></ruby>の食<ruby>た<rt></rt></ruby>べ物<ruby>もの<rt></rt></ruby>だけを食<ruby>た<rt></rt></ruby>べ続<ruby>つづ<rt></rt></ruby>けるダイエットはやめたほうがいいでしょう。

間違<ruby>まちが<rt></rt></ruby>えたダイエットをするとどうなると言<ruby>い<rt></rt></ruby>っていますか。

1 肌<ruby>はだ<rt></rt></ruby>がきれいになる。

2 髪<ruby>かみ<rt></rt></ruby>の毛<ruby>け<rt></rt></ruby>が増<ruby>ふ<rt></rt></ruby>える。

3 細<ruby>ほそ<rt></rt></ruby>くなってきれいになる。

4 栄養<ruby>えいよう<rt></rt></ruby>が不足<ruby>ふそく<rt></rt></ruby>して、いろいろな症状<ruby>しょうじょう<rt></rt></ruby>が出<ruby>で<rt></rt></ruby>てくる。

3번　정답:4

뉴스에서 남자가 이야기하고 있습니다. 잘못된 다이어트를 하면 어떻게 된다고 합니까?

남: 여성들 사이에서는 지금이나 옛날이나 여전히 다이어트가 유행하고 있는 것 같습니다. 사과 다이어트나 바나나 다이어트, 물만 마시는 다이어트 방법 등이 있는데, 걱정되는 것은 영양실조입니다. 영양실조가 되면 피부가 꺼칠꺼칠하게 되거나, 빈혈이 생기기도 하고, 머리카락이 빠지는 등, 여러 가지 증상이 나타납니다. 다이어트를 하면 날씬해져서 예뻐진다고 믿고 있는 사람이 많은 것 같은데, 한 종류의 음식만을 계속 먹는 다이어트는 그만두는 게 좋겠지요.

잘못된 다이어트를 하면 어떻게 된다고 합니까?

1 피부가 예뻐진다.

2 머리카락이 증가한다.

3 날씬해져서 예뻐진다.

4 영양이 부족해서 여러 가지 증상이 나타난다.

問題 4

問題 4 では、えを見ながら質問を聞いてください。やじるし（→）の人は何と言いますか。1 から 3 の中から、最もよいものを一つえらんでください。

문제4에서는 그림을 보면서 질문을 들으세요. 화살표(→)가 가리키는 사람은 뭐라고 말하겠습니까? 1에서 3 중에서 가장 적당한 것을 하나 고르세요.

例：

友だちが試験に合格しました。何と言いますか。

F：1 またがんばればいいよ。

   2 おめでとう。

   3 ありがとう。

정답 : 2

친구가 시험에 합격했습니다. 뭐라고 말하겠습니까?

여：1 다음에 열심히 하면 돼.

   2 축하해.

   3 고마워.

答えは 2 ですから、答えはこのように書きます。

정답은 2번이므로 이와 같이 적습니다.

1番

同僚が大きなプロジェクトを成功させました。何と言いますか。

F ： 1 早く、プロジェクトの企画を出してくださいね。

2 がんばってください。

3 たいへんお疲れさまでした。

1번　정답:3

동료가 큰 프로젝트를 성공시켰습니다. 뭐라고 말하겠습니까?

여: 1 빨리 프로젝트 기획을 제출해 주세요.

2 열심히 하세요.

3 대단히 수고했습니다.

2番

目の前で転んだ人がいます。何と言いますか。

M ： 1 大丈夫ですか。

2 自分で起きてください。

3 しっかりしてください。

2번　정답:1

바로 앞에서 넘어진 사람이 있습니다. 뭐라고 말하겠습니까?

남: 1 괜찮습니까?

2 자신이 직접 일어나세요.

3 똑바로 하세요.

3番

電車で降りたいですが、前に人がいて降りられません。何と言いますか。

F ： 1 どいてください。

2 邪魔です。

3 すみません。通してください。

3번　정답 : 3

전차에서 내리고 싶은데 앞에 사람이 있어서 내릴 수 없습니다. 뭐라고 말하겠습니까?

여: 1　비켜 주세요.
　　2　걸리적거립니다.
　　3　저기요, 지나가게 해 주세요.

> 해설　1번은 한국 사람이 보면 '비켜 주세요'라고 해석되므로 자연스럽다고 볼 수도 있겠지만 일본 사람 입장에서는 '비켜요!'라든가 '비켜!'에 가까운 느낌이다. 매우 무례하게 들리는 말이므로 아주 특수한 경우가 아니면 쓰지 않는다. 따라서 3번이 자연스럽고 일반적으로 많이 쓰는 표현이다.

4 番

赤信号ですが、道路を渡ろうとしている人がいます。何と言いますか。

M : 1　早く渡ってください。
　　2　危ないですよ。
　　3　ゆっくり渡ってください。

4번　정답 : 2

빨간 신호등인데 도로를 건너려고 하는 사람이 있습니다. 뭐라고 말하겠습니까?

남: 1　빨리 건너가세요.
　　2　위험합니다.
　　3　천천히 건너가세요.

問題 5

問題5では、問題用紙に何もいんさつされていません。まず文を聞いてください。それから、そのへんじを聞いて、1から3の中から、最もよいものを一つえらんでください。

문제5에서는 문제용지에 아무것도 인쇄되어 있지 않습니다. 먼저 문장을 들으세요. 그런 다음 그 답을 듣고 1에서 3 중에서 가장 적당한 것을 하나 고르세요.

例_{れい}：

F：お待_またせしてすみませんでした。

M：1　はい、たくさん待_まちました。

　　2　はい、待_またせました。

　　3　いいえ、わたしも今来_{いまき}たところです。

정답:3

여: 기다리게 해서 죄송합니다.

남: 1　네, 많이 기다렸습니다.

　　2　네, 기다리게 했습니다.

　　3　아니오, 저도 지금 막 왔습니다.

答えは 3 ですから、答えはこのように書きます。

정답은 3번이므로 이와 같이 적습니다.

1番_{ばん}

F：あの、こちらは 4 人_{にん}がけの席_{せき}ですので、2 人_{ふたり}がけの席_{せき}にお移_{うつ}り願_{ねが}えませんか。

M：1　はい、よろしいです。

　　2　はい、けっこうです。

　　3　はい、わかりました。

1번　정답:3

여: 저, 이쪽은 4인석이니까 2인석으로 옮겨 주시겠습니까?

남: 1　예, 좋습니다.

　　2　예, 괜찮습니다.

　　3　예, 알겠습니다.

2番_{ばん}

M：すみません、タクシーを呼_よんでいただけないでしょうか。

F : 1 はい、お呼びになります。

    2 はい、少々お待ちください。

    3 はい、お呼びください。

2번　정답:2

남: 죄송합니다만, 택시를 불러 주시겠습니까?

여: 1 예, 부르시겠습니다.

    2 예, 잠깐 기다려 주세요.

    3 예, 불러 주세요.

3番

F : こちらで荷物を預かっていただけますか。

M : 1 はい、お預かりします。

    2 はい、お預かりになります。

    3 はい、お預けします。

3번　정답:1

여: 여기서 짐을 맡아 주실 수 있습니까?

남: 1 예, 맡아 드리겠습니다.

    2 예, 맡으시겠습니다.

    3 예, 맡기겠습니다.

4番

F : 今日は金曜日ですから、道路は渋滞する恐れがありますね。

M : 1 ええ、怖いですね。

    2 ええ、恐ろしいですね。

    3 ええ、そうかもしれませんね。

4번　정답:3

여: 오늘은 금요일이니까 도로는 막힐 우려가 있겠네요.

남: 1 네, 무섭네요.

2 네, 두렵네요.

3 네, 그럴지도 모르겠네요.

5番

M：彼の言ったことは、気にしないほうがいいですよ。

F：1 ええ、気にします。

2 ええ、気にしません。

3 ええ、気に入っています。

5번　정답:2

남: 그가 말한 것은 신경 쓰지 않는 게 좋아요.

여: 1 네, 신경 쓰겠습니다.

2 네, 신경 쓰지 않겠습니다.

3 네, 마음에 듭니다.

6番

F：そこの信号を右折してください。

M：1 右ですね。

2 左ですね。

3 まっすぐですね。

6번　정답:1

여: 저 앞에 있는 신호등에서 우회전해 주세요.

남: 1 오른쪽 말이죠?

2 왼쪽 말이죠?

3 똑바로 말이죠?

7番

M：車はそこの駐車場に駐車してあるよ。

F：1 そこに止まってあるのね。

2 そこに止めておくのね。

3 そこに止めてあるのね。

7번　정답:3

남: 차는 거기 있는 주차장에 주차해 두었어.

여: 1 잘못된 문장임.
2 거기에 세워 둔단 말이지?
3 거기에 세워 두었단 말이지?

해설　てある와 ている

용법	의미	예시
자동사+ている	단순 상태를 나타냄	止まっている(서 있다)
타동사+てある	인위적 상태를 나타냄	止めてある(세워져 있다 → 세워 두었다)
타동사+ている	진행을 나타냄	止めている(세우고 있다)

8番

F ： あっ、雨が降ってきた。傘を貸していただけませんか。

M ： 1 傘をお借りします。
2 傘をお貸しになります。
3 はい、どうぞ。

8번　정답:3

여: 앗, 비가 오네. 우산을 빌려 주실 수 없습니까?

남: 1 우산을 빌리겠습니다.
2 우산을 빌려 드리시겠습니다.
3 예, 여기 있습니다.

9番

M ： コーヒーでも一杯いかがですか。

F ： 1 いいえ、私はコーヒーは飲みません。
2 はい、お願いします。
3 はい、お茶を一杯お願いします。

9번 정답:2

남: 커피라도 한 잔 어떠세요?

여: 1   됐어요, 난 커피는 안 마셔요.

2   예, 주세요.

3   예, 차 한 잔 주세요.

해설 상대방이 'いかがですか'라고 호의를 베푸는 뜻에서 물어 왔기 때문에 거절할 때는 'いいえ'를 쓰지 않고 'すみません'을 먼저 써야 자연스럽다. 'いいえ'를 쓰면 '됐어요!'라는 기분 나쁜 말투가 된다. 게다가 뒤에 '私はコーヒーは飲みません'이라는 말이 왔기 때문에 '됐어요, 난 커피는 안 마셔요'라는 아주 불쾌한 말이 되어 버린다.

'飲みません'은 매우 강하게 거절하는 뉘앙스이므로 '飲まないんです'나 '飲めないんです'처럼 '~んです'를 써서 안 마시거나 못 마시는 이유를 나타내는 말이 들어가야 한다.

N3

JLPT
실전 모의고사

제 4 회

언어지식(문자·어휘)
·
언어지식(문법)·독해
·
청해

언어지식
(문자 · 어휘)

문제 1

1	(4)
2	(2)
3	(4)
4	(4)
5	(2)
6	(3)
7	(2)
8	(1)

문제 2

9	(3)
10	(2)
11	(2)
12	(1)
13	(4)
14	(2)

문제 3

15	(3)
16	(2)
17	(1)
18	(2)
19	(4)
20	(2)
21	(1)
22	(3)
23	(2)
24	(3)
25	(3)

문제 4

26	(4)
27	(1)
28	(3)
29	(2)
30	(4)

문제 5

31	(1)
32	(3)
33	(4)
34	(1)
35	(2)

언어지식
(문법) · 독해

문제 1

1	(1)
2	(4)
3	(2)
4	(3)
5	(1)
6	(4)
7	(4)
8	(3)
9	(2)
10	(3)
11	(1)
12	(2)
13	(4)

문제 2

14	(1)
15	(1)
16	(4)
17	(2)
18	(3)

문제 3

19	(4)
20	(4)
21	(2)
22	(3)
23	(3)

문제 4

24	(3)
25	(4)
26	(2)
27	(2)

문제 5

28	(3)
29	(4)
30	(1)
31	(4)
32	(3)
33	(1)

문제 6

34	(2)
35	(4)
36	(1)
37	(4)

문제 7

38	(4)
39	(1)

청해

문제 1

1	(4)
2	(2)
3	(1)
4	(3)
5	(4)
6	(4)

문제 2

1	(2)
2	(4)
3	(4)
4	(3)
5	(4)
6	(1)

문제 3

1	(4)
2	(2)
3	(1)

문제 4

1	(2)
2	(1)
3	(3)
4	(3)

문제 5

1	(2)
2	(1)
3	(3)
4	(1)
5	(2)
6	(3)
7	(2)
8	(1)
9	(3)

문제1 _____ 의 단어를 읽는 방법으로 가장 알맞은 것을 1, 2, 3, 4 중에서 하나 고르세요.

1 정답:4

저는 매일 아침 버스로 通学하고 있습니다.

해설 毎朝(まいあさ) 매일 아침

2 정답:2

오늘은 파티에 출석하므로 멋을 냈습니다.

해설 おしゃれ 멋을 부림, 멋쟁이

3 정답:4

죄송하지만 길이를 측정할 것이니까 자를 빌려 줄 수 없겠습니까?

해설 測(はか)る 측량하다, 헤아리다 | 貸(か)す 빌려 주다

4 정답:4

나는 작년에 이 학교를 졸업했습니다.

해설 去年(きょねん) 작년

5 정답:2

수업료가 비싸기 때문에 모두 대학원에 가고 싶어하지 않습니다.

해설 ～たがる: ～고 싶어하다

6 정답:3

유학하고 싶지만, 학비가 비싸기 때문에 당분간 일을 해서 돈을 저축합니다.

해설 しばらく 잠깐, 당분간, 오랫동안

7 정답:2

이번 주 중에 리포트를 제출하겠습니다.

해설 レポート 리포트, 보고서

8 정답:1

아르바이트 면접을 가기 때문에 이력서를 써야 합니다.

해설 ～なければなりません: ～하지 않으면 안 됩니다(～해야 합니다)

문제 2 _____의 단어를 한자로 쓸 때, 가장 알맞은 것을 1, 2, 3, 4 중에서 하나 고르세요.

☐9 정답 : 3

무엇을 공부하든 초심자 코스는 인기가 있는 법이다.

해설 〜ものだ: 〜하는 것이 보통이다, 〜한 법이다

☐10 정답 : 2

그는 휴대폰을 좋아해서 신제품이 나오면 바로 사러 간다.

해설 동사 기본형+とすぐ: 〜하자마자, 동사 ます형+に: 〜하러

☐11 정답 : 2

지난주에 주문한 물건이 1주일이 지나도 아직 도착하지 않는다.

해설 届く (보낸 물건이) 도착하다, 닿다

☐12 정답 : 1

로봇 호텔의 종업원은 모두 로봇이며, 각국의 언어를 할 수 있다.

해설 〜ができる: 〜를 할 수 있다

☐13 정답 : 4

회의가 따분해서 자신도 모르게 졸아 버렸다.

해설 つい 그만, 자신도 모르게 | 〜てしまう: 〜해 버리다

☐14 정답 : 2

눈이 많이 와서 교통수단이 없으므로 S교수의 수업을 휴강했다.

해설 〜(の)ために: 〜때문에, 위해서

- -

문제 3 (   )에 들어갈 가장 알맞은 것을 1, 2, 3, 4 중에서 하나 고르세요.

☐15 정답 : 3

2000엔 (곱하기) 4를 해서 8000엔입니다.

해설 〜でございます: 〜입니다(〜です의 겸양어) | 足す 더하다 | 引く 빼다 | 掛ける 곱하다 | 割る 나누다

☐16 정답 : 2

선생님은 이전에 수업을 쉬었기 때문에 여름방학에 (보강)을 한다고 합니다.

해설 보통체 종지형+そうだ: <전문> 〜라고 한다

17 정답 : 1

그는 별로 수업하러 오지 않는데다가 공부도 하지 않으므로 (학점)을 날렸습니다.

해설 単位 단위(일본에서는 '학점'의 의미로 사용)

18 정답 : 2

(세미나) 수업은 보다 깊이 공부할 수 있고, 선배와도 사이좋게 될 수 있으므로 중요합니다.

해설 ゼミ 세미나(ゼミナール의 준말)

19 정답 : 4

대학에서는 장래의 업무에 관계되는 것을 (전공)하는 게 좋습니다.

해설 専門 전문 | 先攻 선공 | 選考 전형(됨됨이나 재능 따위를 가려 뽑음) | 専攻 전공

20 정답 : 2

의무교육은 중학교까지지만 대부분의 학생이 고등학교에 (진학)합니다.

해설 進路 진로

21 정답 : 1

시험 때는 긴장해서 (기입) 방법을 틀리지 않도록 합시다.

해설 ～ないようにする: ～지 않도록 하다 | 記帳 기장 | 記録 기록 | 紀要 대학이나 연구소 등에서 정기적으로 내는 간행물

22 정답 : 3

작문에서 틀린 부분을 (수정하고) 나서 한 번 더 제출해 주세요.

해설 ～直す: 다시 ～하다 | ～終わる: 다 ～하다 | ～始める: ～기 시작하다

23 정답 : 2

작문을 쓸 때는 직접 원고 용지에 쓰지 말고 (초고)를 쓰고 나서 청서합니다.

해설 上書き 표서(表書), 우편물 수취인의 주소, 성명(을 씀), 겉봉 | 下書 초고 | 清書 청서(초벌로 쓴 글을 깨끗이 베껴 씀)

24 정답 : 3

컴퓨터는 소프트를 (설치)하지 않으면 바로는 사용할 수 없습니다.

해설 インストール 인스톨, 설치(하다)

25 정답 : 3

마우스로 화면을 (클릭)합니다.

해설 クリック 클릭

문제 4　　　에 의미가 가장 가까운 것을 1, 2, 3, 4 중에서 하나 고르세요.

26　정답:4

테스트 답을 다 쓰면 <u>틀린 데가 없는지 있는지 체크해</u> 주세요.

해설　校正_{こうせい} 교정 | 検査_{けんさ} 검사 | 黙認_{もくにん} 묵인 | 確認_{かくにん} 확인

27　정답:1

은행의 용무는 이미 <u>끝냈습니다.</u>

해설　済_すませる 끝내다, 때우다(= 済_すます) | 終_おわる 끝나다 | 終了_{しゅうりょう}する 종료하다 | 払_{はら}う 지불하다

終了는 일반적으로 자신의 일이 완료되었다는 의미로는 쓰이지 않는다.

28　정답:3

업무를 <u>땡땡이 치고</u> 파친코를 했습니다.

해설　さぼる 태만히 하다, 게으름 피우다 | 勤_{つと}める 근무하다 | 溜_たまる (일, 빚 등이) 쌓이다, 밀리다, (재산 등이) 늘다 | 怠_{なま}ける 게으름 피우다 | 辞_やめる (회사 등을) 사직하다, 그만두다

29　정답:2

공장 일은 <u>힘드니까</u> 그만두고 싶습니다.

해설　楽_{らく}だ 편하다 | 辛_{つら}い 힘들다, 괴롭다 | 辛_{から}い 맵다, 짜다 | 楽_{たの}しい 즐겁다

30　정답:4

잘 생각한 <u>결과</u>, 일본에 유학하기로 했습니다.

해설　結局_{けっきょく} 결국 | 結末_{けつまつ} 결말 | 結論_{けつろん} 결론 | 後_{あと} 후, 뒤

문제 5　　다음 단어의 사용법으로 가장 알맞은 것을 1, 2, 3, 4 중에서 하나 고르세요.

31　정답:1　첨부하다

1　메일에 자료를 <u>첨부했습니다.</u>
2　튀김 정식에 우동을 <u>첨부했습니다.</u> [添付しました → つけました(추가했습니다)]
3　조금 전의 발언에 <u>첨부시켜</u> 주세요. [添付させて → つけくわえて(덧붙여)]
4　이 상품을 사면 한 개 더 <u>첨부합니다.</u> [添付します → つきます(추가됩니다)]

해설　つける 추가하다 | 付_つけ加_{くわ}える 덧붙이다, 첨가하다 | つく 추가되다 | 先_{さき}ほど 아까, 조금 전(さっき보다 공손한 말)

32 정답:3 입력하다

1 사람은 무거운 물건을 들어 올릴 때 입력한다. [入力する → 力がはいる(힘이 들어간다)]

2 나는 시험 공부에 입력했다. [入力した → 力をいれた(힘을 쏟았다)]

3 미안합니다만 이 데이터를 입력해 주세요.

4 어머니는 아들을 입력하는 경향이 있다. [入力し → かたいれし(편애하는)]

해설 力が入る 힘이 들어가다 | 力を入れる 힘을 쏟다 | 持ち上げる 들어 올리다 | 肩入れする 편들다, 편애하다 |

동사 ます형/명사+ がちだ: ～하는 경향이 있다, ～하기 쉽다

33 정답:4 주고받음

1 여자친구와 싸움을 하고, 주고받기를 했다. [やりとり → なかなおり(화해)]

2 이 스포츠의 주고받기를 모르겠습니다. [やりとり → やりかた(방식)]

3 일본문화 행사의 주고받기는 어렵습니다. [やりとり → だんどり(절차)]

4 일본 회사와는 주로 메일로 주고받고 있다.

해설 やりとり 주고받음, 왕래, 교환 | 仲直り 화해 | やり方 방법, 방식 | 段取り 일의 순서(절차, 준비) | けんか 싸움 | 行事 행사 | 主に 주로

34 정답:1 연결하다

1 여기는 전파가 약해서 인터넷이 연결되지 않는다.

2 개를 연결해서 가게에 들어오지 말아 주세요. [つないで → つれて(데리고)]

3 다른 가게 상품을 점내에 연결해서 먹는 것은 금지되어 있습니다. [つないで→もちこんで(반입해서)]

4 빨래는 베란다에 연결해 둡니다. [つないで → ほして(말려)]

해설 連れて 데리고 | 持ち込む 반입하다 | 干す 말리다 | ～ないでください: ～하지 말아 주세요 | 禁止 금지

35 정답:2 만지다, 손대다

1 의자에 만지고 기다려 주세요. [さわって → すわって(앉아서)]

2 위험하니까 사슴에 손대지 않는 게 좋습니다.

3 저는 커피를 제가 직접 만지는 것을 좋아합니다. [さわる → いれる(타다)]

4 공항에서 짐 검사를 할 때에 카메라로 만지고 있습니다 [さわっています→チェックしています(체크하고 있습니다)]

해설 座る 앉다 | 入れる 타다 | チェックする 체크하다 | 荷物検査 짐 검사 | ～ないほうがいい: <조언 및 권유> ～하지 않는 게 좋다

문제 1 다음 문장의 (   )에 들어갈 가장 알맞은 것을 1, 2, 3, 4 중에서 하나 고르세요.

1 정답:1

나(에게 있어서) 이것은 중요한 프로젝트입니다.

해설	
~にとって	~에게 있어서, ~의 입장에서 보면
~に対して	<대상 또는 상대를 나타냄/대비> ~에 대해서
~によって	~에 따라(어떤 ~의 경우에는) <동작의 주체> ~에 의해 <원인, 이유> ~로 인하여
~によると	<전문의 근거> ~에 따르면

2 정답:4

노력한 (것에 비해서) 시험 결과는 별로 좋지 않았다.

해설 1, 2의 '노력했기 때문에'는 부자연스러운 접속이며, 3의 くせに는 일반적으로 남을 비난할 때 사용된다.

동사 기본형/명사の+ために: <원인, 이유> (목적을) 하기 위해, ~때문에

명사 수식형+くせに: <비난, 경멸, 반발> ~(이)면서도

명사 수식형+わりに: ~(에) 비해서

3 정답:2

이런 귀중한 물건 (등은) 맡을 수 없습니다.

해설 명사+なんか(なんて): ~따위, ~같은 것(별로 대단한 것이 아니라고 경시 또는 부정적으로 말할 때 사용)

명사+など: ~등, ~같은 것(가볍고 부드러운 예를 들 때, 격식을 조금 갖춘 문장체에 쓸 때 사용. 다만 각 품사의 보통체에 なんて가 접속할 때는 '~라니, ~하다니')

4 정답:3

일본어학과 학생(이면서), 이런 간단한 번역도 할 수 없다.

해설 のに가 되려면 명사나 형용동사는 ~なのに가 되어야 함

~として: <입장, 자격> ~로서 | 명사 수식형 +くせに: <비난, 경멸, 반발> ~(이)면서도

5 정답:1

그 사람이 비밀을 누설한 (탓에), 입찰에 실패했다.

해설 각 품사의 명사 수식형+せいだ: ～탓이다(뒤에는 나쁜 결과가 따라옴. 좋은 결과는 ～おかげだ(～덕분이다))

6 정답:4

주임을 (대신해서) 회의에 출석하게 되었다.

해설 명사 + にかわって: ～을 대신해서, ～의 대리로

7 정답:4

추우면 추울(수록) 냄비요리는 맛있다.

해설 각 품사의 가정형+각 품사의 명사 수식형+ほど: <비례> ～하면 ～할수록

8 정답:3

없어진 것은 이 (정도 되는) 개입니다.

해설 だいたい 대개, 대략 | たいてい 대개, 대부분 | ちょうど 꼭, 정확히, 마침

9 정답:2

악천후 중에 일부러 갈 (필요는 없다).

해설 동사, 형용사, 형용동사의 명사 수식형+ことか: ～인가, ～던가, (얼마나) ～했던가(비난, 영탄의 표현으로 개인적 감정을 실어서 말할 때 쓰며 どんなに, どれほど, なんと 등의 의문사와 호응하는 경우가 많다)
동사 기본형+ことはない: ～할 것 (까지는) 없다

10 정답:3

눈이 많이 와서 고속도로가 3일간 (봉쇄되었다)고 한다.

해설 ～ということだ: ～(라)고 한다, ～(라)는 것이다

11 정답:1

이 치료를 하고 있기 때문에 조금(밖에) 먹을 수 없다.

해설 ～しか: ～밖에 | ～だけ: ～만, 뿐 | ～でも: ～라도
ただ: (だけ, ばかり, のみ, しか에 부정어를 수반해서) 단지, 그저
例 ただ泣いてばかりいる 그저 울고만 있다

12 정답:2

기말시험은 언제 였(더라).

해설 종지형+っけ: <불확실한 사실 확인> ～더라 ～던가/<과거 회상> ～(했)었지, ～하곤 했지
例 昔はよくこの公園で遊んだっけ 옛날에는 자주 이 공원에서 놀곤 했지

<u>13</u> 정답 : 4

저기 말이야, 알고 있었어? A씨, 성형했(었대).

해설 종지형+って: ~래(요), 대(요)

예 来年行くって 내년에 간대

去年行ったんですって 작년에 갔대요

문제 2   다음 문장의 ★에 들어갈 가장 알맞은 것을 1, 2, 3, 4 중에서 하나 고르세요.

例:

정답: 1

원문 どれ が あなた の かばん ですか。

★

어느 것이 당신의 가방입니까?

올바른 순서는 4213입니다. ★의 자리에 들어갈 내용은 1이므로 정답은 1입니다.

<u>14</u> 정답 : 1(2314)

원문 大好きな彼女が作った料理だから ほんとうは まずい くせに おいしい と言った。

★

아주 좋아하는 여자친구가 만든 요리이니까 <u>사실은</u> 맛이 없지만 맛있다고 말했다.

<u>15</u> 정답 : 1(4213)

원문 両親が 資金援助を してくれた おかげで 留学できた。

★

<u>부모님이</u> 자금 지원을 해 준 덕분에 유학할 수 있었다.

<u>16</u> 정답 : 4(3142)

원문 連絡が なかったので どんなに 心配した ことか。

★

연락이 없어서 얼마나 걱정했던 것인가.

<u>17</u> 정답 : 2(4321)

원문 現在成功している人は、失敗しても 何度も 挑戦した ので、その結果 成功したのだ。

★

현재 성공한 사람들은 실패해도 <u>여러 번</u> 도전했기 때문에, 그 결과 성공한 것이다.

18 정답:3(2431)

원문 この本の作者、つまり 母は 人気作家 である。
　　　　　　　　　　　　　　　　★

이 책의 작가, 다시 말하면 우리 어머니는 인기 작가이다.

- -

문제 3　다음 글을 읽고 문장 전체의 내용을 생각해서, 19 ~ 23 에 들어갈 가장 적당한 것을
　　　　1, 2, 3, 4 중에서 하나 고르세요.

> 　최근 수년, LCC, (19 : 이른바) 저가 항공이 증가해서 일본으로 가는 관광객이 증가하고 있습니다. 신칸센으로 도쿄와 오사카를 왕복하면 3만 엔 정도 소요되는데, 그것과 같은 비용으로 대만이나 한국, 홍콩 등으로 갈 수 있(20 : 게 되었습니다). 최근에는 총알 투어라고 해서, 그날 중으로 왕복하는 단기 투어도 (21 : 유행하고 있다)고 합니다. 저가 항공은 세일 때는 굉장히 싸져서 편도 5000엔 정도일 때도 있습니다. (22 : 그러나) 저가 항공은 좋은 것만은 아닙니다. (23 - a : 도착 시간)이나 (23 - b : 출발 시간)이 아침 일찍이거나 밤늦게거나 합니다. 또 태풍이나 대설 등으로 비행기가 뜨지 않는 경우에는 다른 편을 탈 수가 없습니다. 그와 같은 리스크(위험 요소)를 잘 생각한 후에 사는 것이 좋을 겁니다.

해설 格安航空 저가 항공 | 増える 늘다, 증가하다 | 往復 왕복 | 弾丸ツアー 총알 투어 | 台風 태풍 | 場合 경우 | ~ことができません: ~할 수가 없습니다 | ~たほうがいい: ~하는 편이 좋다

19 정답:4
1 라고 부르는　　　　2 라는　　　　3 라고 한　　　　4 이른바(소위)

20 정답:4
1 ~기로 결정했습니다.　2 ~기로 결정되었습니다.　3 ~게 했습니다.　4 ~게 되었습니다.
해설 1은 자신이 결정하는 것, 2는 남이 결정하는 것

21 정답:2
1 유행한다.　　2 유행하고 있다.　　3 유행했었다.　　4 유행했다.

22 정답:3
1 그리고　　2 그다음에　　3 그러나　　4 그런데

23 정답:3
1　a 출발시간 / b 출발시간
2　a 도착시간 / b 도착시간
3　a 출발시간 / b 도착시간
4　a 도착시간 / b 출발시간

문제 4　다음 (1)~(4) 글을 읽고, 질문에 답하세요. 답은 1, 2, 3, 4 중에서 가장 알맞은 것을 하나 고르세요.

(1)

　　최근, 지구온난화의 영향으로 여름은 덥고, 겨울은 추워지고 있는데, 올해는 기록적인 추위가 되어 전국 각지에서 대설 피해가 발생하고 있습니다. 지금까지 관동 지방에서 대설이 내린 경우는 거의 없었습니다. 그래서 관동 지방 사람들은 눈에 그다지 익숙하지 않습니다. 눈이 쌓이면 교통에 바로 영향이 미쳐 전차나 버스가 멈추거나 합니다. 또 사고도 증가합니다. 지난번에는 전차가 대설로 인해 15시간이나 멈췄습니다. 앞으로 이와 같은 때를 대비해서 정부나 기업, 개인 등이 서로 힘을 합해, 뭔가 대책을 생각하는 것이 좋겠지요.

> **해설**　影響 영향｜寒さ 추위｜大雪 대설, 눈이 많이 옴｜被害 피해｜積もる 쌓이다｜備える 대비하다, 갖추다｜対策 대책｜~たほうがいい: ~하는 편이 좋다

24　**정답:3**
대설 피해에 대해 이 글을 쓴 사람은 어떻게 생각하고 있는가?
1　지구온난화의 영향으로 여름이 덥기 때문에 겨울은 추워지고 있다.
2　관동 지방은 별로 눈이 내리지 않기 때문에 괜찮다.
3　관동 지방은 별로 눈이 내리지 않지만 눈이 많이 오면 바로 문제가 발생한다.
4　눈이 많이 오면 전차가 15시간 멈추기 때문에 뭔가 방법을 생각하는 것이 좋다.

(2)

　　일본에서는 건강을 위해 산에 오르는 사람이 증가하고 있답니다. 지금까지는 퇴직한 중장년층의 등산이 많았다고 합니다만, 지금은 <산 걸(girl)>이라고 하는 말이 생길 만큼, 젊은 여성들 사이에서도 등산이 인기가 있습니다. 등산 애호가의 잡지에서는 세련된 등산복도 소개되어 있으며, 새로운 패션으로도 자리 잡고 있습니다. 등산은 신선한 공기도 즐길 수 있고, 운동도 되므로 미용에도 효과가 있는 것 같습니다. 다만, 산에는 벌을 비롯하여 뱀이나 멧돼지, 곰 등 위험한 면도 있으므로 역시 충분한 주의가 필요하겠지요.

> **해설**　~のために: ~를 위해서, ~때문에｜退職 퇴직｜ハチ 벌｜ヘビ 뱀｜イノシシ 멧돼지｜クマ 곰｜十分 충분

25　**정답:4**
등산에 대해서 이 글을 쓴 사람은 어떻게 생각하고 있는가?
1　젊은 여성들 사이에서도 등산이 인기가 있는 것은 좋은 일이다.
2　세련된 등산용 옷은 귀엽다.
3　미용에 효과가 있다.
4　등산은 위험한 면도 있으므로 조심하는 게 좋다.

(3)

　　일본에서는 고령화 사회를 맞이하여 고령자가 계속 증가하고 있는데, 최근 고령자에게 마작이 인기를 모으고 있습니다. 그 이유는 치매 예방이 되기도 하고, 중풍의 재활 치료도 된다고 합니다. 다 함께 있으면 즐겁고, 손가락을 자주 움직이고, 예측하고, 계산한다고 하는 이러한 동작이 뇌에 좋은 효과가 있다고 합니다. 또 지금까지의 마작과 달리 음주, 담배, 금전 거래가 금지되어 있는 곳도 있으므로 누구나 참가하기 쉬워졌다는 것도 인기의 하나인 것 같습니다.

> **해설** 迎える 맞이하다 | マージャン 마작 | リハビリ 재활 운동 | 認知症 치매 | 予防 예방 | ～ということだ: ～라고 한다 | やりとり 주고받음, 교환함 | 禁止 금지 | ～ようだ: ～인 것 같다

26 정답 : 2

이 뉴스에 대해서 알맞은 것은 어느 것인가?

1　일본에서 마작은 인기가 있다.
2　최근 마작은 고령자 사이에서 인기가 있다.
3　마작을 하는 곳에서는 음주, 담배, 금전 거래가 자주 있다.
4　마작은 누구라도 참가할 수 있다.

(4)

　　도쿄도청은 외부에도 개방이 되어 있어서 무료로 누구라도 견학할 수 있습니다. 견학 시간은 아침 9시 30분부터 밤 23시까지입니다. 전망대는 북쪽 전망대와 남쪽 전망대가 있는데, 제1청사의 1층에서 전망대 전용 엘리베이터로 45층의 전망대로 갈 수 있습니다. 각 전망대에는 카페가 있으며 지상 202m의 높이에서 도쿄 시내를 한눈에 볼 수 있습니다. 또한 제1청사의 32층과 제2청사의 4층에는 직원용 식당도 있는데 일반인도 이용할 수 있습니다. 직원용 식당이므로 다른 식당보다 싸게 식사할 수 있습니다.

> **해설** 開放 개방 | 展望室 전망실, 전망대 | 一望 한눈에 바라봄 | 職員用 직원용

27 정답 : 2

도쿄도청에 대해서 알맞은 것은 어느 것인가?

1　도쿄도청은 도쿄도민만 견학할 수 있습니다.
2　도쿄도청의 견학에는 돈을 지불할 필요가 없습니다.
3　도쿄도청의 식당은 직원만 이용할 수 있습니다.
4　도쿄도청의 전망대는 32층에 있습니다.

문제 5 　다음 (1)~(2) 글을 읽고, 질문에 답하세요. 답은 1, 2, 3, 4 중에서 가장 알맞은 것을
　　　　 하나 고르세요.

(1)

　　각지에서 ①인플루엔자가 유행하고 있기 때문에 ②마스크를 하고 있는 사람을 많이 볼 수 있게 되었습니다. 인플루엔자는 보통의 감기와 달리 급격하게 39도 정도의 고열이 나고 심한 기침이나 목 통증, 두통에 더해 관절통, 근육통, 권태감이라는 전신적 증상이 특징입니다. 한편, 보통의 감기 열은 그다지 높지 않아서 37도 정도 콧물, 기침, 재채기, 목 통증 등의 증상이 많다고 합니다.

　　인플루엔자의 원인은 인플루엔자 바이러스이고, 감기의 원인은 다양한 바이러스나 세균 등입니다. 밖에서 돌아오면 손 씻기, 가글을 하는 것은 물론이거니와 균형 잡힌 영양이나 충분한 수면 시간을 취하는 것도 중요합니다. ③이와 같이 병이 나지 않도록 예방하는 것이 중요하겠지요. 인플루엔자와 보통의 감기는 다른데 감기라고 생각했던 것이 인플루엔자였다고 하는 경우도 있는 것 같습니다. 어느 쪽이든 다른 사람에게 옮기는 것이기에 기침이 나는 경우에는 마스크를, 그리고 옮고 싶지 않은 사람도 마스크를 하고 있으므로 마스크를 하고 있는 사람이 많은 것입니다.

　해설　風邪 감기 | 見掛ける 눈에 띄다, 만나다 | 咳 기침 | 喉 목청, 인후, 목구멍 | 痛み 아픔
　　　 | 頭痛 두통 | 筋肉痛 근육통 | 倦怠感 권태감 | くしゃみ 재채기 | インフルエンザウ
　　　 イルス 인플루엔자 바이러스 | 細菌 세균 | うがい 가글, 양치질 | 栄養 영양

28　정답:3
①인플루엔자에 대해서 이 문장을 쓴 사람은 어떻게 생각하고 있는가?
1　인플루엔자와 보통의 감기는 같은 증상이다.
2　인플루엔자는 콧물, 기침, 재채기, 목 통증 등의 증상이 많다.
3　인플루엔자가 되면, 몸 전체가 아프게 된다.
4　인플루엔자의 원인은 다양한 바이러스나 세균 등이다.

29　정답:4
②마스크를 하고 있는 사람을 많이 볼 수 있게 되었습니다라고 했는데 어째서인가?
1　모두 인플루엔자가 되었기 때문에
2　모두 감기에 걸렸기 때문에
3　나쁜 공기를 마시지 않도록 하기 위해
4　인플루엔자와 감기를 예방하기 위해

30　정답:1
③이와 같이 병이 나지 않도록 예방하는 것이 중요하겠지요라고 했는데, 이 글을 쓴 사람은 무엇이 중요하다고 말하고 있는가?
1　균형 잡힌 영양이나 충분한 수면 시간을 취하는 게 좋다.

2　밖에서 돌아오면 손 씻기, 가글을 하면 좋다.

3　마스크를 하면 안전하다.

4　병원에 가는 게 좋다.

(2)

　　여러분은 신사나 절에 가서 ①오미쿠지를 뽑은 경험이 있을 것이다. 대길(大吉)이 나오면, 누구라도 기쁠 것이다. 그러나 흉(凶)이 나오는 경우도 있다. 어떤 절에서는 흉이 나올 확률이 30%라고 한다. 일반적으로 점도 그렇지만, 사람들은 좋은 일은 믿고, 나쁜 것은 믿고 싶지 않은 법이다. 여기의 오미쿠지는 ②흉을 내어 놓음으로써 사람들에게 주의를 환기시키는 것일지도 모른다. 왜냐하면 대길(大吉)이 나오면 올해는 좋은 해라고 안심해 버려서 그다지 노력하지 않을지도 모르고, 병이나 사고에도 조심하지 않을지도 모르기 때문이다. 반대로 흉(凶)이 나온 경우는, 올해는 나쁜 해니까 조심해야겠다, 더 노력해야겠다고 생각할지도 모른다. 나는 오미쿠지에서 흉(凶)이 나온 경우, <지금이 최악이라면 앞으로 더 좋은 일이 있을 거야>라고 긍정적으로 생각하기로 하고 있다. 대길(大吉)이 나오면 <지금이 최고라면 앞으로 운이 나빠지지 않도록 조심해야겠어>라고 생각한다. ③결국은 대길이 나오든 흉이 나오든 조심하는 것이 중요하다고 생각한다.

> **해설**　おみくじ 오미쿠지(신사나 절에서 길흉을 점쳐보기 위해 뽑는 제비) | 大吉 대길 | 凶 흉 | 喚起 환기 | 前向き 사고 방식이 긍정적임(적극적임) | 〜ないように: 〜하지 않도록

31　**정답:4**

①오미쿠지에 대해서 이 글을 쓴 사람은 어떻게 생각하고 있는가?

1　오미쿠지를 뽑는 것은 즐겁다.

2　대길이 나오면 기쁘다.

3　흉이 나오면 슬프다.

4　일반적으로 사람들은 좋은 일은 믿고, 나쁜 것은 믿고 싶지 않은 법이다.

32　**정답:3**

②흉을 내어 놓음으로써 사람들에게 주의를 환기시키는 것일지도 모른다에 대해서 이 글을 쓴 사람은 어떻게 생각하고 있는가?

1　대길(大吉)이 나오면 올해는 좋은 해라고 안심한다.

2　대길(大吉)이 나오면 올해는 좋은 해니까 뭐든지 한다.

3　흉(凶)이 나오면 올해는 나쁜 해니까 주의한다.

4　흉(凶)이 나오면 올해는 나쁜 해니까 아무것도 하지 않는다.

33　**정답:1**

왜 작가는 ③결국은 대길이 나오든 흉이 나오든 조심하는 것이 중요하다고 생각하는 것인가?

1　오미쿠지는 주의를 환기시키는 것이라고 생각하기 때문에

2　오미쿠지는 미래를 예언하는 것이라고 믿고 있기 때문에

3　오미쿠지는 모두 믿는 게 좋다

4　오미쿠지에 쓰여 있는 것은 사실이기 때문에

문제 6 다음 글을 읽고 질문에 답하세요. 답은 1, 2, 3, 4 중에서 가장 알맞은 것을 하나 고르세요.

①일본에 온 관광객이 놀라는 것 중의 하나에 일본인의 술 매너가 있다고 한다. 일본인은 세계적으로도 예의 바르다고 하는 이미지가 있는데 술을 마시면 인격이 바뀌는 사람도 있기 때문이다. 일본인은 퇴근하면 집으로 곧장 가지 않고 대중 술집으로 가거나, 대학생은 친목회에 가는 등, 술을 마실 기회가 많다. 그리고 ②마지막 전차에는 많은 취객들이 탄다. 이것은 치안의 좋은 점도 관계되어 있을지도 모른다. ③다른 나라에서 밤늦게까지 그렇게 술을 마시면 위험한 일을 당할지도 모르기 때문이다. 그럼 일본인은 왜 그렇게 술을 좋아하는 것일까? 모두 좋아해서 즐겁게 마시는 것일까 하고 의문이 들 때도 있다. 겨울에는 기온이 영하로 내려가는 추운 나라에서는 추위를 견디기 위해, 한잔하고 나서 집으로 가는 게 아닌가 하고 생각하지만 일본은 그렇게 추운 것은 아니다. 또 더울 때 시원한 맥주를 마시는 것도 기분이 좋을 것이다. 기회가 있으면 전 세계 사람들에게 술에 관한 설문 조사를 실시해 보고 싶다. 좋아하는 술의 종류, 술을 마시는 이유 등을 알 수 있어서 재미있을 것이다.

해설 驚く 놀라다 | 礼儀正しい 예의 바르다 | 退社 퇴근, 퇴사 | 終電 마지막 전차 | 大勢 많은 사람 | 酔っぱらい 술 취한 사람 | ～かもしれない: ～일지도 모른다 | 零下 영하 | ～ために: ～를 위해서, ～때문에 | ～てから: ～고 나서 | 世界中 전 세계

34 정답:2
①일본에 온 관광객이 놀라는 것 중의 하나에 일본인의 술 매너가 있다고 한다고 했는데 어째서인가?
1 일본인은 세계적으로도 예의 바르다고 하는 이미지가 있기 때문에
2 술을 마시면 인격이 바뀌는 사람도 있기 때문에
3 일본인은 퇴근하면 집으로 곧장 가지 않고 대중 술집으로 가기 때문에
4 대학생은 친목회에 가기 때문에

35 정답:4
②마지막 전차에는 많은 취객들이 탄다고 쓰여 있는데 어째서인가?
1 일본인은 퇴근하면 집으로 곧장 가지 않고 대중 술집으로 가서 술을 마시기 때문에
2 대학생은 친목회에 가서 술을 마시기 때문에
3 술을 마실 기회가 많기 때문에
4 일본은 밤늦게 집에 귀가해도 안전한 나라이기 때문에

36 정답:1
③다른 나라에서 밤늦게까지 그렇게 술을 마시면 위험한 일을 당할지도 모른다고 했는데 어째서인가?
1 치안이 나쁜 나라도 있기 때문에
2 모두 좋아해서 즐겁게 마시기 때문에
3 겨울에는 기온이 영하로 내려가기 때문에
4 더울 때 시원한 맥주를 마시면 기분이 좋기 때문에

37 정답 : 4

이 문장을 쓴 사람은 좋아하는 술의 종류, 술을 마시는 이유를 알려면 어떻게 하면 된다고 말하고 있는가?

1 회사원에게 물어보면 된다.

2 대학생에게 물어보면 된다.

3 취객에게 물어보면 된다.

4 여러 나라 사람들에게 물어보면 된다.

문제 7 오른쪽 페이지는 단체 여행의 소개입니다. 다음 문장을 읽고 아래의 질문에 답하세요. 답은 1, 2, 3, 4 중에서 가장 알맞은 것을 하나 고르세요.

사토 씨와 나카다 씨는 여행을 가려고 합니다. 예산은 5만 엔 이내입니다. 사토 씨는 멀미가 잘 나서 버스나 배는 타기 힘듭니다. 나카다 씨는 다리가 좋지 않아서 장시간 걷거나 자전거를 탈 수 없습니다.

해설 乗り物(탈 것, 교통수단) | 酔う(취하다, 멀미하다) | 동사 기본형+ことができる: ～할 수 있다

여행 코스	비용	내용
① 규슈 온천여행	50000엔	버스로 온천 순례
② 시코쿠에서 우동 만들기 체험	48000엔	호화 여객선 여행
③ 이즈모 대사로 가자	65000엔	호화 열차 여행
④ 눈 축제 견학 투어	52000엔	비행기로 홋카이도 여행
⑤ 후지산에서 첫 일출	35000엔	후지산 등산
⑥ 세토우치 시마나미 바닷길 투어	40000엔	자전거 여행

※ 주의
날씨에 따라 중지되는 경우가 있사오니 아무쪼록 양해해 주세요.

38 정답 : 4

사토 씨가 참가할 수 있는 단체 여행은 어느 것인가?

1 ① 또는 ②

2 ③ 또는 ④

3 ④ 또는 ⑤

4 ⑤ 또는 ⑥

39 정답 : 1

나카다 씨가 참가할 수 있는 단체 여행은 어느 것인가?

1   ① 또는 ②

2   ③ 또는 ④

3   ④ 또는 ⑤

4   ⑤ 또는 ⑥

問題 1

問題 1 では、まず質問を聞いてください。それから話を聞いて、問題用紙の 1 から 4 の中から、最も良いものを一つ選んでください。

문제1에서는 먼저 질문을 들으세요. 그리고 이야기를 듣고 문제용지의 1에서 4 중에서 가장 적당한 것을 하나 고르세요.

例:

男の人と女の人が話しています。男の人は何時に家を出ますか。

M：パーティーは 7 時からだから、6 時半に出れば間に合うよね。

F：ここから 30 分で着くからね。

M：あっ、でも夜は道路が込むから、早めに出たほうがいいかな。

F：じゃ、6 時に出る？わたし、買い物したいから、5 時に出てもいい？

M：そうなの？じゃ、僕も一緒に行くよ。

男の人は何時に家を出ますか。

1　5 時
2　6 時
3　6 時半
4　7 時

정답：1

남자와 여자가 이야기하고 있습니다. 남자는 몇 시에 집을 나오겠습니까?

남: 파티는 7시부터니까 6시 반에 나가면 시간에 맞출 수 있겠지.

여: 여기서 30분이면 도착하니까.

남: 이, 히지만 밤에는 도로가 붐비니끼 일찌감치 나가는 게 좋겠네.

여: 그럼, 6시에 나갈까? 난, 쇼핑하고 싶으니까 5시에 나가도 돼?

남: 그래? 그럼 나도 같이 갈게.

제 4 회

남자는 몇 시에 집을 나오겠습니까?

1　5시

2　6시

3　6시반

4　7시

答えは 1 ですから、答えはこのように書きます。

정답은 1번이므로 이와 같이 적습니다.

1番

男の人と女の人が話しています。はじめに何をしますか。

M：今日は、鍋料理を作ります。まず、野菜を洗って切ります。

F：はい。できました。これでいいですか。

M：はい、いいでしょう。あ、それからアサリを水に浸けて砂出しをしておいてくださいね。これは野菜を洗う前にやっておいたほうがいいです。

F：はい、水に塩を入れますか。

M：入れたほうがいいでしょう。それから豆腐を切って準備します。砂出ししたアサリと豆腐、だし、味噌、醤油を一緒に入れて火にかけます。

F：全部入れました。

M：それから野菜を入れて、肉や魚などを入れたらできあがりです。

はじめに何をしますか。

1번　정답: 4

남자와 여자가 이야기하고 있습니다. 처음에 무엇을 하겠습니까?

남: 오늘은 냄비요리를 만들겠습니다. 우선 야채를 씻고 자릅니다.

여: 예. 다 되었습니다. 이렇게 하면 되겠습니까?

남: 예. 좋습니다. 아, 그리고 바지락을 물에 담가서 해감을 해 두세요. 이것은 야채를 씻기 전에 해 두는 게 좋습니다.

여: 예, 물에 소금을 넣습니까?

청해

남: 넣는 게 좋습니다. 그리고 두부를 잘라서 준비합니다. 해감을 끝낸 바지락과 두부, 맛국물, 된장, 간장을 같이 넣고 불에 올립니다.

여: 전부 넣었습니다.

남: 그리고 야채를 넣고, 고기와 생선 등을 넣으면 완성입니다.

처음에 무엇을 하겠습니까?

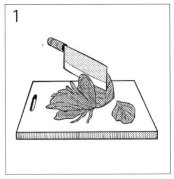
1

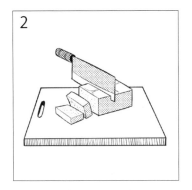
2

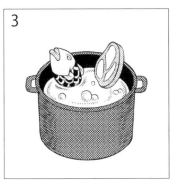
3

4

2 番^{ばん}

女^{おんな}の人^{ひと}と男^{おとこ}の人^{ひと}が話^{はな}しています。これから何^{なに}をしますか。

F : スポーツジムは初^{はじ}めてですか。

M : はい、あまり運動^{うんどう}していませんでした。

F : では、着替^{きが}えてからここに来^きてください。

M : このままでもいいですか。

F : いいですけど、次回^{じかい}からは着替^{きが}えたほうがいいでしょう。

M : はい、わかりました。ところでこれらの器材^{きざい}ですが、使^{つか}い方^{かた}がわかりません。

F ： 今<small>いま</small>から説明<small>せつめい</small>しますが、先<small>さき</small>に準備運動<small>じゅんびうんどう</small>をしたほうがいいですよ。急<small>きゅう</small>に運動<small>うんどう</small>を始<small>はじ</small>めると

けがをしやすくなりますから。

これから何<small>なに</small>をしますか。

2번   정답:2

여자와 남자가 이야기하고 있습니다. 지금부터 무엇을 하겠습니까?

여: 스포츠센터는 처음입니까?

남: 예, 별로 운동하지 않았습니다.

여: 그럼, 옷을 갈아입고 여기로 오세요.

남: 이대로라도 괜찮습니까?

여: 괜찮기는 하지만 다음부터는 갈아입는 게 좋겠습니다.

남: 예, 알겠습니다. 그런데 여기 있는 여러 가지 기재는 사용법을 모릅니다.

여: 지금부터 설명하겠는데, 먼저 준비 운동을 하는 게 좋습니다. 갑자기 운동을 시작하면 다치기
쉬우니까요.

지금부터 무엇을 하겠습니까?

1   남자가 옷을 갈아입는다.

2   남자가 준비 운동을 한다.

3   여자가 사용법을 설명한다.

4   운동을 시작한다.

3 番<small>ばん</small>

女<small>おんな</small>の人<small>ひと</small>が男<small>おとこ</small>の人<small>ひと</small>と話<small>はな</small>しています。男<small>おとこ</small>の人<small>ひと</small>は最初<small>さいしょ</small>に何<small>なに</small>をしたほうがいいですか。

F ： ねえ、正<small>ただ</small>しいシャンプーの仕方<small>しかた</small>知<small>し</small>ってる？

M ： 何<small>なに</small>？正<small>ただ</small>しいシャンプーの仕方<small>しかた</small>って。いつもシャンプーを直接頭<small>ちょくせつあたま</small>につけて洗<small>あら</small>ってる
よ。

F ： えっ、それじゃ将来<small>しょうらい</small>ハゲちゃうかもしれないよ！

M ： そうなの？じゃ、どうすればいいの？

F ： 髪<small>かみ</small>をよくブラッシングしてから、お湯<small>ゆ</small>で汚<small>よご</small>れを流<small>なが</small>して、それからシャンプーを髪<small>かみ</small>に

つけて洗うんだけど、最初は洗ってすぐ流すんだって。そして二回目から頭皮をマッサージするように洗うといいんだってさ。

M：ブラッシングするほど髪がないんだけど。

F：じゃ、シャンプーの前にお湯で軽く流したらいいよ。

男の人は最初に何をしたほうがいいですか。

3번　정답:1

여자가 남자와 이야기하고 있습니다. 남자는 처음에 무엇을 하는 게 좋습니까?

여: 저기 말이야, 샴푸 제대로 하는 법 알아?

남: 무슨 소리야? 샴푸 제대로 하는 법이라니? 늘 샴푸를 직접 머리에 바르고 씻고 있어.

여: 뭐라고? 그럼 나중에 대머리가 되어 버릴지 몰라!

남: 그래? 그럼 어떻게 하면 돼?

여: 머리를 잘 빗질하고 나서 따뜻한 물로 때를 흘려보내고, 그다음에 샴푸를 머리에 바르고 씻는데, 처음에는 씻고 바로 헹군대. 그리고 2회째부터 두피를 마사지하듯이 씻으면 좋대.

남: 빗질할 만큼 머리카락이 없는데.

여: 그럼, 샴푸하기 전에 따뜻한 물로 가볍게 헹구면 돼.

남자는 처음에 무엇을 하는 게 좋습니까?

1　샴푸하기 전에 따뜻한 물만으로 씻는다.
2　빗질을 한다.
3　샴푸를 직접 발라서 씻는다.
4　두피를 마사지하듯이 씻는다.

4 番

男の人と女の人が話しています。男の人は何を買いますか。

M：あの、こちらのハムはどれくらいもちますか。

F：一ヶ月くらいです。開けたら、早く召し上がったほうがいいですよ。

M：そうですか。それはちょっと早すぎますね。では、こちらのカニの缶詰はどれくらいもちますか。

F : 半年ぐらいです。何歳くらいの方に贈るんですか。

M : 60歳くらいです。こちらの海老煎餅セットもよさそうですね。

F : はい、こちらもたいへん人気がございます。賞味期限は3ヶ月くらいです。お蕎麦などはいかがでしょうか。一年くらいはもちますよ。

M : そうですか。3ヶ月くらいがちょうどいいです。これをください。

F : かしこまりました。少々お待ちください。

男の人は何を買いますか。

4번 정답:3

남자와 여자가 이야기하고 있습니다. 남자는 무엇을 사겠습니까?

남: 저, 이쪽에 있는 햄은 어느 정도 보관할 수 있습니까?

여: 1개월 정도입니다. 개봉하면 빨리 드시는 게 좋습니다.

남: 그렇습니까. 그건 좀 너무 짧네요. 그럼 이쪽에 있는 게 통조림은 어느 정도 보관할 수 있습니까?

여: 6개월 정도입니다. 몇 세 정도 되는 분에게 선물하시는 겁니까?

남: 60살 정도입니다. 이쪽의 새우전병세트도 좋아 보이네요.

여: 예, 이쪽도 매우 인기가 있습니다. 유통기한은 3개월 정도입니다. 메밀국수는 어떠신지요? 1년 정도 보관할 수 있습니다.

남: 그렇습니까. 3개월 정도가 딱 좋습니다. 이것을 주세요.

여: 알겠습니다. 잠깐 기다려 주세요.

남자는 무엇을 사겠습니까?

1 햄
2 게 통조림
3 새우전병세트
4 메밀국수

5番

女の人が男の人と話しています。二人はこれからどうしますか。

F : ねえ、映画開始まで時間があるから、食事でもしない？

M：あ、ちょっと買いたい物があるから、買い物に行ってもいいかな。

F：そう。じゃ、わたし喫茶店で待ってるね。

M：一緒に行こうよ。

F：なんで？一人で行けばいいじゃない？

M：だって、君へのプレゼントなんだもの。

F：えっ、プレゼント？何、何？何でも買ってくれるの？

M：それは、行ってみてからのお楽しみ。

二人はこれからどうしますか。

5번　정답：4

여자와 남자가 이야기하고 있습니다. 두 사람은 지금부터 어떻게 하겠습니까?

여: 저기 말이야, 영화 시작까지 시간이 있으니까 식사라도 하지 않을래?

남: 아, 사고 싶은 게 좀 있는데 사러 가도 될까?

여: 그래? 그럼, 난 다방에서 기다리고 있을게.

남: 같이 가자.

여: 왜? 혼자 가면 되잖아.

남: 하지만 너에게 줄 선물이니까.

여: 뭐, 선물이라고? 뭐, 뭐라고? 뭐든지 사 주는 거야?

남: 그건 가 보고 나서 결정할 거니까 기대해.

두 사람은 지금부터 어떻게 하겠습니까?

1　영화관에서 본다.
2　다방에 간다.
3　레스토랑에서 식사한다.
4　쇼핑하러 간다.

6番

学校で学生が女の人と話しています。学生はこのあと、まず何をしなければなりませんか。

385

M : あの、奨学金の申請をしたいのですが。

F : 昨年一年間の成績表と学生証はありますか。

M : はい、ここにあります。他に何が必要ですか。

F : 教授の推薦状はありますか。

M : まだ、もらっていません。推薦状は何通必要でしょうか。

F : 2名の教授から、それぞれ一通、合計二通必要です。それから証明写真も 3 枚用意してくださいね。写真は一階ですぐ撮れますよ。

M : 学生証と成績表、証明写真 3 枚と教授の推薦状 2 通ですね。いつまでに出せばいいですか。

F : 今週末までです。写真はすぐ撮れるから急がなくてもいいですよ。

M : はい、どうもありがとうございました。

学生はこのあと、まず何をしなければなりませんか。

6번　정답: 4

학교에서 학생이 여자와 이야기하고 있습니다. 학생은 이후에 먼저 무엇을 해야 합니까?

남: 저, 장학금 신청을 하고 싶은데요.

여: 작년 1년간의 성적표와 학생증은 있습니까?

남: 예, 여기에 있습니다. 이외에 무엇이 필요합니까?

여: 교수님 추천장은 있습니까?

남: 아직 받지 않았습니다. 추천장은 몇 통 필요합니까?

여: 2명의 교수님으로부터 각각 1통, 합계 2통이 필요합니다. 그리고 증명사진도 3장 준비해 주세요. 사진은 1층에서 바로 찍을 수 있습니다.

남: 학생증과 성적표, 증명사진 3장과 교수님 추천장 2통 말씀이죠? 언제까지 제출하면 됩니까?

여: 이번 주말까지입니다. 사진은 바로 찍을 수 있으니까 서두르지 않아도 됩니다.

남: 예, 대단히 감사합니다.

학생은 이후에 먼저 무엇을 해야 합니까?

1　학생증을 신청한다.

2　성적표를 신청한다.

3　증명사진을 찍는다.

4　교수님에게 추천장을 부탁드린다.

問題 2

問題 2 では、まず質問を聞いてください。そのあと、問題用紙を見てください。読む時間があります。それから話を聞いて、問題用紙の 1 から 4 の中から、最もよいものを一つえらんでください。

문제2에서는 먼저 질문을 들으세요. 그 후에 문제용지를 보세요. 읽을 시간이 있습니다. 그런 다음 이야기를 듣고 문제용지의 1에서 4 중에서 가장 적당한 것을 하나 고르세요.

例：

男の人が女の人と話しています。男の人は、パーティーはどうしてまあまあだと言いましたか。

M：昨日のパーティー、どうして来なかったの？

F：残業があったから。ところで、どうだった？楽しかった？

M：う～ん、まあまあだったよ。料理も飲み物もよかったよ。いろいろおもしろいイベントあったけどね。

F：ふ～ん、そうなんだ。でも、どうしてそれがまあまあなの？

M：君が来なかったから、寂しかったんだよ。

男の人は、パーティーはどうしてまあまあだと言いましたか。

1 女の人がパーティーに行かなかったから。

2 料理も飲み物もよかったから。

3 いろいろおもしろいイベントがあったから。

4 残業があったから。

정답 : 1

남자가 여자와 이야기하고 있습니다. 남자는 파티는 왜 별로라고 했습니까?

남: 어제 파티에 왜 안 온 거야?

여: 잔업이 있어서 못 갔어. 그런데 어땠어? 재미있었어?

남: 음~, 그저 그랬어. 요리도 음료수도 괜찮았어. 여러 가지 재미있는 이벤트도 있었지만.

여: 아~, 그랬구나. 그런데 왜 그게 별로야?

남: 네가 오지 않았기 때문에 쓸쓸했던 거야.

남자는 파티는 왜 별로라고 했습니까?

1 여자가 파티에 가지 않았기 때문에

2 요리도 음료수도 괜찮았기 때문에

3 여러 가지 재미있는 이벤트가 있었기 때문에

4 잔업이 있었기 때문에

<ruby>答<rt>こた</rt></ruby>えは 1 ですから、<ruby>答<rt>こた</rt></ruby>えはこのように<ruby>書<rt>か</rt></ruby>きます。

정답은 1번이므로 이와 같이 적습니다.

1<ruby>番<rt>ばん</rt></ruby>

<ruby>女<rt>おんな</rt></ruby>の<ruby>人<rt>ひと</rt></ruby>が<ruby>男<rt>おとこ</rt></ruby>の<ruby>人<rt>ひと</rt></ruby>と<ruby>話<rt>はな</rt></ruby>しています。<ruby>女<rt>おんな</rt></ruby>の<ruby>人<rt>ひと</rt></ruby>はどうして<ruby>怒<rt>おこ</rt></ruby>っていますか。

F ：もう、あなたなんか<ruby>顔<rt>かお</rt></ruby>もみたくない。

M ：<ruby>何<rt>なに</rt></ruby>、<ruby>怒<rt>おこ</rt></ruby>ってるんだよ。<ruby>理由<rt>りゆう</rt></ruby>を<ruby>話<rt>はな</rt></ruby>してよ。

F ：あなたのその<ruby>鈍感<rt>どんかん</rt></ruby>なところが<ruby>嫌<rt>いや</rt></ruby>なのよ。

M ：<ruby>言<rt>い</rt></ruby>ってくれなきゃわからないよ。

F ：わたしがチョコレート<ruby>好<rt>す</rt></ruby>きだって<ruby>知<rt>し</rt></ruby>ってるでしょ。

M ：<ruby>知<rt>し</rt></ruby>ってるよ。それがどうしたの？

F ：<ruby>冷蔵庫<rt>れいぞうこ</rt></ruby>にあったチョコレート、どうしてなくなったの？<ruby>食<rt>た</rt></ruby>べちゃったの？

M ：え、あれ<ruby>賞味期限<rt>しょうみきげん</rt></ruby>が<ruby>切<rt>き</rt></ruby>れていたから<ruby>捨<rt>す</rt></ruby>てたんだよ。

F ：<ruby>信<rt>しん</rt></ruby>じられない！チョコレートは<ruby>一週間<rt>いっしゅうかん</rt></ruby>ぐらい<ruby>賞味期限<rt>しょうみきげんき</rt></ruby>切れていても<ruby>大丈夫<rt>だいじょうぶ</rt></ruby>なのに。

M ：えっ、そうなの？そんなことで<ruby>怒<rt>おこ</rt></ruby>らないでよ。

<ruby>女<rt>おんな</rt></ruby>の<ruby>人<rt>ひと</rt></ruby>はどうして<ruby>怒<rt>おこ</rt></ruby>っていますか。

1번　정답:2

여자가 남자와 이야기하고 있습니다. 여자는 왜 화를 냅니까?

여: 이제 너 따윈 얼굴도 보기 싫어.

남: 왜 화내는 거야. 이유를 말해 줘.

여: 너의 그 둔한 점이 싫은 거야.

남: 말해 주지 않으면 모르지.

여: 내가 초콜릿 좋아하는 것 알지?

남: 알고 있지. 그게 어쨌다는 건데.

여: 냉장고에 있던 초콜릿, 왜 없어진 거야. 먹어 버린 거야?

남: 뭐? 그건 유통기한이 지나서 버려 버렸어.

여: 미치겠네. 초콜릿은 일주일 정도 유통기한이 지나도 괜찮은데.

남: 그래? 그런 일로 화내지 마.

여자는 왜 화를 냅니까?

1 남자가 여자의 초콜릿을 먹었기 때문에

2 남자가 여자의 초콜릿을 버렸기 때문에

3 초콜릿의 유통기한이 지났기 때문에

4 유통기한이 지난 초콜릿을 선물했기 때문에

2番

会社で男の人が女の人と話しています。女の人はどうして喜んでいますか。

M：何かいいことでもあったの？嬉しそうだね。

F：はい、思い出すだけでも嬉しいです。

M：行きたがっていたコンサートチケットが手にはいったとか？

F：ううん、手に入ったら嬉しいですけど、そうじゃないんです。

M：憧れの人にデートに誘われたとか？

F：それもあったら、いいですねえ。

M：え、じゃ、なんでそんなに嬉しそうなの？まさか宝くじに当たったとか？

F：実は、ダイエットに成功したんです。

女の人はどうして喜んでいますか。

2번　정답:4

회사에서 남자가 여자와 이야기하고 있습니다. 여자는 왜 기뻐합니까?

남: 뭔가 좋은 일이라도 있었어? 기뻐 보이네.

여: 예, 생각만 해도 기뻐요.

남: 가고 싶어 했던 콘서트 표를 구했다든가?

여: 아뇨, 구했다면 기쁘겠지만 그게 아니에요.

남: 좋아하던 사람한테 데이트 신청을 받았다든가?

여: 그것도 있으면 좋겠네요.

남: 뭐야, 그럼 왜 그렇게 기뻐 보이는데? 설마 복권이라도 당첨되었다든가?

여: 실은 다이어트에 성공했거든요.

여자는 왜 기뻐합니까?

1　가고 싶었던 콘서트 표를 구했기 때문에

2　좋아하던 사람한테 데이트 신청을 받았기 때문에

3　복권에 당첨되었기 때문에

4　체중이 줄었기 때문에

3 番

女の人が男の人と話しています。二人は何がおかしいのですか。

F ： あはは、おもしろい、これ。

M ： なに大声で笑っているの？

F ： この猫、見て。猫ってクールな顔してるのに、マヌケだよね。

M ： ほんとうだ。猫ってこんなにおバカなことするんだね。

F ： どうやって出てくるんだろう。

M ： 出られないよ。これじゃ。なんで狭いところが好きなのかな。

F ： 笑ってばかりいないで、出してあげなさいよ。怒ってるよ。きっと。

M ： 先に写真を撮ろうよ。

二人は何がおかしいのですか。

3번 정답:4
여자가 남자와 이야기하고 있습니다. 두 사람은 무엇이 우스운가요?

여: 하하하, 재미있어, 이거.

남: 뭔데 큰소리로 웃고 있는 거야?

여: 이 고양이, 좀 봐. 고양이란 원래 쿨한 얼굴인데, 멍청해 보이네.

남: 정말이네. 고양이가 이런 바보 같은 짓을 다 하네.

여: 어떻게 나오려나.

남: 못 나와. 이래서는. 어째서 좁은 곳을 좋아할까.

여: 웃기만 하지 말고 꺼내 줘. 화내고 있어. 틀림없이.

남: 먼저 사진부터 찍자.

두 사람은 무엇이 우스운가요?
1 고양이가 높은 곳에 올라가서 내려올 수 없기 때문에
2 고양이가 뭔가를 붙잡고 있기 때문에
3 고양이가 장난감으로 놀고 있기 때문에
4 고양이가 이상한 곳에 들어가서 나올 수 없어서 애를 먹고 있기 때문에

제 4 회

4 番
駅で男の人が女の人と話しています。女の人は何を探していますか。

M：どうしましたか。どこか具合が悪いのですか。

F：いいえ、ちょっと探し物をしているんです。

M：何か落とされたんですか。

F：はい、小さい物なので見つからないんです。

M：一緒に探しましょうか？

F：いえ、お忙しいところ申し訳ないのでけっこうです。彼氏とケンカして気分が悪かったので、つい投げつけてしまったんです。

M：何を投げつけたんですか。

F：あれがないと家に入れないんです。

女の人は何を探していますか。

4번 　정답:3

역에서 남자가 여자와 이야기하고 있습니다. 여자는 무엇을 찾고 있습니까?

남: 왜 그러세요? 어딘가 아프세요?

여: 아뇨, 잠깐 물건을 찾고 있습니다.

남: 뭔가 떨어뜨렸나요?

여: 예, 작은 것이어서 못 찾겠어요.

남: 같이 찾아볼까요?

여: 아뇨, 바쁘신데 죄송하니까 괜찮습니다. 남자친구와 싸워서 기분이 나빠서 나도 모르게 내던져 버렸어요.

남: 무엇을 내던진 것입니까?

여: 그게 없으면 집에 들어갈 수 없어요.

여자는 무엇을 찾고 있습니까?

1　귀걸이

2　반지

3　열쇠

4　목걸이

5番

女の人が男の人と話しています。二人はどうしてこの店に不満だと言っていますか。

F ： この店、味も値段も文句ないんだけどね。

M ： どうしたの？

F ： カウンターの人は感じがいいのよ。爽やかな対応だし、サービスもいいんだけど。

M ： じゃあ、何が不満なの？

F ： 営業時間が夜中の 1 時までなのに、12 時くらいから店内の掃除を始めるのよね。まるで客を追い出すように。

M ： 早く帰りたいんだね。

F ： そうかもしれないけど、1 時閉店で 12 時から掃除を始めるのはどうかと思うわ。

M ： それはちょっと早すぎるよね。

二人<ruby>ふたり</ruby>はどうしてこの店<ruby>みせ</ruby>に不満<ruby>ふまん</ruby>だと言<ruby>い</ruby>っていますか。

5번 정답:4

여자가 남자와 이야기하고 있습니다. 두 사람은 왜 이 가게에 불만이 있다고 합니까?

여: 이 가게, 맛도 가격도 불만이 없지만 말이야.

남: 왜, 무슨 일 있었어?

여: 계산대에 있는 사람은 분위기가 좋아. 시원시원한 대응에 서비스도 좋지만.

남: 그럼 뭐가 불만이야?

여: 영업 시간이 밤 1시까지인데 12시 정도부터 가게 내 청소를 시작하는 거야. 마치 손님을 쫓아 내듯이.

남: 집에 일찍 가고 싶은 거지.

여: 그렇겠지만, 1시에 문을 닫는데 12시부터 청소를 시작하는 것은 아니라고 생각해.

남: 그건 좀 너무 이르다 그치.

두 사람은 왜 이 가게에 불만이 있다고 합니까?

1   맛이 나쁘다.

2   가격이 비싸다.

3   직원의 대응이 나쁘다.

4   청소를 일찍부터 시작한다.

6番<ruby>ばん</ruby>

男<ruby>おとこ</ruby>の人<ruby>ひと</ruby>が女<ruby>おんな</ruby>の人<ruby>ひと</ruby>と話<ruby>はな</ruby>しています。二人<ruby>ふたり</ruby>は何<ruby>なに</ruby>で北海道<ruby>ほっかいどう</ruby>に行<ruby>い</ruby>くことにしましたか。

M：北海道旅行<ruby>ほっかいどうりょこう</ruby>、交通手段<ruby>こうつうしゅだん</ruby>は何<ruby>なに</ruby>にしようか。

F：新幹線<ruby>しんかんせん</ruby>で行<ruby>い</ruby>きましょうよ。

M：新幹線<ruby>しんかんせん</ruby>は、函館<ruby>はこだて</ruby>までしか行<ruby>い</ruby>かないんだよ。

F：そうなの？じゃ、車<ruby>くるま</ruby>で行<ruby>い</ruby>くの？遠<ruby>とお</ruby>すぎるでしょ？

M：飛行機<ruby>ひこうき</ruby>で行<ruby>い</ruby>っても、北海道<ruby>ほっかいどう</ruby>は交通<ruby>こうつう</ruby>不便<ruby>ふべん</ruby>だから車<ruby>くるま</ruby>が必要<ruby>ひつよう</ruby>だよね。

F：そうよね。北海道<ruby>ほっかいどう</ruby>は広<ruby>ひろ</ruby>すぎるから、自転車旅行<ruby>じてんしゃりょこう</ruby>もつらいでしょう。

M：ねえ、車<ruby>くるま</ruby>ごとフェリーで行<ruby>い</ruby>ったらどうかな。北海道<ruby>ほっかいどう</ruby>に着<ruby>つ</ruby>いたら、車<ruby>くるま</ruby>で旅行<ruby>りょこう</ruby>できるよ。

F：そうね、それはいい方法<ruby>ほうほう</ruby>かもね。

二人は何で北海道へ行くことにしましたか。

6번　정답 : 1

남자가 여자와 이야기하고 있습니다. 두 사람은 무엇으로 홋카이도에 가기로 했습니까?

남: 홋카이도 여행, 교통수단은 무엇으로 할까?

여: 신칸센으로 가자.

남: 신칸센은 하코다테까지밖에 안 가.

여: 그래? 그럼 승용차로 갈 거야? 너무 멀지 않아?

남: 비행기로 가도 홋카이도는 교통이 불편하니까 차가 필요하겠지 그치.

여: 그래 맞아. 홋카이도는 너무 넓으니까 자전거 여행도 힘들 거야.

남: 저기 말이야, 승용차 째로 페리로 가면 어떨까? 홋카이도에 도착하면 승용차로 여행할 수 있어.

여: 그러네. 그거 좋은 방법이겠네.

두 사람은 무엇으로 홋카이도에 가기로 했습니까?

1　배

2　신칸센

3　승용차

4　자전거

問題 3

問題 3 では、問題用紙に何もいんさつされていません。この問題は、ぜんたいとしてどんなないようかを聞く問題です。話の前に質問はありません。まず話を聞いてください。それから質問とせんたくしを聞いて、1 から 4 の中から、最もよいものを一つえらんでください。

문제3에서는 문제용지에 아무것도 인쇄되어 있지 않습니다. 이 문제는 전체적으로 어떤 내용인지를 묻는 문제입니다. 이야기 전에 질문은 없습니다. 먼저 이야기를 들으세요. 그런 다음 질문과 선택지를 듣고 1에서 4 중에서 가장 적당한 것을 하나 고르세요.

例:
女の人と男の人が話しています。男の人は何がいちばんよかったと言っていますか。

F : 昨日のレストランのビュッフェ、よかったね。

M : 何がよかったの。

F : 料理も飲み物も種類が多くて、大満足だった。

M : そうなの。僕はやっぱり、インテリアが専門だから、料理よりそっちのほうに興味があるよ。僕も大満足だったよ。音楽もまあまあよかったしね。

F : インテリアねえ。

男の人は何がいちばんよかったと言っていますか。

1　料理の種類が多かったこと

2　飲み物の種類が多かったこと

3　インテリアがよかったこと

4　音楽がよかったこと

정답:3

여자와 남자가 이야기하고 있습니다. 남자는 무엇이 가장 좋았다고 말하고 있습니까?

여: 어제 간 레스토랑 뷔페, 괜찮았어.

남: 뭐가 좋았어?

여: 요리도 음료수도 종류가 많아서 아주 만족했어.

남: 그래? 난 역시 인테리어가 전문이니까 요리보다 그쪽에 흥미가 있어. 나도 아주 만족했어. 음악도 그럭저럭 좋았고.

여: 인테리어 말이지.

남자는 무엇이 가장 좋았다고 말하고 있습니까?

1　요리 종류가 많았던 것

2　음료수 종류가 많았던 것

3　인테리어가 좋았던 것

4　음악이 좋았던 것

答えは 3 ですから、答えはこのように書きます。

정답은 3번이므로 이와 같이 적습니다.

1番

女の人が男の人と話しています。女の人は何を届けに来ましたか。

F：すみません。佐藤部長はいらっしゃいますか。

M：あいにく出張中でして、よろしければわたくしがお聞きしますが。

F：実は、部長がこれをお忘れになったので、届けに参りました。これがなければ、お困りのことだと思いますが。

M：え、これを忘れたんですか。それはたいへんなことになりました。早速、部長に連絡を取らないと。

F：どうやって、連絡をお取りになるんですか。

M：困りましたね。これがないと連絡もできないので。何とか方法を考えてみます。

F：では、よろしくお願いします。わたくしはこれで失礼致します。

M：あ、あの、お名前は？

女の人は何を届けに来ましたか。

1　かぎ
2　財布
3　パソコン
4　携帯電話

1번　정답:4

여자가 남자와 이야기하고 있습니다. 여자는 무엇을 전달해 주러 왔습니까?

여: 실례합니다. 사토 부장님 계십니까?

남: 마침 출장 중인데, 괜찮으시다면 제가 전해 드리겠습니다.

여: 실은 부장님이 이것을 잊어버리셔서 전해 주러 왔습니다. 이것이 없으면 곤란하실 것 같아서.

남: 네? 이걸 잊으신 거예요? 그거 큰일이네요. 빨리 부장님께 연락을 취해야겠어요.

여: 어떻게 연락을 취하실 건가요?

남: 곤란하네요. 이것이 없으면 연락도 할 수 없으니. 어떻게든 방법을 생각해 보겠습니다.

여: 그럼, 잘 부탁드리겠습니다. 저는 이만 실례하겠습니다.

남: 아, 저, 성함은?

여자는 무엇을 전달해 주러 왔습니까?

1 열쇠
2 지갑
3 컴퓨터
4 휴대전화

2 番

女の人が話しています。何が胃に悪いと言っていますか。

F： 寝る 3 時間前は何も食べないほうがいいと言われていますが、おなかがすき過ぎ
ても眠れないことでしょう。また、おなかがすきすぎると、胃にも悪い影響を与え
るそうです。寝る前に、油の多い物を食べても胃によくないのですが、何かさっぱ
りとした物を適度に食べるくらいならいいでしょう。

何が胃に悪いと言っていますか。

1 寝る 3 時間前に何かを食べること。
2 おなかがすきすぎること。
3 さっぱりとした物を食べること。
4 適度に食べること。

2번　정답:2

여자가 이야기하고 있습니다. 무엇이 위에 나쁘다고 말하고 있습니까?

여:자기 3시간 전에는 아무것도 먹지 않는 게 좋다고 합니다만, 배가 너무 고파도 잠들 수가 없지
요. 또 배가 너무 고프면 위에도 나쁜 영향을 준다고 합니다. 자기 전에 기름기가 많은 것을 먹
어도 위에 좋지 않습니다만, 뭔가 담백한 것을 적당히 먹는 정도라면 괜찮겠지요.

무엇이 위에 나쁘다고 말하고 있습니까?

1 자기 3시간 전에 뭔가를 먹는 것
2 배가 너무 고픈 것
3 담백한 것을 먹는 것
4 적당히 먹는 것

3番

男<ruby>の<rt></rt></ruby>人<ruby>ひと<rt></rt></ruby>が話<ruby>はな<rt></rt></ruby>しています。何<ruby>なに<rt></rt></ruby>に気<ruby>き<rt></rt></ruby>をつけたほうがいいと言<ruby>い<rt></rt></ruby>っていますか。

M：最近<ruby>さいきん<rt></rt></ruby>、マラソンが流行<ruby>はや<rt></rt></ruby>っていて、あちこちでマラソン大会<ruby>たいかい<rt></rt></ruby>が開<ruby>ひら<rt></rt></ruby>かれています。マラソンは一種<ruby>いっしゅ<rt></rt></ruby>の流行<ruby>りゅうこう<rt></rt></ruby>になっているのかもしれません。しかし、間違<ruby>まちが<rt></rt></ruby>った走<ruby>はし<rt></rt></ruby>り方<ruby>かた<rt></rt></ruby>は、かえって膝<ruby>ひざ<rt></rt></ruby>を痛<ruby>いた<rt></rt></ruby>めてしまいます。正<ruby>ただ<rt></rt></ruby>しい走<ruby>はし<rt></rt></ruby>り方<ruby>かた<rt></rt></ruby>を守<ruby>まも<rt></rt></ruby>り、準備運動<ruby>じゅんびうんどう<rt></rt></ruby>をしっかり行<ruby>おこな<rt></rt></ruby>ってから走<ruby>はし<rt></rt></ruby>るようにしましょう。何事<ruby>なにごと<rt></rt></ruby>も適度<ruby>てきど<rt></rt></ruby>が大切<ruby>たいせつ<rt></rt></ruby>です。気<ruby>き<rt></rt></ruby>をつけて運動<ruby>うんどう<rt></rt></ruby>をしましょう。

何<ruby>なに<rt></rt></ruby>に気<ruby>き<rt></rt></ruby>をつけたほうがいいと言<ruby>い<rt></rt></ruby>っていますか。

1 間違<ruby>まちが<rt></rt></ruby>った走<ruby>はし<rt></rt></ruby>り方<ruby>かた<rt></rt></ruby>に気<ruby>き<rt></rt></ruby>をつける。
2 流行<ruby>りゅうこう<rt></rt></ruby>に気<ruby>き<rt></rt></ruby>をつける。
3 準備運動<ruby>じゅんびうんどう<rt></rt></ruby>に気<ruby>き<rt></rt></ruby>をつける。
4 マラソン大会<ruby>たいかい<rt></rt></ruby>に気<ruby>き<rt></rt></ruby>をつける。

3번　정답:1

남자가 이야기하고 있습니다. 무엇을 조심하는 것이 좋다고 합니까?

남：최근에 마라톤이 유행해서 여기저기서 마라톤 대회가 열리고 있습니다. 마라톤은 일종의 유행이 된 건지도 모르겠습니다. 그러나, 잘못된 달리기 방식은 오히려 무릎을 다치게 합니다. 올바른 달리기 방식을 지키고, 준비운동을 제대로 행하고 나서 달리도록 합시다. 뭐든 적당한 것이 중요합니다. 조심해서 운동을 합시다.

무엇을 조심하는 것이 좋다고 합니까?

1 잘못된 달리기 방식을 조심한다.
2 유행을 조심한다.
3 준비운동을 조심한다.
4 마라톤 대회를 조심한다.

問題 4

問題<ruby>もんだい<rt></rt></ruby> 4 では、えを見<ruby>み<rt></rt></ruby>ながら質問<ruby>しつもん<rt></rt></ruby>を聞<ruby>き<rt></rt></ruby>いてください。やじるし（→）の人<ruby>ひと<rt></rt></ruby>は何<ruby>なに<rt></rt></ruby>

と言いますか。1 から 3 の中から、最もよいものを一つえらんでください。

문제4에서는 그림을 보면서 질문을 들으세요. 화살표(→)가 가리키는 사람은 뭐라고 말하겠습니까? 1에서 3 중에서 가장 적당한 것을 하나 고르세요.

例：

友だちが試験にしました。何と言いますか。

F : 1 またがんばればいいよ。

2 おめでとう。

3 ありがとう。

정답:2

친구가 시험에 합격했습니다. 뭐라고 말하겠습니까?

여: 1 다음에 열심히 하면 돼.
2 축하해.
3 고마워.

答えは 2 ですから、答えはこのように書きます。

정답은 2번이므로 이와 같이 적습니다.

1 番

店の中でキョロキョロしているお客さんがいます。店員は何と言いますか。

F : 1 何かお困りですか。

2 何かお探しですか。

3 何かお手伝いしましょうか。

1번 정답:2

가게 안에서 두리번거리고 있는 손님이 있습니다. 점원은 뭐라고 말하겠습니까?

여: 1 뭔가 곤란한 것이 있습니까?
2 뭔가 찾으십니까?
3 뭔가 도와드릴까요?

2番
<ruby>番<rt>ばん</rt></ruby>

メニューを<ruby>見<rt>み</rt></ruby>ながら、<ruby>決<rt>き</rt></ruby>められないお<ruby>客<rt>きゃく</rt></ruby>さんがいます。<ruby>何<rt>なん</rt></ruby>と<ruby>言<rt>い</rt></ruby>いますか。

M：1　こちらがおすすめのメニューですが、いかがでしょうか。
　　 2　これを<ruby>食<rt>た</rt></ruby>べたら、どうですか。
　　 3　<ruby>早<rt>はや</rt></ruby>く<ruby>決<rt>き</rt></ruby>めてください。

2번　정답：1
메뉴를 보면서 결정을 못하는 손님이 있습니다. 뭐라고 말하겠습니까?
남: 1　이쪽이 추천 메뉴인데 어떠신지요?
　　2　이것을 먹으면 어떨까요?
　　3　빨리 결정해 주세요.

3番
<ruby>番<rt>ばん</rt></ruby>

バーで<ruby>一人<rt>ひとり</rt></ruby>で<ruby>お酒<rt>さけ</rt></ruby>を<ruby>飲<rt>の</rt></ruby>んでいる<ruby>男<rt>おとこ</rt></ruby>の<ruby>人<rt>ひと</rt></ruby>がいます。<ruby>女<rt>おんな</rt></ruby>の<ruby>人<rt>ひと</rt></ruby>は<ruby>何<rt>なん</rt></ruby>と<ruby>声<rt>こえ</rt></ruby>をかけますか。

F：1　<ruby>何名様<rt>なんめいさま</rt></ruby>ですか。
　　 2　<ruby>一名様<rt>いちめいさま</rt></ruby>ですか。
　　 3　お<ruby>一人<rt>ひとり</rt></ruby>ですか。

3번　정답：3
바에서 혼자 술을 마시고 있는 남자가 있습니다. 여자는 뭐라고 말을 걸겠습니까?
여: 1　몇 분이십니까?
　　2　한 분이십니까?
　　3　혼자세요?

　　 해설　1과 2는 점원이 손님에게 하는 말. 様는 손님에 대한 존칭.

4番
<ruby>番<rt>ばん</rt></ruby>

<ruby>会社<rt>かいしゃ</rt></ruby>で<ruby>同僚<rt>どうりょう</rt></ruby>はまだ<ruby>仕事<rt>しごと</rt></ruby>をしています。あなたは<ruby>何<rt>なん</rt></ruby>と<ruby>言<rt>い</rt></ruby>って<ruby>帰<rt>かえ</rt></ruby>りますか。

M：1　お<ruby>先<rt>さき</rt></ruby>にどうぞ。
　　 2　お<ruby>先<rt>さき</rt></ruby>に<ruby>失礼<rt>しつれい</rt></ruby>です。
　　 3　お<ruby>先<rt>さき</rt></ruby>に<ruby>失礼<rt>しつれい</rt></ruby>します。

4번 정답:3

회사에서 동료는 아직 일을 하고 있습니다. 당신은 뭐라고 말하고 돌아갑니까?

남: 1 먼저 가세요.

2 먼저 실례입니다.

3 먼저 실례하겠습니다.

問題 5

問題 5 では、問題用紙に何もいんさつされていません。まず文を聞いてください。それから、そのへんじを聞いて、1 から 3 の中から、最もよいものを一つえらんでください。

문제5에서는 문제용지에 아무것도 인쇄되어 있지 않습니다. 먼저 문장을 들으세요. 그런 다음 그 답을 듣고 1에서 3 중에서 가장 적당한 것을 하나 고르세요.

例:

F : お待たせしてすみませんでした。

M : 1 はい、たくさん待ちました。

2 はい、待たせました。

3 いいえ、わたしも今来たところです。

정답:3

여:기다리게 해서 죄송합니다.

남: 1 네, 많이 기다렸습니다.

2 네, 기다리게 했습니다.

3 아니오, 저도 지금 막 왔습니다.

答えは 3 ですから、答えはこのように書きます。

정답은 3번이므로 이와 같이 적습니다.

1番 <ruby>番<rt>ばん</rt></ruby>

F ：<ruby>今日<rt>きょう</rt></ruby>もはっきりしない<ruby>天気<rt>てんき</rt></ruby>ですね。

M ：1　ええ、はっきりして<ruby>欲<rt>ほ</rt></ruby>しいですよね。

　　2　ええ、<ruby>毎日<rt>まいにち</rt></ruby><ruby>嫌<rt>いや</rt></ruby>な<ruby>天気<rt>てんき</rt></ruby>ですよね。

　　3　ええ、いい<ruby>天気<rt>てんき</rt></ruby>ですね。

1번　정답:2

여: 오늘도 흐린 날씨네요.

남:　1　네, 확실히 해 주었으면 좋겠어요.

　　2　네, 매일 구질구질한 날씨죠 그쵸.

　　3　네, 좋은 날씨네요.

2番 <ruby>番<rt>ばん</rt></ruby>

M ：<ruby>明日<rt>あした</rt></ruby>、<ruby>台風<rt>たいふう</rt></ruby>が<ruby>来<rt>く</rt></ruby>るらしいよ。

F ：1　じゃ、<ruby>気<rt>き</rt></ruby>をつけないと。

　　2　じゃ、お<ruby>気<rt>き</rt></ruby>をつけて。

　　3　じゃ、お<ruby>大事<rt>だいじ</rt></ruby>に。

2번　정답:1

남: 내일 태풍이 온다는 것 같아.

여:　1　그럼, 조심해야겠네.

　　2　그럼, 조심해.

　　3　그럼, 몸조리 잘해.

3番 <ruby>番<rt>ばん</rt></ruby>

F ：<ruby>毎日<rt>まいにち</rt></ruby>、<ruby>残業<rt>ざんぎょう</rt></ruby>させられてたいへんね。

M ：1　<ruby>働<rt>はたら</rt></ruby>かれて、<ruby>疲<rt>つか</rt></ruby>れたよ。

　　2　<ruby>勤<rt>つと</rt></ruby>めすぎて、<ruby>疲<rt>つか</rt></ruby>れたよ。

　　3　<ruby>働<rt>はたら</rt></ruby>きすぎて、<ruby>疲<rt>つか</rt></ruby>れたよ。

3번 정답:3

여: 매일 어쩔 수 없이 야근하니 힘들겠네.

남: 1 일하게 되어서 피곤해.

　 2 너무 근무해서 피곤해.

　 3 너무 일해서 피곤해.

　 해설 勤める는 대상이 회사이며 ～すぎる를 사용할 수 없다.

4 番

F : この先渋滞だって、困ったね。

M : 1 他の道を行こうか。

　　 2 渋滞でよかったね。

　　 3 混んでいるよ。

4번 정답:1

여: 이 앞쪽이 막힌대, 큰일 났네.

남: 1 다른 길로 갈까.

　 2 막혀서 잘됐네.

　 3 붐비고 있어.

제 4 회

5 番

M : 営業時間は午前 1 時までででございます。

F : 1 午後 1 時までなんですね。

　　 2 午前 1 時に閉まるんですね。

　　 3 え、今 1 時なんですか。

5번 정답:2

남: 영업시간은 오전 1시까지입니다

여: 1 오후 1시까지란 말씀이죠.

　 2 오전 1시에 문을 닫는다는 말씀이죠.

　 3 네? 지금 1시라고요?

6番^{ばん}

F : こちらでお召^めし上^あがりですか。

M : 1　はい、こちらで召^めし上^あがります。

　　　2　はい、ここでお召^めしになります。

　　　3　はい、ここで食^たべます。

6번　정답:3

여:여기서 드시겠습니까?

남:　1　예, 여기서 드시겠습니다.

　　　2　예, 여기서 드시겠습니다.

　　　3　예, 여기서 먹겠습니다.

　　　해설　召し上がります와 お召しになります는 존경어이므로 자신이 쓸 수는 없다.

7番^{ばん}

M : 雨^{あめ}が上^あがったよ。

F : 1　傘^{かさ}、貸^かしてくれる？

　　　2　傘^{かさ}、持^もって行^いかなくてもいいね。

　　　3　傘^{かさ}さして行^いこう。

7번　정답:2

남:비가 그쳤어.

여:　1　우산, 빌려 줄래?

　　　2　우산, 안 가지고 가도 되겠네.

　　　3　우산 쓰고 가자.

8番^{ばん}

F : お名前^{なまえ}は？

M : 1　田中^{たなか}と申^{もう}します。

　　　2　田中^{たなか}でいらっしゃいます。

　　　3　田中^{たなか}とおっしゃいます。

8번　정답:1

여:성함은 어떻게 됩니까?

남:　1　다나까라고 합니다.
　　2　다나까이십니다.
　　3　다나까라고 말씀하십니다.

해설　でいらっしゃますや おっしゃます는 존경어이므로 자신이 쓸 수는 없다.

9番
ばん

M : どちらからお越しですか。
こ

F : 1　東京からいらっしゃいました。
とうきょう
　　2　東京からお見えになりました。
とうきょう　　み
　　3　東京から参りました。
とうきょう　　まい

9번　정답:3

남:어디서 오셨습니까?

여:　1　도쿄에서 오셨습니다.
　　2　도쿄에서 오셨습니다.
　　3　도쿄에서 왔습니다.

Memo

N3

JLPT
실전 모의고사

제 5 회

언어지식(문자 · 어휘)
·
언어지식(문법) · 독해
·
청해

JLPT 실전 모의고사 N3 해답 + 해설 5회

언어지식
(문자 · 어휘)

문제 1
1 (3)
2 (4)
3 (3)
4 (4)
5 (1)
6 (2)
7 (2)
8 (3)

문제 2
9 (4)
10 (3)
11 (2)
12 (3)
13 (1)
14 (3)

문제 3
15 (1)
16 (3)
17 (4)
18 (4)
19 (2)
20 (3)
21 (1)
22 (2)
23 (4)
24 (3)
25 (2)

문제 4
26 (1)
27 (3)
28 (2)
29 (1)
30 (3)

문제 5
31 (1)
32 (3)
33 (4)
34 (2)
35 (4)

언어지식
(문법) · 독해

문제 1
1 (2)
2 (1)
3 (4)
4 (4)
5 (1)
6 (1)
7 (3)
8 (2)
9 (4)
10 (3)
11 (1)
12 (1)
13 (4)

문제 2
14 (4)
15 (4)
16 (4)
17 (4)
18 (4)

문제 3
19 (2)
20 (1)
21 (2)
22 (3)
23 (4)

문제 4
24 (3)
25 (4)
26 (2)
27 (3)

문제 5
28 (2)
29 (1)
30 (2)
31 (3)
32 (1)
33 (4)

문제 6
34 (3)
35 (3)
36 (1)
37 (4)

문제 7
38 (1)
39 (3)

청해

문제 1
1 (3)
2 (4)
3 (1)
4 (2)
5 (1)
6 (4)

문제 2
1 (4)
2 (2)
3 (4)
4 (3)
5 (4)
6 (1)

문제 3
1 (4)
2 (3)
3 (2)

문제 4
1 (3)
2 (3)
3 (1)
4 (2)

문제 5
1 (3)
2 (1)
3 (3)
4 (1)
5 (2)
6 (2)
7 (3)
8 (2)
9 (1)

문제 1 ＿＿의 단어를 읽는 방법으로 가장 알맞은 것을 1, 2, 3, 4 중에서 하나 고르세요.

1 정답：3

일본에서는 장남의 아내는 여러 가지를 해야 하니까 힘듭니다.

해설 嫁 며느리, 아내, 처 | ～なければならない: ～하지 않으면 안 된다, ～해야 한다

2 정답：4

회사에서는 동료와 좋은 관계를 쌓는 편이 일하기 편합니다.

해설 築く 쌓다, 구축하다 | ～たほうが: ～하는 편이 | 동사 ます형+やすい: ～하기 쉽다

3 정답：3

출신은 도쿄이므로 지방에 관한 것은 잘 모릅니다.

해설 명사+なので: ～이므로, ～이기 때문에

4 정답：4

그 사람은 솔직하기 때문에 생각하고 있는 것을 금방 알 수 있습니다.

해설		
正 しょう	正直(정직, 솔직히 말해서), 正月(정월, 설)
正 せい	正門(정문), 正式(정식)

5 정답：1

적극적이고 밝은 사람은 인기가 있습니다.

해설 積極的 적극적 ↔ 消極的 소극적

6 정답：2

순수한 벌꿀은 추우면 굳어진다고 합니다.

해설 보통체 종지형+そうだ: <전문> ～라고 한다

7 정답：2

어머니는 백내장이 되었기 때문에 수술을 받게 되었습니다.

해설 동사 기본형+ことになる: ～하게 되다(자신의 의지보다는 외적 요인에 의해 성립)

8 정답：3

독감에 걸렸기 때문에 주사를 맞았습니다.

해설 インフルエンザ 독감, 인플루엔자

문제 2 _____의 단어를 한자로 쓸 때, 가장 알맞은 것을 1, 2, 3, 4 중에서 하나 고르세요.

9 정답 : 4

폐쇄가 된 공장은 아무도 없기 때문에 어쩐지 섬뜩합니다.

(해설) 閉鎖 폐쇄

10 정답 : 3

겨울방학에 매일 먹기만 한 탓에 체중이 늘었습니다.

(해설) ~てばかりいる: ~하기만 하다

11 정답 : 2

감기에 걸린 듯, 두통이 있습니다.

(해설) ~みたいだ: ~같다, ~인 듯하다

12 정답 : 3

충치가 아파서 치과에 갈 생각입니다.

(해설) 동사 기본형+つもり: ~할 생각

13 정답 : 1

최근의 휴대전화는 3년 사용하면 상태가 나빠집니다.

(해설) 형용사 어간+くなる: ~해지다

14 정답 : 3

신칸센 차내에서는 흡연은 사양해 주세요.

(해설) 喫煙 흡연 ↔ 禁煙 금연

- -

문제 3 ( )에 들어갈 가장 알맞은 것을 1, 2, 3, 4 중에서 하나 고르세요.

15 정답 : 1

설날에는 (친족)이 모여서 할아버지나 할머니들과 같이 식사를 합니다.

(해설) 親族(친족), 親友(친구), 両親(양친, 부모), 親孝行(효도)

16 정답 : 3

일본에서는 일반 회사원을 (샐러리맨)이라고 부릅니다.

(해설) フラリーマン(샐러리맨, 밤거리를 흔들흔들 돌아다니는 남자(일이 끝나도 집으로 바로 돌아가지 않는 사람들))

17 정답 : 4

저 사람은 머리도 복장도 헝클어져 있어서 (깔끔하지 못합니다).

해설 おしゃれ 멋을 냄, 멋쟁이 | センスがいい 센스가 좋다 | 礼儀正しい_{れい ぎ ただ} 예의 바르다 |
だらしない 칠칠치 못하다

18 정답 : 4

줄을 서지 않는 (뻔뻔한) 사람은 어디에든 있습니다.

해설 並ぶ_{なら} 줄을 서다 | 涼しい_{すず} 시원하다

19 정답 : 2

그는 (태평하기) 때문에 내일 시험인데도 전혀 공부하지 않습니다.

해설 おとなしい 온순하다 | のんきだ 느긋하다, 태평하다 | 真面目だ_{ま じ め} 성실하다 |
せっかちだ 성급하다

20 정답 : 3

코 알레르기로 인해 (재채기)가 멈추지 않습니다.

해설 咳_{せき} 기침 | あくび 하품 | くしゃみ 재채기 | おなら 방귀(=へ)

21 정답 : 1

일본에서는 식사 중에 (트림)을 하는 것은 실례되는 행위입니다.

해설 げっぷ 트림 | しゃっくり 딸꾹질 | まばたき 눈을 깜빡임

22 정답 : 2

취객이 전차에서 (코를 골며) 자고 있습니다.

해설 足がしびれる_{あし} 다리가 저리다 | いびきをかく 코를 골다 | ため息をつく_{いき} 한숨을 쉬다
| 肩が凝る_{かた こ} 어깨가 결리다

23 정답 : 4

우리 개는 매일 비 때문에 산책을 못가서 (스트레스)가 쌓여 있는 것 같습니다.

해설 ストレート 스트레이트 | プレッシャー 프레셔, 압박, 정신적 중압 | 圧力_{あつりょく} 압력

24 정답 : 3

(눈이 부시)고 눈에도 나쁘므로 태양을 직접 보면 안 됩니다.

해설 目眩_{め まい} 현기증 | 眩しい_{まぶ} 눈부시다 | 明るい_{あか} 밝다

제 5 회

25 정답 : 2

냉장고에 넣는 것을 잊어버려서 음식물이 (썩어) 버렸습니다.

해설 壊れる 깨지다, 고장 나다 | 腐る 썩다 | 崩れる 무너지다, 붕괴하다 | つぶれる 찌그러지다

문제 4 ___에 의미가 가장 가까운 것을 1, 2, 3, 4 중에서 하나 고르세요.

26 정답 : 1

슈퍼에서 <u>우연히</u> 동급생을 만났습니다.

해설 たまたま 가끔, 우연히 | 偶然に 우연히

27 정답 : 3

오늘밤은 <u>점점</u> 추워지겠습니다.

해설 だんだん 점점, 차차 | 次第に 점점, 차차

28 정답 : 2

바닥을 깨끗하게 닦아 두어서 <u>빛납니다.</u>

해설

かぴかぴ	(건조하고 수분이 없어져서) 꺼칠꺼칠, 바싹바싹
ぴかぴか	반짝반짝, 번쩍번쩍(광택이 나거나 순간적으로 강렬하게 빛나는 모양)
キラキラ	(별, 이슬, 보석, 눈 등이) 반짝반짝, 초롱초롱
ギラギラ	쨍쨍, (눈부시게) 번쩍번쩍(강렬히 계속 빛나는 모양)

29 정답 : 1

도로가 막히기 때문에 차가 나아가는 것은 <u>느립니다.</u>

해설

のろのろ	느릿느릿, 꾸물꾸물(동작이 굼뜬 모양)
のそのそ	어슬렁어슬렁(동작이 둔하고 느리게 행동하는 모양)
のっしのっし	육중하게(체중이 무거운 것이 발을 천천히 띄며 걷는 모양)
むくむく	(김, 구름, 연기 등이) 뭉게뭉게, 포동포동

30 정답 : 3

일본어를 말하는 것이 <u>유창하게</u> 되고 싶습니다.

해설 ぺらぺらだ (외국어 등이) 유창하다 | 高く 높게 | 向上 향상 | 上手に 능숙하게 | 下手に 서툴게

문제 5 다음 단어의 사용법으로 가장 알맞은 것을 1, 2, 3, 4 중에서 하나 고르세요.

31 정답:1 두근두근

1 내일은 면접 시험이어서 <u>두근두근</u>거립니다.

2 <u>두근두근</u> 백화점의 식료품 매장에 쇼핑하러 갑니다. [どきどき→ときどき(가끔)]

3 태풍으로 인해 비가 <u>두근두근</u> 내리고 있으므로 밖에 나가지 않는 게 좋아요. [どきどき→ざあざあ(쏴쏴)]

4 밖에서 바람이 <u>두근두근</u> 불고 있으므로 추울 것 같습니다. [どきどき→ぴゅうぴゅう(쌩쌩)]

해설 どきどき (긴장해서 가슴이) 두근두근 | 時々 가끔, 때때로 | ざあざあ 쏴쏴, 좍좍(비가 몹시 오는 소리) | ぴゅうぴゅう 씽씽, 쌩쌩(바람이 세차게 부는 소리)

32 정답:3 여러 가지, 다양한

1 <u>여러 가지</u> 동안에 커피를 마시는 게 좋아요 [さまざまなうちに→さめないうちに(식기 전에)]

2 슬퍼서 <u>여러 가지</u> 울고 있었습니다. [さまざま→しくしく(훌쩍훌쩍)]

3 이 슈퍼에서는 <u>여러 가지</u> 드레싱을 팔아요.

4 밖은 바람이 강하고, 눈도 내리고 있어서 <u>여러 가지</u> 합니다. [さまざま→さむざむ(으스스)]

해설 冷めないうちに 식기전에 | しくしく 흑흑, 훌쩍훌쩍 | さむざむ 으스스(몹시 추운 모습)

33 정답:4 정확히(어김없이)

1 그 사람은 항상 시간을 지키지 않고 <u>제대로</u> 하고 있습니다. [きちんと→だらだら(질질 끌고)]

2 청소를 하지 않아 집안이 <u>깔끔해서</u> 기분이 나쁩니다. [きちんと→ごちゃごちゃ(と)(지저분해서)]

3 일기예보는 항상 <u>제대로</u> 하기 때문에 매일 아침 보고 있습니다. [きちんと→ぴったりに(정각에)]

4 식사는 <u>정확히</u> 정시에 먹는 게 몸에 좋습니다.

해설 だらだら 질질(길게 끄는 모양) | ごちゃごちゃ(と) 지저분한 모양 | ぴったりに 딱 맞춰서, 정각에

34 정답:2 겨우

1 <u>겨우</u> 애완동물이 죽어 버렸기 때문에 슬픕니다. [やっと→とつぜん(갑자기) 혹은 きゅうに(갑자기)]

2 고생해서 <u>겨우</u> 정상까지 오를 수 있었기 때문에 모두 기뻐했습니다.

3 소중히 키우고 있었는데 <u>겨우</u> 식물이 시들어 버렸습니다. [やっと→とつぜん(갑자기) 혹은 きゅうに(갑자기)]

4 늘 싸움만 했는데 <u>겨우</u> 두 사람은 헤어져 버렸습니다. [やっと→ついに(결국)]

해설 突然 갑자기 | 急に 갑자기 | ついに 마침내, 결국

413

[35] **정답 : 4** 한꺼번에

1 부근 한꺼번에 꽃이 피어 있어서 매우 아름답습니다. [いっぺんに→いちめんに(일대에)]
2 그 한꺼번에 불선을 놓으면 방해가 됩니다. [いっぺんに→へんに(근처에)]
3 하늘 한꺼번에 별이 떠 있는 광경은 잊을 수 없습니다. [いっぺんに→いっぱいに(가득히)]
4 한꺼번에 그렇게 많이는 외울 수 없습니다.

해설 一面(いちめん)に 전면에, 온통, 일대에 | 辺(へん)に 근처, 부근 | いっぱいに 가득히

문제 1　다음 문장의 (　)에 들어갈 가장 알맞은 것을 1, 2, 3, 4 중에서 하나 고르세요.

[1] **정답 : 2**
여기의 타코야키는 문어가 클 (뿐만 아니라), 맛도 좋아서 추천한다.

해설 ばかりか: ～뿐만 아니라(=ばかりではなく、だけでなく、のみならず)

[2] **정답 : 1**
이 뷔페는 일본요리(는 물론) 중화요리도 맛볼 수 있다.

해설 ～はもちろん: ～는 물론 | ～に対(たい)して: <대상, 상대> ～에 대해서, <대비, 비교> ～와(과)는 대조적으로 | ～にとって: ～에 있어서, ～의 입장에서 보면(뒤에는 자신의 의견이나 판단, 평가가 온다) | ～ばかり: ～만, ～뿐

[3] **정답 : 4**
빵은 밥(에 비해) 칼로리가 높다고 한다.

해설 ～に関(かん)して: ～에 관해서 | ～について: ～에 대해서 | ～に比(くら)べて: ～에 비해서

[4] **정답 : 4**
먹다(가 만) 빵은 냉장고에 넣는 게 좋다.

해설 ～かけ: <동작의 일시 중단> ～하다가 만　예 たべかけのパン 먹다가 만 빵

～上(あ)げ: ～을 올림　예 値上(ねあ)げ 값을 올림

～切(き)れ: ～이 다함　예 売(う)り切(き)れ 매진, 다 팔림

～たて: ～한 지 얼마 안 됨, 갓 ～함　예 焼(や)きたての魚(さかな) 갓 구운 생선

5 정답：1

갓 (지은) 밥은 맛도 향도 좋기 때문에 식욕도 증가한다.

해설 〜たて: 〜한 지 얼마 안 됨, 갓 〜함

동사 ます형+やすい/にくい: 〜하기 쉽다/어렵다

6 정답：1

내일은 운동회니까 맑으(면) 좋겠어.

해설 기본형+と: 〜(하)면

7 정답：3

뭐라고? 내가 좋아하는 아이돌이 왔었다고? (갔더라면) 좋았을 걸.

해설 アイドル 우상, 아이돌 | 〜ば よかった: 〜면 좋았을 텐데(어떤 행동을 해야 하는데 하지 않은 것에 대한 아쉬움의 표현)

8 정답：2

오늘밤부터 내일에 (걸쳐) 각지에서 눈이 쌓이겠습니다.

해설 〜から〜にかけて: <시간, 장소의 범위 한정> 〜부터 〜에 걸쳐

9 정답：4

설령 눈이 많이 오더(라도) 회사는 휴일이 되지 않는 것이 일본이다.

해설 たとえ〜ても: 설령 〜라고 해도(명사 또는 동사 어미가 む, ぶ, ぬ, ぐ로 끝나는 경우는 でも)

10 정답：3

부근 일대가 온통 눈이어서, 마치 설국에 있는 (것 같다).

해설 まるで〜ようだ: <비유> 마치 〜인 것 같다(비유 용법으로 쓰일 때는 〜ようだな 〜みたいだ)

11 정답：1

오늘은 매우 즐거웠어. (그런데) 내일 시험 준비는 괜찮겠어?

해설 접속사의 뜻

ところで	그런데, 그건 그렇고(문장을 전환할 때 사용)
ところ	곳, 장소
ところが	그러나
そして	그리고

12 **정답:1**

이번 주 일요일에는 이사를 합니다. (그러므로) 일요일 식사모임에는 참석할 수 없습니다.

해설 앞뒤가 인과 관계에 있으므로 원인, 이유를 나타내는 だから(그러므로)를 사용한다.

13 **정답:4**

내일은 중요한 회의가 있으니까 출석하지 않을 (수 없다.)

해설 わけ 시리즈

표현	뜻	사용할 때
わけにはいかない	~할 수는 없다	말하는 사람의 입장이나 사회 통념상 그렇게 할 수 없다는 느낌을 말할 때
わけだ	~할 만도 하다	그럴 만한 타당한 이유나 근거가 있어서 그렇게 되는 것이 당연하다고 말하고 싶을 때
わけではない	반드시 ~한 것은 아니다	완곡한 부정. '~わけだ'의 부정에 해당
わけがない	~할 리가 없다	논리적으로 생각했을 때 그렇게 될 가능성이 전혀 없다고 단정적으로 이야기하고 싶을 때

문제 2 다음 문장의 ★에 들어갈 가장 알맞은 것을 1, 2, 3, 4 중에서 하나 고르세요.

例:

정답: 1

원문 どれ が あなた の かばん ですか。

어느 것이 당신의 가방입니까?

올바른 순서는 4213입니다. ★의 자리에 들어갈 내용은 1이므로 정답은 1입니다.

14 **정답:4(3142)**

원문 北部 から 南部 にかけて 大雨 が 降るでしょう。

북부에서 남부에 걸쳐 많은 비가 내리겠습니다.

[15] 정답: 4(3142)

원문 何か 話し かけて 内容を 忘れてしまった 。
　　　　　　　　　　　　★

뭔가 말을 하다가 내용을 잊어버렸다.

해설 동사 ます형 +かける: ～하다 말다

[16] 정답: 4(3241)

원문 仕事は 最後の 仕上げが 重要だ 。
　　　　　　　　　★

일은 마지막 마무리가 중요하다.

[17] 정답: 4(2143)

원문 出かけよう とした ところ 雷雨になった。
　　　　　　　　　★

나가려고 했을 때 천둥이 치고 비가 왔다.

[18] 정답: 4(1243)

원문 授業が つまらない わけ ではなくて トイレが がまんできないの
　　　　　　　　　　　　　　　★
で教室を出た。
수업이 재미없는 것이 아니라 화장실을 참을 수 없어서 교실을 나왔다.

문제 3　다음 글을 읽고 문장 전체의 내용을 생각해서, [19] ~ [23]에 들어갈 가장 적당한 것을
　　　　1, 2, 3, 4 중에서 하나 고르세요.

일본에서는 최근뿐만 아니라 예부터 <연상의 마누라는 쇠짚신을 신고서라도 구하라>(가치 있는 것을 손에 넣기 위해서는 쇠짚신을 신고서라도 끈기 있게 찾아다니지 않으면 안 된다는 뜻)[19] : 라고 하는) 속담이 있듯이, 남편보다 나이가 많은 아내가 환영받고 [20] : 있는 것 같습니다). 어떤 조사에 의하면 남성의 80%가 연령을 신경 쓰지 않아, 연상의 아내를 받아들일 수 있다고 답했다([21] : 고 합니다). 그 이유로서 남성은 여성이 연상인 경우 <열심히 일하지 않아도 되니까 편하다>, <경제적으로 여유가 있으니까 좋다>, <인생의 선배이므로 여러 가지 의논할 수 있다> 등을 들었습니다. 여성은 남성이 연하인 경우, <인생 경험이 많으니까 조언해 줄 수 있다>, <자신이 주도권을 잡는다, 응석부리니까 귀엽다> 등을 들었습니다. 마지막으로 주의할 점에 대해서는 남성은 <젊은 사람을 칭찬하지 않도록 한다>, <무리를 하게끔 하지 않도록 한다>, <항상 예쁘고 많이 칭찬한다>였습니다. 여성은 <연하라고 해서 얕보는 듯한 말을 하지 않는다>, <수입에 관한 말은 하지 않는다>였습니다. 만날 찬스가 없거나 인연이 없다고 하는 사람은 연애 대상의 조건에서 <연령>을 빼고 보는 것도 괜찮을지도 모릅니다.([22] : 그렇게 하면) 만날 찬스는 더욱 넓어질 것입니다. ([23]-a : 연령)이나 ([23]-b : 수입)도 결혼 조건으로서 중요할지도 모르겠지만 그것보다 중요한 것은 마음의 문제겠지요.

해설 限らず: ~뿐만 아니라 | 女房 마누라, 아내 | わらじ 짚신 | 履く 신다, 입다 | 諺 속담 | ~によると: ~에 의하면 | 気にする 신경 쓰다 | 受け入れる 받아들이다 | 握る 잡다, 쥐다 | 甘える 응석부리다 | ほめる 칭찬하다 | 軽んじ(ず)る 얕보다, 깔보다 | 縁がない 인연이 없다

19 정답:2
1 라고 부르는   2 라고 하는   3 와 같은   4 이른바(소위)

20 정답:1
1 있는 것 같습니다.   2 있는 것입니다.   3 있을 것 같습니다.   4 있었던 것 같습니다.

21 정답:2
1 듯 합니다.   2 고 합니다.   3 것 같습니다.   4 것 같습니다.

22 정답:3
1 그리고   2 그리고(그다음에)   3 그렇게 하면   4 그래서

23 정답:4
1 a 인생 경험 / b 주도권
2 a 찬스 / b 인연
3 a 남성이 연상 / b 여성이 연상
4 a 연령 / b 수입

문제 4   다음 (1)~(4) 글을 읽고, 질문에 답하세요. 답은 1, 2, 3, 4 중에서 가장 알맞은 것을 하나 고르세요.

(1)

삼가 아룁니다.

아직 추운 날이 계속되고 있습니다만 별고 없으신지요.

이번에 새 집으로 이사해서 알려 드립니다.

A역에서 도보로 10분 정도입니다. 근처에는 벚꽃이 아름다운 공원도 있습니다.

벚꽃놀이도 겸해서 근처에 오실 때에는 꼭 들러 주세요.

우선은 연락만 드립니다.

새 주소 　도쿄도 신주쿠 구 홈마치 1-2-3

전화번호 　03-1234-5678

삼가 올림

1월 30일

해설　拝啓 배계(삼가 아룁니다) | 新居 새 집, 신축한 집 | 移る 옮기다 | 兼ねる 겸하다 |
立ち寄る 들르다 | 敬具 삼가 아뢰다, 올림(한문 투의 편지 끝에 쓰는 말)

24　정답:3

이 엽서에 대해 맞는 것은 어느 것인가?

1　벚꽃이 아름다우니 놀러 와 달라는 내용

2　잘 지내는지 어떤지 확인하는 내용

3　이사 안내

4　역에서 가까운 집이라는 안내

(2)

　어떤 잡지에서 부자와 가난한 사람의 차이에 관한 기사를 읽었다. 그 잡지에 의하면 부자는 자신에게 투자하기 위한 시간과 돈을 아끼지 않는다고 한다. 다른 사람보다 뛰어난 능력을 가지려면 그 나름대로의 시간과 돈이 필요하다고 한다. 그것이 피아노든 서예든 똑같다. 건강을 위해 운동에 소비하는 시간이나 스포츠센터에 다니는 시간은 헛된 시간이 아니다. 가난한 사람은 그 차이를 이해할 수 없는 것 같다. 사용해야 할 시간과 돈, 그것을 이해하는 능력의 차가 부자와 가난한 사람의 차이일지도 모른다.

해설　ある 어떤 | 貧乏 가난함 | 惜しむ 아끼다 | 優れる 뛰어나다 | 費やす 소비하다, 낭비하다

25　정답:4

시간과 돈에 대해서, 이 글을 쓴 사람은 어떻게 생각하고 있는가?

1　부자는 자신을 위해 시간과 돈을 쓴다.

2　타인보다 뛰어난 능력을 가지려면 시간과 돈이 필요하다.

3　운동이나 스포츠센터에 다니는 시간은 낭비다.

4　사용해야 할 시간과 돈을 이해하는 능력이 부자와 가난한 사람은 다르다.

(3)

　어떤 연구에 의하면 모기에게도 기억력이 있는 것을 알았다. 모기도 죽을 뻔한 경험은 기억하고 있어서, (잡으려고) 내리친 사람을 기억하고 있는 것 같다. 그것은 냄새에 의한 것으로, 물리는 것을 막는 사람과 그렇지 않은 사람을 학습할 수도 있다고 한다. 그러므로 모기가 앉아 있는 것을 보면 내리치는 쪽이 좋다고 한다. 그렇게 하면 모기는 그 사람의 냄새를 기억하고 있어서 다시 물러 오는 일은 없다고 한다.

<ruby>해설</ruby> <ruby>蚊<rt>か</rt></ruby> 모기 | <ruby>叩<rt>たた</rt></ruby>く 치다, 때리다, 두드리다 | <ruby>刺<rt>さ</rt></ruby>す 쏘다, 찌르다 | <ruby>防<rt>ふせ</rt></ruby>ぐ 막다 | <ruby>匂<rt>にお</rt></ruby>い 냄새

26 정답 : 2

이 글에 대해서 맞는 것은 어느 것인가?

1 모기는 소리로 사람을 기억하고 있다.
2 모기는 냄새로 사람을 기억하고 있다.
3 모기는 경험으로 사람을 기억하고 있다.
4 모기는 동작으로 사람을 기억하고 있다.

(4)

일본에서는 부담 없이 오를 수 있는 산이 많기 때문에 중장년층 사이에서는 등산이 붐을 이루고 있다. 그러나 근래에 곰이나 멧돼지 등의 출몰에다 화산 분화 등의 재해도 증가하고 있기 때문에 충분한 주의가 필요하다. 먼저 무리가 없는 등산 계획을 세우고, 등산 계획서를 가장 가까운 경찰서 또는 파출소 등에 제출할 것. 다음에 장비 등의 확실한 점검과 비상시에 대비한 예비 식료나 연료, 휴대전화를 휴대할 것. 마지막으로 등산하기 전에 반드시 기상 상황을 확인하고 필요에 따라 예정 변경을 하는 것이 중요하다.

<ruby>해설</ruby> <ruby>気軽<rt>きがる</rt></ruby>に 부담 없이, 마음 편하게 | <ruby>出没<rt>しゅつぼつ</rt></ruby> 출몰 | <ruby>加<rt>くわ</rt></ruby>える 가하다, 더하다 | <ruby>最寄<rt>もよ</rt></ruby>り 가장 가까움 | <ruby>備<rt>そな</rt></ruby>える 대비하다 | <ruby>燃料<rt>ねんりょう</rt></ruby> 연료 | <ruby>携行<rt>けいこう</rt></ruby> 휴대, 가지고 다님 | <ruby>応<rt>おう</rt></ruby>じる 응답하다, 대응하다

27 정답 : 3

이 글에 대해서 맞는 것은 어느 것인가?

1 곰이나 멧돼지 등이 나오기 때문에 등산하지 않는 게 좋다.
2 화산 분화 등의 재해가 증가하고 있기 때문에 등산하지 않는 게 좋다.
3 무리가 없는 등산 계획을 세우고, 경찰서 또는 파출소, 주재소에 제출하는 게 좋다.
4 등산 계획은 자주 예정을 변경하는 게 좋다.

문제 5 다음 (1)~(2) 글을 읽고, 질문에 답하세요. 답은 1, 2, 3, 4 중에서 가장 알맞은 것을 하나 고르세요.

(1)

①대도시에서 까마귀가 많은 것은 일본 정도일 것이다. 쓰레기를 놓는 곳에는 개나 고양이 방지 때문이 아니라, 까마귀 방지를 위해 쓰레기에 그물망이 쳐져 있다. 또한, 까마귀는 행거로 둥지를 만드는 것으로도 알려져 있다. 컬러풀한 행거로 만들어진 ②까마귀 둥지는 마치 예술 작품과 같다. 매년 3월이 되면 까마귀가 둥지를 만들기 시작한다. 그래서 1 까마귀가 머물 것 같은 장소에 철사를 설치한다. 2 모이가 되는 음식물을 두지 않는다. 3 까마귀가 음식물을 숨기는 장소가 되는 화분 등을 두지 않는다. 4 세탁물을 밖에 말리는 채로 두지

않고 바로 거둬 넣는다. 5 사용하지 않을 때는 실내에 행거를 놓아둔다. 등 ③주의하지 않으면 안 된다. 만약 전주 등에서 둥지를 발견한 경우에는 전선에 접촉해서 정전의 원인도 되므로 전력 회사에 연락하는 게 좋다. 그와 같이 애물단지인 까마귀라도 나라에서 보호받고 있으므로 함부로 죽이거나 잡아서는 안 된다. 까마귀는 대단히 머리가 좋은 새이기 때문에 어떻게든 사람들과 사이좋게 살아갈 방법을 생각하는 게 좋을 것이다.

해설) カラス 까마귀 | ゴミ置場 쓰레기 두는 장소 | 巣 둥지 | 針金 철사 | 隠す 숨기다 | 取り込む 거두어들이다 | 電柱 전주 | 勝手に 제멋대로 | 殺す 죽이다 | 捕まえる 붙잡다, 체포하다 | 〜てはいけない: 〜해서는 안 된다 | 仲よく 사이좋게

28 정답:2

①대도시에서 까마귀가 많다에 대해서, 이 글을 쓴 사람은 어떻게 생각하고 있는가?
1 까마귀는 개와 고양이와 비슷한 정도로 귀엽다.
2 까마귀가 이렇게 많은 대도시는 드물다.
3 까마귀 방지를 위해 그물망을 치는 게 좋다.
4 까마귀는 둥지를 만들기 때문에 행거를 주는 게 좋다.

29 정답:1

②까마귀 둥지는 마치 예술 작품과 같다고 하는데 어째서인가?
1 예쁜 색깔의 행거로 만든 둥지이기 때문에
2 쓰레기 그물망으로 만든 둥지이기 때문에
3 여러 가지 종류의 행거를 사용하고 있기 때문에
4 까마귀는 예술가이기 때문에

30 정답:2

③주의하지 않으면 안 된다고 하는데, 이 글을 쓴 사람은 무엇이 중요하다고 말하고 있는가?
1 사용하지 않는 행거는 밖에 놓아두는 게 좋다.
2 사용하지 않는 행거는 집 안에 놓아두는 게 좋다.
3 전주 등에서 둥지를 발견한 경우에는 사진을 찍는 게 좋다.
4 전주 등에서 둥지를 발견한 경우에는 시청에 연락하는 게 좋다.

제 5 회

(2)

①일본에서는 예부터 비에 관한 말이 많다. 예를 들면 봄에 오는 비는 <하루사메>, 그리고 5월에 내리는 비는 <사미다레>, 6월에 내리는 비는 <쯔유>, 7월이나 8월 등 여름날 오후에 내리는 비는 <유우다치>이다. 가을은 아키사메, 가을에서 겨울에 걸쳐서는 <시구레>, 겨울은 <히사메>가 있다. 그리고 비가 내리는 양에 따라 <고사메(가랑비)>, <오오아메(큰비)>, <고우우(호우)> 등의 읽는 방법도 있다. 또한 천둥이 울리면서 내리는 비는 라이우(뇌우)이다. 이와 같이 여러 가지 비에 관한 말이 있는 것은 실은 비를 싫어하는 것이 아니라, 비와 공생하려고 하는 ②일본인의 생각인 것일지도 모른다. 또한, 이들 말을 사용함으로써 계절감을 느낄 수도 있다. 이와 같이 비에 관한 말이 많은 것도 ③일본 문화의 특징인 것일지도 모른다. 일본에 오면 세련된 비 관련 용품을 사 보는 것도 재미있을 것이다.

> **해설** 〜から〜にかけて: 〜에서 〜에 걸쳐 | 嫌う 싫어하다 | 〜ではなくて: 〜이 아니고 | 共生 공생 | 季節感 계절감 | 特徴 특징 | おしゃれ 멋을 냄, 멋쟁이 | レイングッズ 비 관련 용품

[31] **정답:3**

①일본에서는 예부터 비에 관한 말이 많다에 대해서, 이 글을 쓴 사람은 어떻게 생각하고 있는가?

1 비에 관한 말이 많아서 힘들다.
2 비에 관한 말이 많기 때문에 비는 싫어한다.
3 비를 싫어하게 되는 것이 아니라, 같이 사는 것을 생각하고 있다.
4 비에 관한 말이 많은 것은 어쩔 수 없다.

[32] **정답:1**

②일본인의 생각인 것일지도 모른다에 대해서, 이 글을 쓴 사람은 어떻게 생각하고 있는가?

1 비에 관한 말에서 계절을 알 수 있다.
2 비는 일본 문화다.
3 비에 관한 말을 기억하는 게 좋다.
4 세련된 비 관련 용품을 즐길 수 있어서 좋다.

[33] **정답:4**

왜 작가는 ③일본 문화의 특징인 것일지도 모른다고 생각하는가?

1 비를 즐기려고 하는 마음이 있기 때문에
2 비 오는 날도 멋 내는 것을 잊지 않기 때문에
3 일본인은 비를 좋아하기 때문에
4 비에 관한 말이 많기 때문에

문제 6 다음 글을 읽고 질문에 답하세요. 답은 1, 2, 3, 4 중에서 가장 알맞은 것을 하나 고르세요.

　　나가노 현 야마노우치쵸 마을에 있는 지고쿠다니 야엔고엔의 <스노 몽키>는 아주 인기가 많아서, 지금은 ①세계 각국에서 이 <스노 몽키>를 보러 관광객이 방문하고 있습니다. 원래는 미국에서 1970년에 『LIFE』라는 잡지에 온천을 즐기는 원숭이가 소개된 것이 시발점이 되어 세계적으로 유명해졌습니다. 왜 이처럼 인기가 있었는가 하면 선진국에서 야생 원숭이가 있는 것은 일본뿐이어서 대단히 진귀하다고 합니다. 원숭이는 일반적으로 따뜻한 나라에 서식하고 있기 때문에 온천에 들어갈 필요도 없어, ②이와 같은 광경을 즐길 수 있는 것은 세계에서도 일본뿐인 것 같습니다. 여기의 일본원숭이는 세계에서 가장 북쪽에 살고 있는 원숭이로, 온천에 들어가서 기분 좋아 보이는 표정을 보고 있는 것만으로도 힐링되는 건지도 모릅니다. ③외국인 관광객은 열심히 1시간이나 사진을 찍는 경우도 자주 있습니다. 그런데 원숭이를 관찰할 때는 1 가능하면 떨어져서 관찰한다. 2 눈을 응시하지 않는다. 3 손을 내밀거나 만지지 않는다. 4 음식을 보여 주지 않고, 주지 않는다. 등의 주의 사항이 있습니다. 여러분도 원숭이를 관찰할 때에는 충분히 주의합시다.

> **해설** 動詞 ます형+に: ～하러 | 訪(おとず)れる 방문하다 | 珍(めずら)しい 드물다 | 生息(せいそく) 서식 | 楽(たの)しめる 즐길 수 있다 | よさそう: <양태> 좋을 것 같다 | 癒(いや)される 치유되다, 힐링되다 | なるべく 가능한 한 | 離(はな)れる 떨어지다 | 見(み)つめる 응시하다 | さわる 만지다 | 与(あた)える 주다 | ～際(さい): ～할 때 | 十分(じゅうぶん)だ 충분하다 | 気(き)をつける 조심하다, 주의하다

34 정답:3
①세계 각국에서 이 <스노 몽키>를 보러 관광객이 방문하고 있습니다라고 쓰여 있는데, 어째서인가?
1　<스노 몽키>는 아주 인기가 많기 때문에
2　미국에서 1970년에 『LIFE』라는 잡지에 소개되었기 때문에
3　선진국에서 야생원숭이가 있는 것은 일본뿐이어서 대단히 진귀하기 때문에
4　세계적으로 유명하기 때문에

35 정답:3
②이와 같은 광경이란 무엇인가?
1　원숭이는 일반적으로 따뜻한 나라에 서식하고 있는 것
2　원숭이는 일반적으로 따뜻한 나라에 서식하고 있기 때문에 온천에 들어가지 않는 것
3　온천에 들어가는 원숭이
4　세계에서 가장 북쪽에 살고 있는 원숭이

36 정답:1
③외국인 관광객은 열심히 1시간이나 사진을 찍는 경우도 자주 있습니다라고 하는데, 어째서인가?
1　온천에 들어가서 기분 좋아 보이는 표정을 보고 있으면 재미있기 때문에
2　원숭이를 연구하고 싶기 때문에
3　세계적으로 유명한 원숭이이기 때문에
4　원숭이를 관찰하러 왔기 때문에

37 정답 : 4

이 글을 쓴 사람은 원숭이를 관찰할 때에는 어떻게 하는 게 좋다고 말하고 있는가?

1 가능하면 가까이에서 보는 게 좋다.
2 원숭이 눈을 자주 보는 게 좋다.
3 원숭이와 악수하는 게 좋다.
4 원숭이에게는 그다지 다가가지 않는 게 좋다.

문제 7 오른쪽 페이지는 임대 물건의 정보입니다. 다음 문장을 읽고 아래의 질문에 답하세요. 답은 1, 2, 3, 4 중에서 가장 알맞은 것을 하나 고르세요.

쵸 씨와 린 씨는 방을 빌리려고 합니다. 예산은 75000엔 이하입니다. 쵸 씨는 자전거를 못 타기 때문에 역에서 10분 이내로 걸을 수 있는 거리가 좋습니다. 린 씨는 요리를 좋아하므로 부엌이 있는 집에 살고 싶습니다.

해설 借りる 빌리다 | ～(よ)うと考える: ～하려고 생각하다 | 予算 예산 | 歩ける 걸을 수 있다 | 距離 거리

집	집세	방 배치	교통
①	70000엔	다다미 10조 원룸, 샤워, 화장실, 부엌, 베란다 있음	역에서 걸어서 3분
②	65000엔	다다미 6조와 4조 반, 샤워, 화장실, 부엌 있음	역에서 걸어서 10분
③	80000엔	다다미 12조 원룸, 샤워, 화장실, 부엌, 베란다 있음	역 위
④	58000엔	다다미 8조 원룸, 샤워, 화장실, 부엌 있음	역에서 버스로 10분
⑤	20000엔	다다미 4조 반, 샤워, 화장실 공동, 부엌 없음	역에서 걸어서 20분
⑥	45000엔	다다미 6조, 샤워, 화장실 있음, 부엌 없음	역에서 자전거로 10분

※ 주의
계약 때에는 집세 외에 보증금, 레이킹(임대주에게 주는 사례금), 중개료, 관리비도 지불해 주세요.

38 정답 : 1

쵸 씨의 조건에 맞는 방은 어느 것인가?

1　① 또는 ②

2　③ 또는 ④

3　④ 또는 ⑤

4　⑤ 또는 ⑥

39 정답 : 3

린 씨의 조건에 맞는 방은 어느 것인가?

1　① 또는 ② 또는 ③

2　④ 또는 ⑤ 또는 ⑥

3　① 또는 ② 또는 ④

4　③ 또는 ④ 또는 ⑥

제
5
회

問題 1

問題 1 では、まず質問を聞いてください。それから話を聞いて、問題用紙の 1 から 4 の中から、最も良いものを一つ選んでください。

문제1에서는 먼저 질문을 들으세요. 그리고 이야기를 듣고 문제용지의 1에서 4 중에서 가장 적당한 것을 하나 고르세요.

例 :

男の人と女の人が話しています。男の人は何時に家を出ますか。

M : パーティーは 7 時からだから、6 時半に出れば間に合うよね。

F : ここから 30 分で着くからね。

M : あっ、でも夜は道路が込むから、早めに出たほうがいいかな。

F : じゃ、6 時に出る？わたし、買い物したいから、5 時に出てもいい？

M : そうなの？じゃ、僕も一緒に行くよ。

男の人は何時に家を出ますか。

1　5 時

2　6 時

3　6 時半

4　7 時

정답 : 1

남자와 여자가 이야기하고 있습니다. 남자는 몇 시에 집을 나오겠습니까?

남: 파티는 7시부터니까 6시 반에 나가면 시간에 맞출 수 있겠지.

여: 여기서 30분이면 도착하니까.

남: 아, 하지만 밤에는 도로가 붐비니까 일찌감치 나가는 게 좋겠네.

여: 그럼, 6시에 나갈까? 난, 쇼핑하고 싶으니까 5시에 나가도 돼?

남: 그래? 그럼 나도 같이 갈게.

남자는 몇 시에 집을 나오겠습니까?

1 5시

2 6시

3 6시반

4 7시

答えは 1 ですから、答えはこのように書きます。

정답은 1번이므로 이와 같이 적습니다.

1 番

女の人と男の人が電話で話しています。女の人はどうやって行きますか。

F：あの、道がわからないんですが、教えていただけますか。

M：はい、今どちらにいらっしゃいますか。

F：今、駅にいます。

M：駅からでしたら、そこからまっすぐ行って二つ目の信号の手前を右に曲がってください。

F：信号の手前を右ですね。

M：そしてそこをまっすぐ行くと突き当たりにあります。

F：わかりました。どうもありがとうございます。

M：いいえ、どういたしまして。

女の人はどうやって行きますか。

1번　정답:3

여자와 남자가 전화로 이야기하고 있습니다. 여자는 어떻게 가겠습니까?

여: 저, 길을 모르겠는데 가르쳐 수시겠습니까?

남: 예, 지금 어디에 계십니까?

여: 지금 역에 있습니다.

남: 역에서라면 거기서 똑바로 가서 두 번째 신호등 직전에서 오른쪽으로 돌아 주세요.

여: 신호등 직전에서 오른쪽으로 말이죠?

남: 그리고 그곳을 똑바로 가면 막다른 곳에 있습니다.

여: 알겠습니다. 대단히 감사합니다.

남: 아니오, 별말씀을요.

여자는 어떻게 가겠습니까?

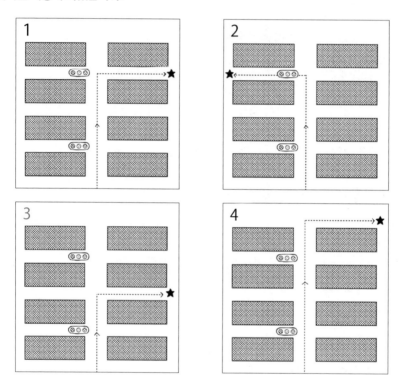

2 番 _{ばん}

男の人と女の人が話しています。二人はどの映画を見ますか。

M : ねえ、どの映画にする？

F : わたしは恋愛ものがいいなあ。

M : 恋愛もの？僕はドキドキするアクション映画見たいなあ。

F : 歴史映画なんてどう？

M : 歴史映画はアクション映画なの？

F：うん、歴史映画なら、何でも入っているでしょう。

M：そうなの？それはアニメ？

F：違うわよ。有名な俳優が出ている映画よ。これに決まりね。

二人はどの映画を見ますか。

2번   정답:4

남자와 여자가 이야기하고 있습니다. 두 사람은 어느 영화를 보겠습니까?

남: 저기 말이야, 어느 영화로 볼 거야?

여: 나는 연애물이 좋아.

남: 연애물? 나는 두근두근하는 액션영화를 보고 싶어.

여: 역사영화 같은 것은 어때?

남: 역사영화는 액션영화야?

여: 응, 역사영화라면 뭐든지 들어 있겠지.

남: 그래? 그거 애니메이션이야?

여: 아니야, 유명한 배우가 나오는 영화야. 이걸로 결정된 거야.

두 사람은 어느 영화를 보겠습니까?

1   연애영화

2   액션영화

3   애니메이션

4   역사영화

3番

女の人と男の人が話しています。二人はどの写真を選びましたか。

F：ねえ、来年のカレンダーの写真なんだけど、どれがいいと思う？

M：来年ねえ。山の風景はどうかな。静かな気持ちになれると思うよ。

F：山ねえ。山の四季はいいかもしれないわね。ところで海の写真はどう？

M：海もいいけど、海のイメージは夏が強いよね。果物はどうかな？

F：果物も季節感があっていいけど、たくさんあって選ぶのが面倒くさそう。最近は動

物のカレンダーも人気があるけど、どう思う？

M：動物はかわいいけど、季節感がないよね。

F：じゃあ、やっぱり一目で季節がわかって、心が癒されるこの写真にしようか。

M：じゃあ、これにしよう。

二人はどの写真を選びましたか。

3번　정답：1

여자와 남자가 이야기하고 있습니다. 두 사람은 어느 사진을 골랐습니까?

여: 저기 말이야, 내년 달력 사진 말인데 어느 것이 좋다고 생각해?

남: 내년 말이지. 산 풍경은 어떨까? 조용한 마음이 될 수 있을 것 같은데.

여: 산 말이지. 산의 사계절은 괜찮을 것 같네. 그런데 바다 사진은 어때?

남: 바다도 좋지만 바다 이미지는 여름이 강해. 과일은 어떨까?

여: 과일도 계절감이 있어서 괜찮지만 많이 있어서 고르는 것이 귀찮을 것 같아. 최근에는 동물 달력도 인기가 있는데 어떻게 생각해?

남: 동물은 귀엽지만 계절감이 없어.

여: 그럼 역시 한눈에 계절감을 알 수 있고 마음이 힐링되는 이 사진으로 할까?

남: 그럼, 이걸로 하자.

두 사람은 어느 사진을 골랐습니까?

1　산 풍경

2　바다 풍경

3　과일 사진

4　동물 사진

4番

男の人と女の人が話しています。男の人はどのお土産を買いますか。

M：お土産何がいいかな？

F：誰にあげるの？

M：弟。

F：弟さん？今年、高校受験じゃなかったっけ？

M：そうだよ。よく覚えているね。

F：じゃ、お守りにしたら？合格守りとか、合格鉛筆なんかもいいかも。

M：絵馬とか、キーホルダーもあるけど、何がいいかな？

F：絵馬は普通持ち帰らないから、実用的な物がいいんじゃない？

M：そうだね。試験当日使える物のほうがいいかもしれないね。じゃ、これにするよ。

男の人はどのお土産を買いますか。

4번　정답:2

남자와 여자가 이야기하고 있습니다. 남자는 어느 선물을 사겠습니까?

남: 선물 뭐가 좋을까?

여: 누구에게 줄 건데?

남: 남동생.

여: 남동생이라고? 올해 고등학교 입시 시험 치르는 것 아니었어?

남: 맞아. 잘 기억하고 있네.

여: 그럼 부적으로 하는 게 어때? 합격 부적이라든가 합격 연필 같은 것도 괜찮을 것 같아.

남: 에마라든가 열쇠고리도 있는데 뭐가 좋을까?

여: 에마는 보통 집에 가져가지 않으니까 실용적인 것이 좋지 않겠어?

남: 그러네. 시험 당일 사용할 수 있는 물건이 좋을지도 몰라. 그럼, 이걸로 할게.

남자는 어느 선물을 사겠습니까?

1　합격 부적

2　합격 연필

3　열쇠고리

4　에마

> 해설　에마(絵馬): 신사나 절에 기원할 때나 기원한 소원이 이루어져 그 사례를 할 경우에 신사나 절에 봉납하는 말의 그림이 그려신 나무핀

5番

男の人と女の人が話しています。男の人はどのケーキを選びましたか。

M : どれにしようか、迷っちゃうよね。

F : ケーキ好きだったなんて、意外！スイーツ男子だったんだね。

M : そうだよ。このフルーツケーキ、果物がみずみずしくておいしそうだね。

F : わたしはチーズケーキが好き。濃厚なチーズ味がたまらないわ。

M : 僕はどうしよう？紅茶味もいいし、抹茶味もいいなあ。

F : 優柔不断ね。

M : チョコレートもいいなあ。ねえ、代わりに決めてよ。

F : え、わたしが？じゃ、季節の味が楽しめるものにしたら？

M : うん、そうするよ。

男の人はどのケーキを選びましたか。

5번　정답 : 1

남자와 여자가 이야기하고 있습니다. 남자는 어느 케이크를 골랐습니까?

남: 어느 것으로 할까, 망설여지네.

여: 케이크를 좋아했다니 의외야! 단것을 좋아하는 남자였네.

남: 맞아, 이 과일케이크 과일이 싱싱해서 맛있겠다.

여: 난 치즈케이크를 좋아해. 진한 치즈 맛이 죽여줘.

남: 난 어떡할까? 홍차 맛도 좋고, 말차 맛도 괜찮은데.

여: 우유부단하네.

남: 초콜릿도 괜찮은데. 저기 말이야, 대신 정해 줘.

여: 뭐라고, 내가? 그럼, 계절의 맛을 즐길 수 있는 것으로 하는 게 어때?

남: 응, 그럴게.

남자는 어느 케이크를 골랐습니까?

1　과일케이크

2　치즈케이크

3　홍차케이크

4　초콜릿케이크

6番
<ruby>ばん<rt></rt></ruby>

<ruby>女<rt>おんな</rt></ruby>の<ruby>人<rt>ひと</rt></ruby>と<ruby>男<rt>おとこ</rt></ruby>の<ruby>人<rt>ひと</rt></ruby>が<ruby>話<rt>はな</rt></ruby>しています。<ruby>男<rt>おとこ</rt></ruby>の<ruby>人<rt>ひと</rt></ruby>は<ruby>何<rt>なに</rt></ruby>を<ruby>飲<rt>の</rt></ruby>みますか。

F : わたしはカフェラテ、ホットで。

M : <ruby>僕<rt>ぼく</rt></ruby>は<ruby>朝<rt>あさ</rt></ruby>、もうコーヒーを<ruby>飲<rt>の</rt></ruby>んだから、ノンカフェインがいいな。ジュースにしようかな。

F : コーヒー、<ruby>一日<rt>いちにち</rt></ruby><ruby>2杯<rt>にはい</rt></ruby>くらいは<ruby>飲<rt>の</rt></ruby>んでも<ruby>大丈夫<rt>だいじょうぶ</rt></ruby>よ。

M : そうなの？じゃ、<ruby>僕<rt>ぼく</rt></ruby>もコーヒーにしようかな。

F : <ruby>何<rt>なに</rt></ruby>が<ruby>好<rt>この</rt></ruby>みなの？

M : モカとかカプチーノとか。<ruby>今日<rt>きょう</rt></ruby>はチョコレート<ruby>味<rt>あじ</rt></ruby>にしようかな。

F : そう。ホットそれともアイス？

M : <ruby>僕<rt>ぼく</rt></ruby>は<ruby>一年中<rt>いちねんじゅう</rt></ruby>、アイスが<ruby>好<rt>す</rt></ruby>きなんだ。

<ruby>男<rt>おとこ</rt></ruby>の<ruby>人<rt>ひと</rt></ruby>は<ruby>何<rt>なに</rt></ruby>を<ruby>飲<rt>の</rt></ruby>みますか。

6번 　정답:4

제 5 회

여자와 남자가 이야기하고 있습니다. 남자는 무엇을 마시겠습니까?

여: 나는 카페라테, 따뜻한 걸로.

남: 난 아침에 이미 커피를 마셨으니까 카페인 없는 것이 좋겠어. 주스로 할까.

여: 커피, 하루에 2잔 정도는 마셔도 괜찮아.

남: 그래? 그럼 나도 커피로 할까.

여: 취향이 어떤 거야?

남: 모카라든가 카푸치노 같은 거. 오늘은 초콜릿 맛으로 할까.

여: 알았어. 따뜻한 거? 아니면 시원한 거?

남: 나는 1년 내내 시원한 거를 좋아해.

남자는 무엇을 마시겠습니까?

1   따뜻한 카페라테

2   아이스 카페라테

3   주스

4   아이스 모카

問題 2

問題 2 では、まず質問を聞いてください。そのあと、問題用紙を見てください。読む時間があります。それから話を聞いて、問題用紙の 1 から 4 の中から、最もよいものを一つえらんでください。

문제2에서는 먼저 질문을 들으세요. 그 후에 문제용지를 보세요. 읽을 시간이 있습니다. 그런 다음 이야기를 듣고 문제용지의 1에서 4 중에서 가장 적당한 것을 하나 고르세요.

例：

男の人が女の人と話しています。男の人は、パーティーはどうしてまあまあだと言いましたか。

M：昨日のパーティー、どうして来なかったの？

F：残業があったから。ところで、どうだった？楽しかった？

M：う〜ん、まあまあだったよ。料理も飲み物もよかったよ。いろいろおもしろいイベントあったけどね。

F：ふ〜ん、そうなんだ。でも、どうしてそれがまあまあなの？

M：君が来なかったから、寂しかったんだよ。

男の人は、パーティーはどうしてまあまあだと言いましたか。

1　女の人がパーティーに行かなかったから。

2　料理も飲み物もよかったから。

3　いろいろおもしろいイベントがあったから。

4　残業があったから。

정답：1

남자가 여자와 이야기하고 있습니다. 남자는 파티는 왜 별로라고 했습니까?

남: 어제 파티에 왜 안 온 거야?

여: 잔업이 있어서 못 갔어. 그런데 어땠어? 재미있었어?

남: 음~, 그저 그랬어. 요리도 음료수도 괜찮았어. 여러 가지 재미있는 이벤트도 있었지만.

여: 아~, 그랬구나. 그런데 왜 그게 별로야?

남: 네가 오지 않았기 때문에 쓸쓸했던 거야.

남자는 파티는 왜 별로라고 했습니까?

1   여자가 파티에 가지 않았기 때문에
2   요리도 음료수도 괜찮았기 때문에
3   여러 가지 재미있는 이벤트가 있었기 때문에
4   잔업이 있었기 때문에

答えは 1 ですから、答えはこのように書きます。

정답은 1번이므로 이와 같이 적습니다.

1番

会社で、女の人が男の人と話しています。どうしてコピーができませんか。

F ：あの、このコピー機、コピーできないんですけど。

M ：あ、これ。よく紙が詰まるんだよね。

F ：紙詰まりではなさそうです。

M ：そうなの？どこがおかしいのかな？インクがないとか？

F ：インクですか。インクは換えたばかりです。

M ：このボタン、ファックスになっているんじゃない？

F ：え、ファックスボタンですか？このコピー機、ファックスも送れるんですね。

M ：あ、そうじゃなくて、紙がないよ。これ。

どうしてコピーができませんか。

1번   정답：4

회사에서 여자가 남자와 이야기하고 있습니다. 왜 복사를 할 수 없습니까?

여: 저, 이 복사기 복사가 안 되는데요.

남: 아, 이거. 자주 종이가 끼여.

여: 종이가 끼인 게 아닌 것 같습니다.

남: 그래? 어디가 이상한 거지? 잉크가 없다든가?

여: 잉크 말입니까? 잉크는 교환한 지 얼마 되지 않았습니다.

남: 이 버튼, 팩스로 되어 있는 게 아닌가?

여: 네? 팩스 버튼이라고요? 이 복사기, 팩스도 보낼 수 있는 거군요?

남: 아, 그게 아니라 종이가 없어. 이거.

왜 복사를 할 수 없습니까?

1   종이가 끼었기 때문에

2   잉크가 없기 때문에

3   팩스 버튼으로 되어 있기 때문에

4   종이가 없기 때문에

2番

会社で女の人が話しています。女の人はどうして悲しんでいますか。

F1 : どうしたの？落ち込んでいるの？

F2 : うん、ちょっと彼氏とね。

F1 : 何があったの？

F2 : デートの約束、2回連続でキャンセルされたの。

F1 : え、そんな彼氏、別れちゃいなさいよ。あなたは味のしなくなったガムを食べ続けるの？新しいガム、食べたくない？

F2 : え？味のしなくなったガムは食べないけど。

F1 : 地球上に男は 35 億人もいるのよ。

F2 : わかったわ。今度合コンするとき、誘ってね。

女の人はどうして悲しんでいますか。

2번   정답:2

회사에서 여자가 이야기하고 있습니다. 여자는 왜 슬퍼하고 있습니까?

여 1: 왜 그래? 혹시 기분이 다운된 거야?

여2: 응, 남자친구하고 좀.

여1: 무슨 일이 있었어?

여2: 데이트 약속, 2번 연속으로 거절당했어.

여1: 에, 그런 남자친구 헤어져 버려. 넌 단맛이 나지 않는 껌을 계속 씹고 있을 거야? 새로운 껌 씹고 싶지 않아?

여2: 뭐라고? 단맛이 나지 않는 껌은 씹지 않는데.

여1: 지구상에는 남자는 35억 명이나 있어.

여2: 알았어. 다음에 미팅할 때 불러 줘.

여자는 왜 슬퍼하고 있습니까?

1 남자친구가 다른 여자와 걷고 있었기 때문에

2 계속 남자친구와 만날 수 없기 때문에

3 단맛이 나지 않는 껌을 계속 씹고 있기 때문에

4 미팅에 참가한 적이 없기 때문에

3番

女の人が男の人と話しています。女の人はどうしてジムに通っていますか。

F : どうもお疲れ様でした。お先に失礼します。

M : そんなに急いでどこに行くの？

F : スポーツジムです。

M : そんな毎日通って、何が楽しいの？ダイエットでもしているの？

F : いいえ、体を動かすのが好きなんです。

M : 疲れているのに？誰かお目当ての人がいるとか？

F : いませんよ。そんな人。体を動かしていると、嫌なこと全部忘れられるんですよ。

M : へえ、そうなんだ。じゃ、僕も行ってみようかな。

F : じゃ、早速行きましょう。

女の人はどうしてジムに通っていますか。

3번 정답 : 4

여자가 남자와 이야기하고 있습니다. 여자는 왜 스포츠센터에 다니고 있습니까?

여: 대단히 수고하셨습니다. 먼저 실례하겠습니다.

남: 그렇게 급히 어디에 가는 거야?

여: 스포츠센터에 가요.

남: 그렇게 매일 다녀서 뭐가 재미있는 거야? 다이어트라도 하는 거야?

여: 아니오, 몸을 움직이는 것을 좋아해서요.

남: 피곤한데도? 누군가 관심 있는 사람이 있다는가?

여: 없어요. 그런 사람. 몸을 움직이면 불쾌한 일을 모두 잊을 수 있으니까요.

남: 오, 그렇구나. 그럼, 나도 가 볼까.

여: 그럼, 빨리 가요.

여자는 왜 스포츠센터에 다니고 있습니까?

1   다이어트를 하고 있기 때문에

2   관심 있는 사람이 있기 때문에

3   피곤하기 때문에

4   스트레스가 있기 때문에

4番

男の人が女の人と話しています。男の人は何をまちがえたのですか。

M : ごめん、ごめん。

F : どうして遅れたのよ。時間忘れたの？

M : いや、時間を忘れたんじゃなくて、ちょっと勘違いをしていて。

F : 場所？場所はメッセージで送ったでしょう？

M : 今日だということをすっかり忘れていたんだ。

F : 信じられない。何で忘れるのよ。

M : 今週じゃなくて、来週だと思っていたんだよ。それで君のメッセージを見て、急いで駆けつけて来たんだ。ごめんね。

F : まったく。おっちょこちょいなんだから。

<ruby>男<rt>おとこ</rt></ruby>の<ruby>人<rt>ひと</rt></ruby>は<ruby>何<rt>なに</rt></ruby>をまちがえたのですか。

4번　정답:3

남자가 여자와 이야기하고 있습니다. 남자는 무엇을 잘못 안 것입니까?

남: 미안, 미안.

여: 왜 늦은 거야. 시간 잊은 거야?

남: 아니, 시간을 잊은 게 아니라, 잠깐 착각을 해서.

여: 장소? 장소는 메시지로 보냈잖아.

남: 오늘이라는 걸 깜빡 잊어버렸어.

여: 말도 안 돼. 왜 잊어버리는 거야.

남: 이번 주가 아니라 다음 주라고 생각했었어. 그래서 너의 메시지를 보고 급히 달려온 거야. 미안해.

여: 참. 정말 덜렁이라니깐.

남자는 무엇을 잘못 안 것입니까?

1 시간
2 장소
3 날짜
4 메시지

5<ruby>番<rt>ばん</rt></ruby>

<ruby>女<rt>おんな</rt></ruby>の<ruby>人<rt>ひと</rt></ruby>が<ruby>男<rt>おとこ</rt></ruby>の<ruby>人<rt>ひと</rt></ruby>と<ruby>話<rt>はな</rt></ruby>しています。この<ruby>店<rt>みせ</rt></ruby>で<ruby>注文<rt>ちゅうもん</rt></ruby>できるものは<ruby>何<rt>なん</rt></ruby>ですか。

F：いらっしゃいませ。ご<ruby>注文<rt>ちゅうもん</rt></ruby>はお<ruby>決<rt>き</rt></ruby>まりですか？

M：あの、このランチセットをお<ruby>願<rt>ねが</rt></ruby>いします。

F：<ruby>申<rt>もう</rt></ruby>し<ruby>訳<rt>わけ</rt></ruby>ありませんが、ランチは<ruby>午後<rt>ごご</rt></ruby>2<ruby>時<rt>じ</rt></ruby>までとなっております。

M：じゃ、この<ruby>麺類<rt>めんるい</rt></ruby>や<ruby>丼物<rt>どんもの</rt></ruby>はありますか。

F：<ruby>麺類<rt>めんるい</rt></ruby>も<ruby>丼物<rt>どんもの</rt></ruby>も<ruby>午後<rt>ごご</rt></ruby>2<ruby>時<rt>じ</rt></ruby>までとなっております。<ruby>午後<rt>ごご</rt></ruby>2<ruby>時<rt>じ</rt></ruby>からはアフタヌーンティーセットがございます。

M：アフタヌーンティーセット？

F：はい、ケーキやサンドイッチなどがございますが、いかがでしょうか。

M : じゃあ、甘くないほうをください。飲み物はアイスティーで。

F : はい、かしこまりました。

この店で注文できるものは何ですか。

5번   정답 : 4

여자가 남자와 이야기하고 있습니다. 이 가게에서 주문할 수 있는 것은 무엇입니까?

여: 어서 오세요. 주문은 결정되었습니까?

남: 저, 이 런치 세트를 부탁합니다.

여: 죄송합니다만 런치는 오후 2시까지로 되어 있습니다.

남: 그럼, 이 면 종류나 덮밥 종류는 있습니까?

여: 면 종류도 덮밥 종류도 오후 2시까지로 되어 있습니다. 오후 2시부터는 애프터눈 티 세트가 있습니다.

남: 애프터눈 티 세트라고요?

여: 예, 케이크나 샌드위치 등이 있는데 어떠신지요?

남: 그럼, 달지 않은 쪽을 주세요. 음료수는 아이스티로 주시고요.

여: 예, 알겠습니다.

이 가게에서 주문할 수 있는 것은 무엇입니까?

1   런치 세트

2   면 종류

3   덮밥 종류

4   샌드위치

6番

会社で男の人が女の人と話しています。女の人がこれから気をつけることは何ですか。

M : ちょっと君、これじゃ困るよ。

F : はい、何でしょうか。枚数が違ってましたか。

M : そうじゃなくて、よく見てくれよ。

F : あっ、ホッチキスの位置ですか。

M : 違うよ。書類の両面を見なさい。

F : あっ、上下が逆さまに。

M : しっかりしてくれよ。疲れているなら、少しお茶でも飲んで休んでから、もう一度
コピーしておいてね。

F : はい、申し訳ありませんでした。

女の人がこれから気をつけることは何ですか。

6번　정답:1
회사에서 남자가 여자와 이야기하고 있습니다. 여자가 앞으로 조심할 것은 무엇입니까?

남: 이봐 자네, 이러면 곤란해.

여: 네? 뭣 때문에 그러시죠. 장 수가 틀렸습니까?

남: 그게 아니라 잘 봐봐.

여: 앗, 호치키스 위치인가요?

남: 아니야, 서류의 양면을 봐.

여: 앗, 위아래가 거꾸로 되었네요.

남: 제대로 해 줘. 피곤하면 잠시 차라도 마시고 쉬었다가 한 번 더 복사해 줘.

여: 예, 죄송합니다.

여자가 앞으로 조심할 것은 무엇입니까?

1   복사의 위아래가 거꾸로 되어 있었던 것
2   복사 장수
3   호치키스 위치
4   너무 피곤한 것

問題 3

問題 3 では、問題用紙に何もいんさつされていません。この問題は、ぜんた
いとしてどんなないようかを聞く問題です。話の前に質問はありません。

まず話を聞いてください。それから質問とせんたくしを聞いて、1から4の中から、最もよいものを一つえらんでください。

문제3에서는 문제용지에 아무것도 인쇄되어 있지 않습니다. 이 문제는 전체적으로 어떤 내용인지를 묻는 문제입니다. 이야기 전에 질문은 없습니다. 먼저 이야기를 들으세요. 그런 다음 질문과 선택지를 듣고 1에서 4 중에서 가장 적당한 것을 하나 고르세요.

例:

女の人と男の人が話しています。男の人は何がいちばんよかったと言っていますか。

F : 昨日のレストランのビュッフェ、よかったね。

M : 何がよかったの。

F : 料理も飲み物も種類が多くて、大満足だった。

M : そうなの。僕はやっぱり、インテリアが専門だから、料理よりそっちのほうに興味があるよ。僕も大満足だったよ。音楽もまあまあよかったしね。

F : インテリアねえ。

男の人は何がいちばんよかったと言っていますか。

1   料理の種類が多かったこと
2   飲み物の種類が多かったこと
3   インテリアがよかったこと
4   音楽がよかったこと

정답: 3

여자와 남자가 이야기하고 있습니다. 남자는 무엇이 가장 좋았다고 말하고 있습니까?

여: 어제 간 레스토랑 뷔페, 괜찮았어.

남: 뭐가 좋았어?

여: 요리도 음료수도 종류가 많아서 아주 만족했어.

남: 그래? 난 역시 인테리어가 전문이니까 요리보다 그쪽에 흥미가 있어. 나도 아주 만족했어. 음악도 그럭저럭 좋았고.

여: 인테리어 말이지.

남자는 무엇이 가장 좋았다고 말하고 있습니까?

1 요리 종류가 많았던 것

2 음료수 종류가 많았던 것

3 인테리어가 좋았던 것

4 음악이 좋았던 것

答えは 3 ですから、答えはこのように書きます。

정답은 3번이므로 이와 같이 적습니다.

1番

女の人が男の人と話しています。店の何がよかったと言っていますか。

F：さっきのお店よかったわね。

M：何がよかったの？

F：え、気がつかなかったの？

M：トイレが清潔だったとか？

F：そうじゃなくて。

M：野菜も肉も新鮮で、デザートもまあまあおいしかったよね。

F：もちろん味もよかったけど、何よりもあの爽やかな笑顔がよかったわ。

M：えっ、食べている間、僕の顔見てるのかと思った。

F：違うわよ。いつも見ている顔じゃない？何を今さら。

店の何がよかったと言っていますか。

1 トイレが清潔だったこと

2 野菜も肉も新鮮だったこと

3 デザートが美味しかったこと

4 スタッフの笑顔がよかったこと

1번　정답:4

여자가 남자와 이야기하고 있습니다. 가게의 무엇이 좋았다고 합니까?

여: 아까 갔던 가게 좋았지 그치.

남: 뭐가 좋았어?

여: 아니, 몰랐어?

남: 화장실이 깨끗했다든가.

여: 그게 아니고.

남: 야채도 고기도 신선하고 디저트도 그럭저럭 맛있었지.

여: 물론 맛도 좋았지만 무엇보다도 그 상큼한 미소가 좋았어.

남: 에이, 뭐야. 먹고 있는 동안에 내 얼굴 보고 있는 건가 하고 생각했지.

여: 아냐, 항상 보고 있는 얼굴이잖아? 뭘 새삼스럽게.

가게의 무엇이 좋았다고 합니까?

1　화장실이 청결했던 것

2　야채도 고기도 신선했던 것

3　디저트가 맛있었던 것

4　직원의 미소가 좋았던 것

2番

女の人が話しています。何にいちばん気をつけたほうがいいと言っていますか。

F ： ここ数日、東北からの風の影響で、空気が悪くなっています。外に出る時は、マスクはもちろん、外から帰った時はうがいも忘れずにしてくださいね。そして何よりも大切なのは睡眠です。睡眠不足だといろいろな病気になりやすいですから、睡眠は十分にとったほうがいいでしょう。また、栄養不足も病気の元ですから、栄養不足だと感じたら、ビタミン剤を飲むのもいいかもしれません。

何にいちばん気をつけたほうがいいと言っていますか。

1　外に出る時は、マスクをしたほうがいい。

2　外から帰ったら、うがいをしたほうがいい。

3　睡眠は十分にとったほうがいい。

4　ビタミン剤を飲んだほうがいい。

2번　정답:3

여자가 이야기하고 있습니다. 무엇에 가장 조심하는 게 좋다고 합니까?

여 : 최근 며칠, 동북 지방에서 부는 바람의 영향으로 공기가 나빠져 있습니다. 밖에 나갈 때는 마스크는 물론, 밖에서 돌아왔을 때는 양치질도 잊지 말고 해 주세요. 그리고 무엇보다도 중요한 것은 수면입니다. 수면이 부족하면 여러 가지 병이 생기기 쉬우므로 수면은 충분히 취하는 게 좋겠습니다. 또 영양 부족도 병의 근원이므로 영양 부족이라고 느끼면 비타민제를 먹는 것도 괜찮습니다.

무엇에 가장 신경 쓰는 게 좋다고 합니까?

1　외출할 때는 마스크를 끼는 게 좋다.
2　밖에서 돌아오면 양치질을 하는 게 좋다.
3　수면은 충분히 취하는 게 좋다.
4　비타민제를 먹는 게 좋다.

3 番

男の人が話しています。携帯電話で何が迷惑だと言っていますか。

M : 携帯電話の普及により、いつでも誰でもすぐに連絡が取れるようになってから久しいですが、やはり大切なのはマナーでしょう。会議中などで電話に出られない時に、何度も電話がかかってきて心配になって出てみると、大したことのない電話だったりします。また、一人の人が何通もメッセージを送ってくるのも、怖い感じがします。どんなに便利でも相手を思いやるマナーと気持ちが大切ですね。

携帯電話で何が迷惑だと言っていますか。

1　何度も電話がかけられること
2　一人の人が何通もメッセージを送ってくること
3　いつでも誰でもすぐに連絡が取て便利なこと
4　何度も電話がかけられること

3번　정답:2

남자가 이야기하고 있습니다. 휴대전화 때문에 무엇이 민폐라고 합니까?

남 : 휴대전화의 보급에 따라 언제든지 누구라도 바로 연락을 취할 수 있게 된 지 오래되었습니다만,

445

역시 중요한 것은 매너입니다. 회의 중이거나 해서 전화를 받을 수 없을 때에, 여러 번 전화가 걸려 와서 걱정되어서 받아 보면 별것 아닌 전화이거나 합니다. 또한 한 사람이 몇 통이나 메시지를 보내오는 것도 무서운 느낌이 듭니다. 아무리 편리하더라도 상대를 배려하는 매너와 마음이 중요하지요.

휴대전화 때문에 무엇이 민폐라고 합니까?

1   여러 번 전화가 걸려오는 것
2   한 사람이 몇 통이나 메시지를 보내오는 것
3   언제든지 누구라도 바로 연락을 취할 수 있어서 편리한 것
4   중요하지 않은 전화가 걸려오는 것

問題 4

もんだい 4 では、えを 見みながら 質問しつもんを 聞きいてください。やじるし（→）の 人ひとは 何なにと 言いいますか。 1 から 3 の 中なかから、最もっともよいものを 一ひとつえらんでください。

문제4에서는 그림을 보면서 질문을 들으세요. 화살표(→)가 가리키는 사람은 뭐라고 말하겠습니까? 1에서 3 중에서 가장 적당한 것을 하나 고르세요.

れい
例 :
友ともだちが 試験しけんに 合格ごうかくしました。何なんと 言いいますか。

F ： 1　またがんばればいいよ。
　　 2　おめでとう。
　　 3　ありがとう。

정답 : 2

친구가 시험에 합격했습니다. 뭐라고 말하겠습니까?

여 : 1　다음에 열심히 하면 돼.
　　 2　축하해.
　　 3　고마워.

答こたえは 2 ですから、答こたえはこのように 書かきます。

정답은 2번이므로 이와 같이 적습니다.

1 番^{ばん}

試着室^{し ちゃくしつ}から出^でてきたお客^{きゃく}さんが店員^{てんいん}に意見^{い けん}を聞^ききます。店員^{てんいん}は何^{なん}と答^{こた}えますか。

F : 1　ちょうどいいです。

　　2　よく合^あっています。

　　3　とてもよくお似合^{に あ}いです。

1번　정답：3

시착실(탈의실)에서 나온 손님이 점원에게 의견을 묻습니다. 점원은 뭐라고 대답하겠습니까?

여: 1　딱 좋습니다.

　　2　잘 맞습니다.

　　3　매우 잘 어울리십니다.

2 番^{ばん}

空港^{くうこう}で手荷物検査^{て に もつけん さ}を受^うけています。中^{なか}に危険物^{き けんぶつ}はないかと聞^きかれました。何^{なん}と答^{こた}えますか。

M : 1　いいえ、何^{なん}でも入^{はい}っています。

　　2　はい、何^{なに}も入^{はい}っています。

　　3　いいえ、何^{なに}も入^{はい}っていません。

2번　정답：3

공항에서 수하물검사를 받고 있습니다. 안에 위험물은 없느냐는 질문을 받았습니다. 뭐라고 대답하겠습니까?

남: 1　아니오, 뭐든지 들어 있습니다.

　　2　예, 아무것도 들어 있습니다.

　　3　아니오, 아무것도 들어 있지 않습니다.

3 番^{ばん}

会社^{かいしゃ}でお客^{きゃく}さんと電話^{でん わ}で話^{はな}しています。相手^{あい て}の声^{こえ}が小^{ちい}さくてよく聞^きこえません。何^{なん}と言^い

いますか。

F : 1 すみません。お電話が遠いようです。

2 もっと大きな声で話してください。

3 よく聞こえません。

3번　정답 : 1

회사에서 손님과 전화로 이야기하고 있습니다. 상대방의 목소리가 작아서 잘 들리지 않습니다. 뭐라고 말하겠습니까?

여: 1 죄송합니다. 전화가 먼 것 같습니다.

2 더 큰소리로 말해 주세요.

3 잘 들리지 않습니다.

> **해설** 이 문제는 일본인의 성격이나 문화에 대한 이해가 있어야 알 수 있는 문제이기 때문에 단편적인 문장이나 단어의 의미만으로는 이해하기 어려울 수 있다. 한국 사람 입장에서는 2번의 '더 큰소리로 말해 주세요'도 맞다고 할 수 있으나 일반적으로 일본 사람들은 2번으로 말하면 잘 안 들리는 이유가 상대방의 목소리가 작아서 안 들린다고 상대를 탓하는 말이 되어 버리기 때문에 잘 쓰지 않는다. 가능하면 안 들리는 이유를 전화기나 전파 탓으로 돌려 상대가 기분 나쁘지 않도록 배려하는 말을 쓰고 있다. 1번처럼 말하는 것은 전화기가 나온 지 얼마 안 된 과거에는 전화기 사정이 좋지 않아 장거리 전화는 잘 들리지 않는 경우가 많았기 때문에 생긴 말로 관용적으로 자주 쓰는 말이다.

4 番

日本語が上手だとほめられました。何と答えますか。

M : 1 はい、上手です。

2 いいえ、まだまだです。

3 いいえ、もっと下手です。

4번　정답 : 2

일본어를 잘한다고 칭찬받았습니다. 뭐라고 대답하겠습니까?

남: 1 예, 잘합니다.

2 아니오, 아직 멀었습니다.

3 아니오, 더 서툽니다.

問題 5

<ruby>問<rt>もん</rt></ruby><ruby>題<rt>だい</rt></ruby>5では、<ruby>問<rt>もん</rt></ruby><ruby>題<rt>だい</rt></ruby><ruby>用<rt>よう</rt></ruby><ruby>紙<rt>し</rt></ruby>に<ruby>何<rt>なに</rt></ruby>もいんさつされていません。まず<ruby>文<rt>ぶん</rt></ruby>を<ruby>聞<rt>き</rt></ruby>いてください。それから、そのへんじを聞いて、1から3の<ruby>中<rt>なか</rt></ruby>から、<ruby>最<rt>もっと</rt></ruby>もよいものを<ruby>一<rt>ひと</rt></ruby>つえらんでください。

문제5에서는 문제용지에 아무것도 인쇄되어 있지 않습니다. 먼저 문장을 들으세요. 그런 다음 그 답을 듣고 1에서 3 중에서 가장 적당한 것을 하나 고르세요.

<ruby>例<rt>れい</rt></ruby>：

F ：お<ruby>待<rt>ま</rt></ruby>たせしてすみませんでした。

M ：1　はい、たくさん<ruby>待<rt>ま</rt></ruby>ちました。

　　2　はい、<ruby>待<rt>ま</rt></ruby>たせました。

　　3　いいえ、わたしも<ruby>今<rt>いま</rt></ruby><ruby>来<rt>き</rt></ruby>たところです。

정답：3

여：기다리게 해서 죄송합니다.

남：1　네, 많이 기다렸습니다.

　　2　네, 기다리게 했습니다.

　　3　아니오, 저도 지금 막 왔습니다.

<ruby>答<rt>こた</rt></ruby>えは3ですから、<ruby>答<rt>こた</rt></ruby>えはこのように<ruby>書<rt>か</rt></ruby>きます。

정답은 3번이므로 이와 같이 적습니다.

제 5 회

1<ruby>番<rt>ばん</rt></ruby>

F ：<ruby>体<rt>からだ</rt></ruby>の<ruby>調<rt>ちょう</rt></ruby><ruby>子<rt>し</rt></ruby>はどうですか。

M ：1　あなたのおかげです。

　　2　おかげさまです。

　　3　おかげで、すっかりよくなりました。

1번　정답：3

여：몸 상태는 어떻습니까?

남：1　당신 덕분입니다.

　　2　덕분입니다.

　　3　덕분에 완전히 좋아졌습니다.

2 番
^{ばん}

M : 今週末の都合はいかがですか。
^{こんしゅうまつ} ^{つ ごう}

F : 1　あいにく、都合が悪いです。
^{つ ごう} ^{わる}

　　　 2　あいにく、都合がいいです。
^{つ ごう}

　　　 3　悪い都合です。
^{わる} ^{つ ごう}

2번　정답:1

남: 이번 주말 시간 어떠세요?

여:　1　공교롭게도 시간이 안 됩니다.

　　 2　공교롭게도 시간이 됩니다.

　　 3　안 좋은 시간입니다.

3 番
^{ばん}

F : 留学について両親と相談しようと思っているのに、話を聞こうとしないんですよ。
^{りゅうがく} ^{りょうしん} ^{そうだん} ^{おも} ^{はなし} ^き

M : 1　それはよかったですね。

　　　 2　それはそれは。

　　　 3　それは困りましたね。
^{こま}

3번　정답:3

여: 유학에 대해서 부모님과 의논하려고 생각하고 있는데, 이야기를 들으려고 하지 않습니다.

남:　1　그거 잘 됐네요.

　　 2　그거 참 (잘 됐네요).

　　 3　그거 난감하네요.

4 番
^{ばん}

F : 納豆は嫌いですか。
^{なっとう} ^{きら}

M : 1　嫌いなわけではありません。
^{きら}

　　　 2　嫌いになるわけにはいかないです。
^{きら}

　　　 3　嫌いなわけです。
^{きら}

4번　정답:1

여:낫토는 싫어합니까?

남: 1 싫어하는 것은 아닙니다.
　　2 싫어하게 될 수는 없습니다.
　　3 싫어할 만합니다.

5番

M : 熱いうちに召し上がってください。

F : 1 はい、遠慮します。
　　2 はい、いただきます。
　　3 はい、熱いですね。

5번　정답:2

남: 뜨거울 때 드세요.
여: 1 예, 사양하겠습니다.
　　2 예, 잘 먹겠습니다.
　　3 예, 뜨겁군요.

6番

F : あ、バスが来た。急ごう。

M : 1 うん、走ることにしています。
　　2 うん、走れば間に合わないことはないよ。
　　3 うん、走ることになっています。

6번　정답:2

여: 아, 버스가 왔다. 서두르자.
남: 1 응, 뛰기로 하고 있습니다.
　　2 응, 뛰면 못 탈 것은 없어.
　　3 응, 뛰기로 되어 있습니다.

7番

M : もし、宝くじが当たったらどうしますか。

F : 1 もしかしたら当たるかもしれませんね。

2 必ずしも当たるとは限りませんよ。

3 もし当たったら、家を買います。

7번　정답:3

남: 만약 복권이 당첨되면 어떻게 하겠습니까?

여: 1 어쩌면 당첨될지도 모르겠네요.

2 꼭 당첨된다고는 할 수 없습니다.

3 만약 당첨되면 집을 사겠습니다.

8番
ばん

F : たとえ親に反対されても、あなたと結婚します。

M : 1 それはたいへんでしたね。

2 嬉しいことを言ってくれますね。

3 そうだったんですか。

8번　정답:2

여: 비록 부모님이 반대하더라도 당신과 결혼하겠습니다.

남: 1 그거 힘들었겠네요.

2 기쁜 말을 해 주네요(감동이네요).

3 그랬습니까?

9番
ばん

M : あなたがあやまることはありませんよ。悪いのは相手ですから。

F : 1 いいえ、わたしが悪かったんです。

2 はい、あやまります。

3 いいえ、あやまりません。

9번　정답:1

남: 당신이 사과할 필요는 없습니다. 나쁜 것은 상대방이니까요.

여: 1 아니오, 제가 나빴습니다.

2 예, 사과하겠습니다.

3 아니오, 사과하지 않겠습니다.

特別加強　**言語知識（文字・語彙）練習題**

問題1　＿＿＿＿のことばの読み方として最も良いものを１・２・３・４
から一つえらびなさい。

1 明け方は眠りが<u>浅い</u>から、少しの音で目が覚めてしまう。

　　1　あさい　　　2　あそい　　　3　おさい　　　4　おそい

2 友だちが日本へ旅行に行くと聞いて、とても<u>羨ましく</u>思いました。

　　1　うまらましく　　　　　2　うらましく
　　3　うらめましく　　　　　4　うらやましく

3 バンジージャンプのような<u>恐ろしい</u>行為は、私には絶対できない。

　　1　あそろしい　　　　　2　おそろしい
　　3　こわろしい　　　　　4　こんろしい

4 彼女はとても<u>大人しい</u>が、優しいので、友だちは多い。

　　1　あとなしい　　　　　2　おおとなしい
　　3　おとなしい　　　　　4　だいじんしい

5 私は想像力が乏しいので、たいしたアイディアは思い浮かびません。

1 とはしい　　2 とばしい　　3 とぼしい　　4 まずしい

6 食事する時は、ゆっくり味わって食べよう。

1 あしわって　　　　　　　2 あじわって

3 うじわって　　　　　　　4 みわって

7 この漢字は音を表す部分と意味を表す部分から形成されています。

1 あらす　　　2 あらわす　　3 あわらす　　4 しめす

8 その男は女性のハンドバッグを奪うと、走り去った。

1 うばう　　　2 おばう　　　3 だつう　　　4 とう

9 不足しがちな栄養素はサプリメントで補いましょう。

1 あぎないましょう　　　　　2 おぎないましょう

3 つかまいましょう　　　　　4 ほいましょう

10 入荷までしばらくお待ちいただけますか。

1 いるか　　　2 いるに　　　3 はいるに　　4 にゅうか

問題2　＿＿＿のことばを漢字で書くとき、最も良いものを1・2・3・4から一つえらびなさい。

1　リズムにあわせて、体を動かしてみましょう。

1　会わせて　　2　合わせて　　3　併わせて　　4　当わせて

2　今度、住居をうつすことになりました。

1　搬す　　　2　移す　　　3　撮す　　　4　動す

3　早く病気をなおして、元気になってください。

1　直して　　2　治して　　3　修して　　4　回復して

4　梅の花と桜の花は少しにています。

1　煮て　　　2　似て　　　3　烹て　　　4　像て

5　コルク抜きで、ワインのコルク栓をぬいた。

1　脱いた　　2　抽いた　　3　抜いた　　4　縫いた

6 誰もが戦争のない世界になることを<u>ねがって</u>いるはずです。

1 許って　　2 祝って　　3 恨って　　4 願って

7 会議でみんなそれぞれ意見を<u>のべた</u>。

1 語べた　　2 話べた　　3 言べた　　4 述べた

8 <u>はね</u>を広げて大空を飛ぶ鳥が羨ましく思えた。

1 羽　　　2 翼　　　3 翅　　　4 手

9 この物語の<u>ひっしゃ</u>はどんなメッセージを伝えようとしていますか。

1 作者　　2 著者　　3 筆者　　4 作家

10 その着物、とても<u>にあいます</u>ね。

1 適合ます　　　　2 適切います

3 相応います　　　4 似合います

問題3　（　　　）に入れるのに最もよいものを、1・2・3・4から
　　　　一つえらびなさい。

1　あのレストランでは（　　　）のピアノ演奏が聴けます。

　　1　ライブ　　　2　現場　　　　3　生　　　　4　現地

2　最近、受注量が工場の（　　　）能力を超えています。

　　1　出産　　　　2　産生　　　　3　製造　　　　4　生産

3　髪が（　　　）来たので、また切りに行かなくちゃ。

　　1　長くて　　　　　　　　　2　伸長して
　　3　伸びて　　　　　　　　　4　伸ばして

4　スープが（　　　）しまったから、温め直しましょう。

　　1　冷蔵して　　　　　　　　2　冷えて
　　3　冷まして　　　　　　　　4　冷めて

5　仕事か（　　　）、飲みにいこうよ。

　　1　終了させたら　　　　　　2　済んだら
　　3　済ませたら　　　　　　　4　終わらせたら

6　私は（　　　）ミーティングは来週(らいしゅう)だと思(おも)っていました。

1　あっさり　　　　　　　2　てっきり

3　きっぱり　　　　　　　4　やっぱり

7　今日(きょう)は（　　　）お忙(いそが)しいところをお越(こ)しいただき、ありがとうございました。

1　わざわざ　　　　　　　2　あえて

3　ついでに　　　　　　　4　特(とく)に

8　来(く)る時(とき)、道(みち)に（　　　）しまいました。

1　誘(さそ)って　　2　惑(まど)って　　3　迷(まよ)って　　4　彷徨(さまよ)って

9　社長(しゃちょう)はただいま（　　　）中(ちゅう)です。

1　来賓(らいひん)　　2　来客(らいきゃく)　　3　来迎(らいごう)　　4　来席(らいせき)

10　この学校(がっこう)を選(えら)んだ（　　　）を書(か)いてください。

1　から　　2　ため　　3　原因(げんいん)　　4　理由(りゆう)

특별부록 언어지식(문자・어휘) 연습문제 – 해답 + 해설

問題 1 ___의 단어를 읽는 방법으로 가장 알맞은 것을 1, 2, 3, 4 중에서 하나 고르세요.

1 明け方は眠りが浅いから、少しの音で目が覚めてしまう。
새벽에는 잠이 얕으니까 작은 소리에도 잠이 깨 버린다.

정답: 1

2 友だちが日本へ旅行に行くと聞いて、とても羨ましく思いました。
친구가 일본에 여행을 간다는 이야기를 듣고 매우 <u>부럽게</u> 생각했습니다.

정답: 4

3 バンジージャンプのような恐ろしい行為は、私には絶対できない。
번지 점프와 같은 <u>무서운</u> 행위는 나는 절대 할 수 없다.

정답: 2

4 彼女はとても大人しいが、優しいので、友だちは多い。
그는 매우 <u>얌전하지만</u> 상냥하기 때문에 친구는 많다.

정답: 3

5 私は想像力が乏しいので、たいしたアイディアは思い浮かびません。
나는 상상력이 <u>부족하기</u> 때문에 대단한 아이디어는 떠오르지 않습니다.

정답: 3

6 食事する時は、ゆっくり味わって食べよう。
식사할 때는 느긋하게 <u>음미하며</u> 먹자.

정답: 2

7 この漢字は音を表す部分と意味を表す部分から形成されています。
這個漢字是以表音與表意來組合而成的。
이 한자는 음을 나타내는 부분과 의미를 <u>나타내는</u> 부분으로 형성되어 있습니다.

정답: 2

8　その男は女性のハンドバッグを奪うと、走り去った。

おとこ じょせい　　　　　　　　　　　うば　　　はし さ

그 남자는 여성의 핸드백을 <u>빼앗자</u> 달아나 버렸다.

정답: 1

9　不足しがちな栄養素はサプリメントで補いましょう。

ふ そく　　　えいよう そ　　　　　　　　　　　おぎな

부족하기 쉬운 영양소는 영양제(건강보조 식품)로 <u>보충합시다</u>.

정답: 2

10　入荷までしばらくお待ちいただけますか。

にゅう か　　　　　　　　　　ま

<u>입하</u>까지 잠시 기다려 주실 수 있습니까?

정답: 4

문제 2　＿＿의 단어를 한자로 쓸 때, 가장 알맞은 것을 1, 2, 3, 4 중에서 하나 고르세요.

1　リズムに合わせて、体を動かしてみましょう。

あ　　　　　からだ うご

리듬에 <u>맞춰서</u>, 몸을 움직여 봅시다.

정답: 2

2　今度、住居を移すことになりました。

こん ど　じゅうきょ うつ

이번에 주거를 <u>옮기게</u> 되었습니다.

정답: 2

3　早く病気を治して、元気になってください。

はや びょう き なお　　　げん き

빨리 병을 <u>치료해서</u> 건강해지세요.

정답: 2

4　梅の花と桜の花は少し似ています。

うめ はな さくら はな すこ に

매화와 벚꽃은 조금 <u>닮았습니다</u>.

정답: 2

5　コルク抜きで、ワインのコルク栓を抜いた。

ぬ　　　　　　　　　　　せん ぬ

코르크 마개뽑이로 와인 코르크 마개를 <u>땄다</u>.

정답: 3

6　誰もが戦争のない世界になることを願っているはずです。
누구나 전쟁이 없는 세계가 되는 것을 원하고 있을 겁니다.

정답: 4

7　会議でみんなそれぞれ意見を述べた。
회의에서 모두 각자 의견을 말했다.

정답: 4

8　羽を広げて大空を飛ぶ鳥が羨ましく思えた。
날개를 펴고 넓은 하늘을 나는 새가 부럽게 생각되었다.

정답: 1

9　この物語の筆者はどんなメッセージを伝えようとしていますか。
이 이야기의 필자는 어떤 메시지를 전하려고 합니까?

정답: 3

10　その着物、とても似合いますね。
그 기모노, 아주 잘 어울리네요.

정답: 4

문제 3　(　　)에 들어갈 가장 알맞은 것을 1, 2, 3, 4 중에서 하나 고르세요.

1　あのレストランでは生のピアノ演奏が聴けます。
저 레스토랑에서는 (직접 치는) 피아노 연주를 들을 수 있습니다.

정답: 3

2　最近、受注量が工場の生産能力を超えています。
최근, 수주량이 공장의 (생산) 능력을 넘어서고 있습니다.

징답: 4

3　髪が伸びて来たので、また切りに行かなくちゃ。
머리카락이 (길어)졌으니 또 자르러 가야겠다.

정답: 3

4 スープが冷^さめてしまったから、温^{あたた}め直^{なお}しましょう。

스프가 (식어) 버렸으니까 다시 데웁시다.

정답: 4

5 仕事^{しごと}が済^すんだら、飲^のみにいこうよ。

일이 (끝나면) 한잔하러 가자.

정답: 2

6 私はてっきりミーティングは来週^{らいしゅう}だと思^{おも}っていました。

나는 (분명히) 미팅은 다음 주라고 생각하고 있었습니다.

정답: 2

7 今日^{きょう}はわざわざお忙^{いそが}しいところをお越^こしいただき、ありがとうございました。

오늘은 (일부러) 바쁘신데 와 주셔서 감사합니다.

정답: 1

8 来^くる時^{とき}、道^{みち}に迷^{まよ}ってしまいました。

오다가 길을 (잃어) 버렸습니다.

정답: 3

9 社長^{しゃちょう}はただいま来客^{らいきゃくちゅう}中です。

사장님은 지금 (손님을 만나고 있는) 중입니다.

정답: 2

10 この学校^{がっこう}を選^{えら}んだ理由^{りゆう}を書^かいてください。

이 학교를 고른 (이유)를 써 주세요.

정답: 4

Memo

JLPT 실전 모의고사 N3

초판 인쇄일 2023년 1월 19일
초판 발행일 2023년 1월 31일

지은이 시미즈 유미코, 장젠룽, 홍위수
옮긴이 지윤철
발행인 박정모
등록번호 제9-295호
발행처 도서출판 혜지원
주소 (10881) 경기도 파주시 회동길 445-4(문발동 638) 302호
전화 031) 955-9221~5 팩스 031) 955-9220
홈페이지 www.hyejiwon.co.kr

기획 박혜지
진행 김태호
디자인 조수안
영업마케팅 김준범, 서지영
ISBN 979-11-6764-045-1
정가 17,000원